法袍下的自主概念

法学与哲学的对话

张晓燕 著

商务印书馆
The Commercial Press

图书在版编目（CIP）数据

法袍下的自主概念：法学与哲学的对话 / 张晓燕著.
北京：商务印书馆，2025. -- ISBN 978-7-100-24265-3
Ⅰ.D90
中国国家版本馆 CIP 数据核字第 2024U8E655 号

权利保留，侵权必究。

法袍下的自主概念
法学与哲学的对话
张晓燕 著

商务印书馆出版
（北京王府井大街36号 邮政编码100710）
商务印书馆发行
南京新洲印刷有限公司印刷
ISBN 978-7-100-24265-3

2025年9月第1版　　开本 880×1240 1/32
2025年9月第1次印刷　印张 8⅝

定价：68.00元

目 录

导论　为什么要讨论概念：司法与共识 …………………… 1
　一、多元生活中的共识：公共理性与常识 ………………… 1
　二、法律与公共理性：法律人的角色 ……………………… 8
　三、司法概念的公共性：公法与自主概念 ………………… 20
　四、司法中的自主概念：法学与哲学的对话 ……………… 26

第一章　作为一般概念的自由和自主 ……………………… 32
　一、有关自由的讨论：哲学的还是法律的？ ……………… 32
　二、作为一般哲学概念的自主 ……………………………… 43
　三、公共自主与个人自主 …………………………………… 48

第二章　公私界分：讨论自主的古老前提 ………………… 63
　一、作为历史概念的公共领域 ……………………………… 65
　二、作为哲学概念的公共领域 ……………………………… 68
　三、作为现代性反思对象的公共领域 ……………………… 71
　四、作为公法概念的公共领域 ……………………………… 76

第三章　法律与个人自主：概述 …………………………… 85
　一、消极意义上的自主实现：宽容与法律 ………………… 86
　二、积极意义上的自主实现：法律与积极公民形象 ……… 102
　三、多元与法律：法律能够为构建共识做什么 …………… 111

四、公共人如何能够长成 …………………………………………… 120

第四章　公法中的人格权：个人自主的一般权利转化 ………… 126
　　一、公法与人格 ……………………………………………………… 127
　　二、"北雁云依案"：从裁判理由谈起 …………………………… 134
　　三、人格的起源与人格权 …………………………………………… 139
　　四、公私法视野下的人格权 ………………………………………… 144
　　五、公法上人格权的理论渊源：康德理论中的人格与尊严 ……… 148
　　六、公法上人格权的具体内涵：理论和实践的双重维度 ………… 154

第五章　教育法治中的公法权利保护：学术自主概念研究 …… 172
　　一、大学自治与学术自主：历史溯源及其内涵 …………………… 172
　　二、自主办学权与学术自主权的比较：司法审查的视野 ………… 187
　　三、"学术自治尊让"原则的适用：学术自主权的法益澄清 …… 190

第六章　城市治理中的公法权利保护：自治的视角 …………… 205
　　一、城市治理中的基础概念：城市权与城市秩序 ………………… 208
　　二、城市治理中的公共利益与法治模式转型：主观权利客观法的
　　　　视角 …………………………………………………………… 224
　　三、城市治理中的公法权利保护：私权保护与城市自治 ………… 237

结语 …………………………………………………………………… 252

参考文献 ……………………………………………………………… 257

后记 …………………………………………………………………… 267

导论　为什么要讨论概念：司法与共识

一、多元生活中的共识：公共理性与常识

启蒙深刻地改变了现代社会,伴随着世界的祛魅化,我们用对理性的信仰替代了对一切神秘力量的信仰。法语之中,"启蒙"的本意是"光明",启蒙运动的意涵在于帮助人们驱散黑暗,解除被奴役的状态,恢复人的自主性,使每个人在任何有关良心的事务上都能自由地运用自身所固有的理性,认为凭借"理性的统一性和不变性",人类可以克服和解决诸多社会分歧与冲突,迈向光明。正如康德所言:"启蒙运动就是人类脱离自己所加之于自己的不成熟状态,不成熟状态就是不经别人的引导,就对运用自己的理智无能为力。"①

对于个体理性的肯认和解放,首先带来的是私人生活的解放,宗教信仰被作为"纯粹的私事而听其自便"②,婚姻被与个人的情感体验紧密地关联起来,对"何谓好的生活?"这一问题的回答完全倚赖个人的自决,在已经祛魅的现代世界里,伦理学不再提供托尔斯泰所称的对于我

---

① 康德:《答复这个问题:"什么是启蒙运动?"》,载康德:《历史理性批判文集》,何兆武译,商务印书馆 2020 年版,第 23 页。
② 马克思:《论犹太人问题》,载《马克思恩格斯文集》第一卷,人民出版社 2009 年版,第 24 页。

们而言唯一重要的问题"我们将做什么？我们将如何生活？"的统一答案。① 随着私人领域的自治，这种解放也必然蔓延到公共生活中，公共权力的合法性和正当性同样需要接受理性的检视，公共自主逐渐得以形成和发展。商品经济的发展使得个人开始冲破以个体生活和家庭生活为核心构建的私人领域的藩篱，与陌生人进行经济交往，从而带来了深刻的社会变革。正如恩格斯所言，文明时代是社会发展的一个阶段，在这个阶段上，分工、由分工而产生的个人之间的交换，以及把这两者结合起来的商品生产，得到了充分的发展，完全改变了先前的整个社会。② 与此同时，出版业的发展使得文学的传播更为迅速，主要由学者和城市居民构成的读者群的阅读范围从为数不多的经典著作扩展到当时一些最新的出版物，由此一个"阅读公众"群体得以产生。人与人之间的对话从私人话题转向文学话题，进而转向由文学讨论引发的以政治和公共行政为核心的公共话题。公众讨论的问题从最早的文学批评，逐步转向政治讨论。与陌生人之间的交往从经济交往向公共结盟、政治参与转变，公共领域逐渐得以产生。③

公共领域的产生使得理性的运用从私人领域拓展到公共领域，但是，私人领域中的个体理性表达与公共领域中所需的公共理性事实上是不同的。康德认为，公共理性是自由的理念——只存在自身的约束，这就使得"作为学者在全部听众面前所做运用"的公共理性，区别于满足私人幸福的感性，以及"受任于一定的公共职位或者职务运用

---

① 参见马克斯·韦伯：《学术与政治》，冯克利译，生活·读书·新知三联书店2005年版，第45页。
② 参见恩格斯：《家庭、私有制和国家的起源》，载《马克思恩格斯文集》第四卷，人民出版社2009年版，第193页。
③ 参见哈贝马斯：《公共领域的结构转型》，曹卫东等译，学林出版社1999年版。

的"理性。① 追求个人幸福的理性运用受制于人的自然本能和利益驱动,受任于公职的理性运用则受制于服从的职务责任(统治权最为突出的特质就是其不可反抗性),因而与只受制于自身,不受制于任何外力的公共理性区别开来。但是,这一对应然状态的公共理性的想象与社会成员迈向公共领域后的理性的运用现实之间必然存在张力。当个体带着自身独特的生活烙印走向公共领域时,由于多元的生活经历、教育经历塑造了个体具有差异性的利益诉求和认知观念,在进入公共议题的讨论和探索过程时,个体很难自觉这种理性的私人运用和理性的公共运用之间的差异,而是更多地将理性的私人运用带入公共讨论中,这就使得公共讨论中基于观念多元所呈现的分歧和冲突以及众意与公意的混同成为公共生活的常态。人们关于公共事务的意见可能是彼此不同乃至冲突的,但是,这不等于这些意见不值得我们认真对待,相互冲突的意见在碰撞中有可能会呈现有关事物本性的部分真理。如果无视这些意见,也就放弃了人类在真理探知上进步的可能。这些冲突和矛盾也意味着个体并不天然就具备"公共人"所应该具备的理性和德性,而是需要公共教育和公共实践予以引导与塑造。

在没有祛魅的世界里,我们相信在人类主观构造的秩序之外,存在一个更高的宇宙秩序,作为一切正义的原点。公共权力凭借"君权神授"主张自身正当性就是这种宇宙秩序的彰显和实现,最高权力的行使者正是凭借自身对这一宇宙秩序的理解,对其臣民的个体理性进行引导和规训。但是,伴随启蒙对世界做了祛魅化处理,同时强调对于"每一个人理性的尊重和倡导",价值的多元、观念的差异和利益的分歧使

---

① 康德:《答复这个问题:"什么是启蒙运动?"》,载康德:《历史理性批判文集》,何兆武译,商务印书馆2020年版,第26页。

得这种先在的、相对统一的正义观彻底被解构了,自然法自此陨落。正如罗尔斯(John Rawls)所言,多元论的事实"不是一个很快就会消失的历史状况,它是……现代民主社会公共文化的永久性特征"①。童世骏教授认为,在这个过程中,我们的(公共)理性观念经历了一个演化的过程,即从作为实体属性的理性走向更具主观性的"理由"。他指出:"理性的演化过程用英语表述有方便之处,那就是它是一个从 Reason(理性)经过 rationality 或 rationalities(合理)到 reasons(理由)……这个过程即使不是一个理性从有到无的销蚀过程,也是一个理性从高到低的下降过程。"②这就意味着对于公共理性的理解,即一种寻求绝对和实质性一致的真理学说或者整全性学说,被一种"可接受的""合情合理的"理念所取代。更重要的是,从 Reason 到 reasons,也就是公共领域演变成一个以承认价值多元为前提的意见领域之后,社会共识的形成不再倚赖某种天启或者依靠某些具有克里斯玛型人格的天才或精英的发现、引领和告知,而是依靠建立在个体理性基础上的对话和沟通。③

对公共理性的理解从一种寻求绝对和实质性一致的真理学说或者整全性学说,转变为寻求一种基于有差异的多元意见所形成的"可接受的""合情合理的"共识之后,基于公共对话的共识探索就成了现代社会最为重要的公共生活,也是共同体得以维系的充分条件。康德在《判断力批判》中将"自我思考""在每一个他人的位置上思考"和"任何时候都与自身一致地思考"这三个原则描述为理性自我反思的完整步骤。理性从自我思考出发,但是基于这一思考所产生的公共意见表达会激

---

① John Rawls, "The Idea of an Overlapping Consensus", *Oxford Journal of Legal Studies*, Vol. 7, No. 1, 1987, p. 4.
② 童世骏:《理性、合理与讲理——兼评陈嘉映的〈说理〉》,《哲学分析》2012 年第 6 期。
③ 参见李文倩:《公共说理为什么重要?》,《政治思想史》2015 年第 4 期。

起他人的赞同或反对。尤其当表达所涉及的事项是公共事务时,这种意见反馈就会引发思考者和演说者的反思。随着讨论和争论的深入,个体会在认真审视他人意见的基础上,不断返回自身,调整和修正自己的思考,消除认知的盲点和逻辑中前后不一致的地方,使之逻辑贯通,从而形成深思熟虑的观点。这个借助于公共的交流和对话过程所形成的理性,就是交往理性。交往理性不仅对于公共生活是重要的,对于私人主体性的建构也同样重要。主观精神要获得意义和内容,有赖于彻底社会化的主体所分享的主体间的客观精神。① 只有通过现实的沟通才能真正获知他人的思考,公共领域作为一个交往空间,以对话和交流为中介,提供了促使人进行思考的诱因,创造了反思的条件,公共理性才有产生的可能。探索相关对话沟通的支持条件,搭建各种公共对话的论坛,从而促进共识形成的可能,对于有效应对共同体维系和个人自主之间的张力而言举足轻重。这些条件包括但不限于:借助于成员身份的纽带(利益、记忆、历史、生活等)把成员团结起来,确保对话者有共同关心的社会存在,从而创造理性寻求赞同的可能;要有充分的意见表达空间和信息收集机制,从而有效收集散落在社会各个角落、与公共决策相关的知识和意见;创建能够形成有效对话和协商的空间与制度支持;要有充分的信息供给,一个社会如果希望民主成功、共识产生,必须负责提供并发行普遍参与对话所需要的信息等。

除此之外,对于一个价值多元的社会的公共理性的培育、共识的形成而言,与成员身份、沟通机制以及信息供给同样重要的是作为对话协商和沟通前提的常识观念的普及与共享。自书籍伴随着出版业的发展

---

① 哈贝马斯:《公共空间与政治公共领域——我的两个思想主题的生活历史根源》,符佳佳、曹卫东译,《哲学动态》2009年第6期。

开始获得前所未有的重要性时起,人类社会就从符号体系逐渐转变为思想体系,思想和观念有着天然的行动禀赋与行动指向,海涅(Heinrich Heine)曾经说过:"不要低估观念的力量,教授的静谧书房中培育出的哲学概念可能毁掉一种文明。"①除每个人都能尽量克服自己狭隘的立场去开放地思考问题,承认自己有被说服的可能外,对于有效的公共对话的展开而言,最为重要的则是对话的基础和前提,如果没有澄清对话的前提,没有基本的观念常识作为讨论的前置条件,从而为对话设定基本的界限和方向,"鸡同鸭讲"的公共对话悲剧则在所难免。苏格拉底就把对自然正义的探索,寄托于回到"常识"或者说回到"常识世界"。②苏格拉底认为,这种常识是在公共论坛的意见世界中通过友好的对话、沟通和辩论得以呈现的。这种常识之所以被认为是存在的,一方面是由于对理性统一性的信心,如里德(Thomas Reid)所言,我们的本性中存在一种"知的能力/鉴赏力";③另一方面则是由于对人性的一个基本判断。人类之所以对于共同生活保有信心,相信我们不会陷入霍布斯所言的"人与人之间的战争"的悲惨状况,而是能够友善相处,共同创造独特的人类文明,是因为我们对共同人性基础的信仰。我们相信,看似差异极大的人类个体背后,存在某种共同的人性基础,这些共通、共享的人性,是我们可以克服冲突进而合作的根本。这一看法建立在这样的信念基础之上:各时各地、千姿百态的人类生活和信念之下,有着一种基本的和普遍的人类本性。这也是我们对人类具有内在特定道德感的

---

① 转引自以赛亚·伯林:《自由及其背叛》,赵国新译,译林出版社2019年版,第214页。
② 参见列奥·施特劳斯:《自然权利与历史》,彭刚译,生活·读书·新知三联书店2021年版,第124页。
③ 参见 Thomas Reid, "Inquiry into the Human Mind", in Sir William Hamilton(ed.), *The Works of Thomas Reid*, D. D., Vol.1, Longmans, Green, 1895, pp.187, 209。

信念来源。在这个意义上,启蒙其实就是围绕人性基础给定个体和社会常识的过程。这种对共通的人性基础的信仰,是社会常识得以产生和获得接受的基础,是我们在高扬多元文化的旗帜的同时,不至于滑向相对主义的原因。多元并不意味着共同确信的必然缺位,但是也必须承认,作为共同确信的共识的形成事实上需要一些条件的成就。罗尔斯审慎地指出,公共理性应该被理解为一个政治社会的理性,它的运用和产生是需要一些条件的,或者说获得承认的公共理性受到一些条件的限制——指导公共探究或保障这种探究所采取的步骤是需要体现一些基本价值、诉诸一些基本前提和模式的。这些前提和模式包括:对判断、推理和证据的基本概念的恰当运用,对界定和获取常识性知识的准则与程序、无争议的科学方法与结论的坚守,以及在对合乎情理的政治讨论的规则的尊重中所表现出来的合情理性和公平感。①

理性的觉醒使得对于现代公民而言,如果在没有被认为是合乎情理的理由的充分论证前提下,就被要求接受特定的公共决策,无论这个公共决策产生的动机多么良善,甚至从结果来看多么符合公益,公民都会认为自己在这个过程中被强制了,自己作为自由而平等的公民的尊严被冒犯了。② 只有在公民真诚地相信为政治行动所提出的理由是充分的,而且其他人也会接受那些理由之时,政治权力的行使才被认为是恰当的,政治合法性因此成为现代公共领域最为核心的议题。因此,一切公共选择和政治行动都应该建立在通过运用公共理性,基于充分理由所构建的共识基础上。对于解决公共层面的道德争议和政治分歧而

---

① 参见 John Rawls, "The Domain of the Political and Overlapping Consensus", New York University Law Review, Vol. 64, No. 2, 1989, pp. 233, 244。
② 劳伦斯·B. 索罗姆:《建构一种公共理性的理想》,载谭安奎编:《公共理性》,浙江大学出版社 2011 年版,第 37 页。

言,最佳方案可能唯有各方坦诚相见,相互说服。唯有倚赖公共理性,民主政府与其公民之间的关系,以及公民彼此之间的关系才能得以确认和理顺,政治共同体才有可能获得有效的维系。公共理性的形成需要诸多条件,其中奠定公共对话基础的常识性观念的产生、形成和传播是最为基础的条件之一。公共理性作为"形成公共规划、排列各种公共目的之优先次序和作出相应决定的方法"①,在最深的层次上必须以厘定一些基本的道德和政治价值作为其形成的常识基础。没有这些常识基础,既不可能形成"合情合理的"共识,从而促成共同的生活和行动,也无法回应政治行动的政治道德性。

二、法律与公共理性:法律人的角色

一个多元的社会仅仅凭借宽容本身,并不足以确保共同体的有效运行和发展,即使承认终极性的真理探索不可能完成,依旧需要取得一些"可接受的""合情合理的"共识——公共理性是支撑共同体存立的观念基础。现代社会中,法律作为政治商议之后的产物,其以"权利"为基础构建的话语体系本身就代表了一种独特的形式理性,从而构成了公共理性非常重要的呈现。法律的权威建立在公共理性的基础上,如果对于某一特定法律的唯一辩护是一种非公共理由(例如,一种带有整全性道德命令或宗派观点的厚重前提的预设),那么将会有许多公民无法遵守这一法律。② 法治作为"使人类服从于规则之治的事业"③,必须

---

① John Rawls, *Political Liberalism*, Columbia University Press, 1993, p. 212.
② 参见劳伦斯·B. 索罗姆:《建构一种公共理性的理想》,载谭安奎编:《公共理性》,浙江大学出版社 2011 年版,第 21 页。
③ 富勒:《法律的道德性》,郑戈译,商务印书馆 2005 年版,第 113 页。

确保法律代表了理性化和正当性的秩序,法(lex)的正义性(jus)是法律获得普遍服从的充分必要条件。很多政治哲学家都将公共理性与法律联系起来,或者将公共理性直接等同于法律。卢梭在区分作为家庭成员的父亲所应该遵守的理性和作为官员所应该遵循的理性时认为,对于官员而言,"即使他自己的理性也应该存疑,而他应该遵守的唯一规则就是公共理性,也就是法律"①。由于法律在现代国家治理中占据主导性地位,在一切公共领域甚至超越其调整范围的政治领域中,法律所确立的概念、原则以及理论假设本身也构成了公共对话有效展开的常识基础。虽然常识产生和传播的场域非常广泛,社会成员可以在不同的日常生活的交往场景、社交媒体的讨论和对话、学校教育中获取常识,但是法律及其适用的过程作为常识产生、传播和培育的重要场域,其在公共理性培育中能够发挥的作用和影响是需要被不断重申和获得充分重视的。法律适用的过程,尤其是司法过程,本身就是一个社会围绕"正义"展开的公共讨论和决策的过程。法庭在一定意义上构成了一个正式的公共论坛,只是不同于社交网络那样的论坛,这里有明确有待解释和适用的法律规范,并存在一套必须遵循的程序和一个权威的决策者。这些特质本身使得司法过程不仅没有构成常识产生和传播的障碍,反而是常识产生和传播的天然机制与载体。司法裁判从广场化向剧场化转向的过程就是一个引导和教育公民节制自身的感性表达,孕育和培养客观、冷静的理性精神与品质的过程。尤其考虑到个案的讨论和判决与公民生活具有直接相关性,最容易触动个体的感知,影响个体观念,因此,司法对于一个社会的公共常识塑造和传播,乃至公共理

---

① Jean-Jacques Rousseau, "Discourse on Political Economy", §1, in Jean-Jacques Rousseau, *The Basic Political Writings*, Donald A. Cress(trans.), Hackett Publishing Co, Inc, 1987, pp.1-6.

性的培育所产生的影响,再怎么被强调和重视也不为过。这其实就要求法官作为权威的决策者产生一种承担公共启蒙的角色自觉。在组织这场以法庭辩论为核心的公共对话的过程中,法官不仅要专注于定分止争,对作为当事人的双方负责,更需要思考和顾及这场对话会对政治共同体的公共生活产生的公共影响——这场对话是一种对常识的普及,对公民理性的塑造、公共启蒙,还是再次强化和确认了一些前见、偏见、固化刻板认知和思维。正如贡斯当(Benjamin Constant)对立法者的提示:"立法者如果只为人民提供了和平,他并没有完成使命。他还应该为公民提供德性教育,让他们有充分的能力和意愿参与公共生活。"① 不仅是立法者,一切公共权力的行使者都应该保有对理想公民形象的想象,并在行动中努力促成这一理想形象的实现。

如果认为"公共理性"本身代表了一种形成公共规划、做出公共决定的明确的思维方法和价值判断体系,很显然,现实中的法律规范无法直接被等同于公共理性,这不仅仅涉及自然法学派和实证法学派有关法律良恶的争论,法律不必然彰显正义秩序,同时还涉及法律规范需要进一步被解释的适用问题,公共理性本身在这个过程中是一个待决的议题。对底线性秩序规范以及所涉法律关系相对简单、表述相对明确的规范的理解基本没有分歧,因此,它们可以被视为清楚地呈现了某种公共理性。法律当中充满了各种概念,其中既包括标准型概念,该概念设定了正确运用相关法律术语或表述的标准,比如什么是婚姻;也包括自然型概念,该概念建立在实例所具有的某种自然的物理结构或生物学结构的基础上,比如什么是金属。以上两类概念具有一定的客观性,

---

① 邦雅曼·贡斯当:《古代人的自由与现代人的自由》,阎克文、刘满贯译,上海世纪出版集团2005年版,第49页。

对其的理解也具有一定的共识。除此之外,还有一类是解释性概念,主要回答我们对已经建构出来的某些实践提出了什么样的要求。它们既是描述性的,也是规范性的,是与价值相关联的概念,比如政治与道德上的诸核心概念——公平、自由、平等等,均属于这一类概念。① 对于这些概念,我们可能具有观念上的一般共识,但这种共识是抽象的,甚至模糊的。如何具体理解这些概念,尤其是如何结合具体情境适用这些概念,在观念上仍旧有着各种分歧和冲突。这里的常识有待以法律解释为基础的法律适用予以进一步澄清,这就使得与之相关的公共理性也成为一个待决的事项。法律规范要面对的现实是极为复杂的,无论立法过程对现实保持怎样的敏感性,都无法借助于规范的文字和语意的直接表述来涵盖未来要处理的一切现实问题。这也是规范当中会有大量的解释性概念存在的原因:原则性的表述和概念更能应对无法预测的未来情境。当我们试图在复杂的政治共同体中解释这类概念,以确保它们以最佳的方式延续下去时,我们可能就需要把相关的价值和道德目的引入司法实践,以此来详细地阐述对于这些概念的理解。在这个意义上,法律解释和适用事实上是一种哲学说明,而不仅仅是教义学意义上的逻辑推理和类比适用。② 比如涉及对人格权的法律适用时,就需要对人格权概念进行解读,从而明确这个概念试图保护的法益,这个过程自然会纳入对于"什么是人的理想形象,在此基础上形成对人的尊严的理解"的哲学思考和讨论。因此,对价值和目的进行说明的哲学思考过程,对于法律的适用,进而对于社会常识的普及、共识的生产,以及理性的培育而言,都非常重要。

---

① 参见罗纳德·德沃金:《身披法袍的正义》,周林刚、翟志勇译,北京大学出版社2014年版,第13页。
② 参见罗纳德·德沃金:《身披法袍的正义》,周林刚、翟志勇译,北京大学出版社2014年版,第13页。

这使得一场哲学和法学的对话的展开成为必然。

建立在这一对话基础上的法律解释对于现代国家的公共生活,尤其是对于其公民身份(citizenship)的归属问题意义重大。在关于公民身份的研究中,citizenship被认为包含了权利(right)和身份认同(identity)两个组成要素。其中,权利是对地位(status)的指称,是公民身份在法律层面的彰显;而身份认同是对感受(feeling)的表征,是公民身份在心理层面的体现,是法律地位之外的另一种归属政治共同体的方式。法律解释不仅会影响公民权利的实现状况,更会影响公民对其所属共同体的心理感知。法律裁判所传递出来的价值立场会被认为是政治共同体所坚守的核心原则的具体呈现,而这些彰显政治共同体特质的核心原则不仅会影响个体的权益,也是个体尊严得以形成的重要渊源。因此,每一份裁判,尤其是那些具有公共影响力的裁判本身会超越对个案的影响,发展为影响公民公共理性的塑造和政治认同的重要因素。裁判对法律规范的解释是以概念的解读为基础和核心的,正如政治共同体内部的价值和政治道德会对法律概念的解读产生直接的影响,围绕概念解读展开的法律解释也会反向地对共同体政治道德和公共价值的讨论与共识的形成产生积极或消极的影响。因此,司法裁判中的概念解读不仅是一个法律问题,同时也是一个公共伦理问题,需要被审慎地对待。概念试图展示所指对象的基础性要素和特质,但是除非实例具有某种确定性和客观性的自然物理结构或生物学结构,或者存在明确的社会共识和习俗支撑,从而使得对这种基础性要素和特质的把握是具有客观描述性的,否则,概念本身的界定也是规范性的,也存在价值选择的问题,这就使得概念本身构成了共同体内部某些实质性价值争论或者政治道德争论的基础和原因。在这个意义上,概念有着非常明确的行动指向和天赋。比如,司法审查是否与民主相冲突,其实取决于如何给定"民主"的概念。如果将民主等同于多数决,那么这个冲突就必然出现;如果将民主的概念更多地从实质角度而非形式角度予以界定,那么这个冲突也许就会被否定,因此司法审查也就会获得公共的支持。再比如,自由与平等被认为是最为著名的一对相互冲突的价值,但思考二者间冲突是否存在、理解冲突的前提是对自由和平等概念的界定。因此,概念,尤其是法律概念及其解释,对于一个政治共同体的共识形成以及公共理性的培育而言,其重要性是无须赘述的。

法教义学认为,正确的裁决依赖法律实际上是什么。但是,只有在面对语意非常清楚的法律规范和相对简单的法律关系时,"法律实际上是什么"这个问题才能获得直接的回答。在解释性概念或者待解决的法律关系相对复杂之时,如果不进入哲学层面去展示和论证法律应该是什么样的,即法律所服务的合法性目标,或者说正义的目标,事实上是无法对"法律实际上是什么"做出解释的。尽管一般来说,"关于正当与善这些合法性理论和正义目标的阐发被认为应该是民主的任务"[①],但要求立法在其规定中明确地宣告这些抽象原则的内涵的可能性是微乎其微的,很多时候需要借助于具体的制定法的解释,才能把这些原则辨别出来并最终适用于个案中。因此,以司法为代表的法律适用过程是无法拒绝对自身所处的共同体的特定民主观念、价值立场或政治道德进行探索,从而为立法的要点和价值做进一步的特定说明的。一个法律主张的成立,即认为某个处理方式更契合特定的法律实践,是对特定法律规范更佳的理解,可能很多时候需要通过概念解释诉诸更高层次的规范或原则。换言之,这样的判决、这样的处理方式之所以是合适

---

① Cass R. Sunstein, *Legal Reasoning and Political Conflict*, Oxford University Press, 1996, p. 56.

的,是因为其与我们共同体内部那些同时可以为其他更广泛的法律判断做论证的道德原则、价值立场相协调和配合。尤其是面对社会上分歧极为明显的问题,让法官和律师"就事论事"地依赖法律规范本身与一般教义学的推理给出判决的建议就显得比较空洞,这个时候只有将结论放置在更为广泛的正义原则之下,才能理解什么样的判决是"合适的",否则,正如康德所言,没有原则的类推是盲目的。例如,2006年的彭宇案的判决,无论是裁判者还是对其予以报道的媒体,都忽视了案件裁判可能造成的公共影响。尽管时至今日对于案件事实还存在诸多争议,但是该案判决所产生的公共影响是非常明确的。该案判决对"公平责任"的适用向公众所传递出来的信号是法律无法帮助做好事的人规避从善过程中的风险,这一消极信号的传递导致了社会的公共道德感的"集体蹦极"。同时,这一判决也忽略了我们这一政治共同体所强调的"德法互济"所蕴含的治理智慧。司法裁判中如果没有对社会信任、社会连接这些公共因素的关注和考量,没有对个案正义之外的社会正义的考量,类似的裁判方式及其影响将很难避免。美国2022年最高法院推翻罗伊案(Roe v. Wade)的判决引起了非常大的公共争议,这场持续半个多世纪的公共讨论,只有被放置到对"民主"概念、司法功能这些有关常识和公共理性的讨论中,才能被理解。这不是一个普通的司法判决,其背后是对共同体运行的首要政治原则的阐释和实现。就一个共同体内部而言,个案的处理其实有着非常重要的政治价值,个案处理应该最大限度地保持看似有差异的具体个案处理背后始终遵循的相对统一的原则。"是否遵循统一的正义原则"对于一个承诺了平等公民资格的共同体的自我统治而言尤为重要,因为裁判及其相关权力的行使是否符合通过正当方式建立起来的统一标准是政治共同体合法性的根本来源。

个案的法律推理和论证很多时候需要超越一般教义意义上的解释,拓展到一个更为广阔的论证领域,这需要诉诸共同体的政治道德、有关正义的抽象原则。裁判的过程同时也是一个哲学思考和对话的过程、一个公共理性的探索过程,这也是"作为政治的法律"的内涵所在。这里并不是要主张一种激进的司法能动主义,我们的基本立场在于,法官或者法律人应该直面冲突,审判案件,而不是回避案件,①司法或者说法官不能在这个过程中强加自己的政治道德和价值偏好,但是必须考虑裁判可能产生的公共影响,同时将对公民理性的培育纳入裁判考量。这应该是一个艰难且审慎的哲学探索和说明的过程,用于支持具体的法律解释和法律适用的原则与价值应是尽最大努力对共同体已经形成的政治道德的呈现和反映,而不是创造和强加。需要说明的是,很多时候这些道德和原则的基本结构框架是成型的——正义的标准是相对清楚的,但有的时候个案恰恰成了我们不得不去重新检验这个已经获得普遍承认的结构、审视这些道德原则和价值理解的契机,司法成了一个既成的公共理性接受审视、进行充分讨论的论坛。公共审议的结果可能是在解释的过程中阐释和运用了一条新的社会正义原则,但这并不是司法的创造,司法在这里只能充当公共理性的传送带和宣布者的角色,只是"先锋性"地将其实已经逐渐形成和显露的共识性的政治道德呈现出来。这里的界限设定和划分除了需要借助于法理学上对解释方法的探索,更需要依赖法律人的经验和责任。政治哲学本身就不是以某种独居于象牙塔中的理论知识而定位自身的,其在民主社会中更多时候是在发挥一种公共性的文化功能:通过思考一个理性的民主社

---

① 参见克里斯托弗·沃尔夫:《司法能动主义——自由的保障还是安全的威胁》,黄金荣译,中国政法大学出版社2004年版,第3页。

会究竟应当是什么样的,为人们在彼此分歧的问题上达成共识寻求某种类似于常识的基础;通过为政治问题的公共讨论提供概念框架,引导人们扮演公民的角色;通过说明社会的合作体系,引导人们与社会和解。任何一个现代民主社会都不可能把以上议题的讨论局限于象牙塔中,这些讨论必然要被拓展到公共领域的每一个角落,法律作为现代社会凝聚共识的基本规范,司法作为宣布社会正义标准的实践场域,不可能也不应该脱离这些哲学议题的思考。法学与哲学的对话,无论对于实现个案正义,还是对于维系一个充满活力和凝聚力的共同体而言,都是重要的、不可或缺的。

诉诸一般性的政治道德或者是正义原则对法律进行解释,这不是简单的法律适用、类比推理就可以实现的,需要法律人像哲学家那样思考,努力直面政治道德理论或者价值理论中那些宏大的、充满争议的问题。法治不仅是一个纯粹的形式性的理念,即按照已经确立的准则所允许的方式来行动,也是一种更具实质性的观念——为法律的理解和实施增加了实质性的道德限制。构成一个政治共同体正义观念的政治道德是法治的基础。对于法律的理解和适用,不可能仅仅建立在价值无涉、目的无涉的逻辑解读上,是在对社会、政治和经济条件做出反应的同时,决定什么样的法律适用与共同体的道德责任、与社会所应该秉持的正义观念相一致的解释说理过程。只有通过这种方式,政治共同体才能在每一个判决中履行对其成员始终如一的道德承诺,我们才能树立法的权威,防止公民对于法律的普遍尊重被削弱。[①] 通过对解释性概念的解读来回答法律应该是

[①] 参见罗纳德·德沃金:《认真对待权利》,信春鹰、吴玉章译,中国大百科全书出版社2002年版,第22页。

什么,既不是从技术的角度,也不是从行政效率的角度,而是从道德的角度思考司法判决。① 法官需要对自己所承担的角色有超越仅仅立足于专业、立足于个案的思考,将对整个政治共同体正义观念的影响和所应该承担的责任纳入考量。正如金斯伯格(Ruth B. Ginsburg)所言,对于法官而言,在适用法律的时候,不仅要关注一天的天气,更要留意特定时代和社会的气候。② 我们无法将正义的观念和讨论适用于生活中的万事万物,在面对那些超越人类理性控制领域的自然、命运等因素时,我们无法讨论正义与否。正确、错误及其义务等与正义相关的讨论和争辩,只能围绕人类自我设定的规范和制度展开,司法作为将这些规范适用于现实的场域,常常是一个社会正义原则、基本的政治道德得以识别和呈现的重要平台。当司法的这种识别和呈现功能更为敏锐和清晰时,公民便更为认可司法的权威,期待通过司法的个案处理来实现正义诉求,也更愿意在公共舆论中对司法判决做出反馈,社会的转型就更容易以温和与理性的方式实现——司法本身就是理性化与和平化解决纠纷和分歧的典型形式,在围绕个案理性的讨论中,可能会使得有关社会正义原则、政治道德的基本共识,或者是产生这种共识的基本常识,以一种和平、理性,同时"润物细无声"的方式被表达、检视、发展和接受。在这个意义上,司法裁判产生的过程、法官对于法律的解释过程可以被视为一种探索、传递和培育公共理性的努力。即使解释和判决结果本身引起了公众的分歧,这种分歧本身也构成了公共讨论

---

① 参见罗纳德·德沃金:《认真对待权利》,信春鹰、吴玉章译,中国大百科全书出版社2002年版,第25页。
② 参见斯蒂芬·布雷耶:《法官能为民主做什么》,何帆译,法律出版社2012年版,第17页。

的一个部分,或者说构成了公共讨论的起点。而一些常识性知识和观念作为其论述得以推进的基本前提,在这个过程中获得了一种公共的呈现和表达,并逐渐被公众理解和接受,从而为进一步的公共讨论的推进和公共理性的培育奠定基础。尤其考虑到司法作为公民理解公共理性最为直接也最为生动的场域,这种公共理性的启蒙和培育效力就更为突出。罗尔斯指出,通过法律适用,尤其考虑到美国最高法院对宪法的适用,法院作为一个原则的论坛,鼓励并集中了对核心道德问题的公共政治讨论。这个论坛的存在,同时提升了人民的道德力量,人民不仅批准了原初宪法,而且通过宪法诉讼监督和推动了其后的重要发展——始终在参与共同体政治道德和价值的形成与发展。当然,司法部门在多大程度上承担了这一宪法功能,今天在美国依旧是一个争议不断的问题:由于司法角色的拓展,一种对司法机构的控诉因此就出现了,其认为司法机构为自己创造了一个帝国项目,使得司法在一定程度上已经表现为一种政治夺权、政治篡夺。因为在这个宪法话语的发展过程中,司法不仅承担了解释一般法律的任务,同时也在解释作为政治正义呈现的公法本身。这里的关键问题就在于,法官是否具备对于有效维护宪法而言所必需的政治技能、经验和资源,从而使其能够胜任这一职责。[①]无论对此有什么异议,法院应该意识到并审慎承担自身作为公共理性形成和传播的论坛的职能这一基本共识对于民主社会而言是意义重大的。

对于一个民主的社会而言,观念对于人类历史的发展的影响是

[①] 参见马丁·洛克林:《公法的基础》,张晓燕译,复旦大学出版社2023年版,第440页。

深刻的,秉持着各自相异的关于"何谓好的生活"观念的个体,不得不去探索那些能够确保彼此共同生活并在此基础上成就个体发展所需的共识。事实上,每个人都渴望拥有一种关于如何生活尤其是如何共同生活的视野,每个人也因此都会针对特定的道德与政治问题有自己原初的立场。但其实每个人都对其原初的立场持有某种开放性,人存在的社会性本身使得个体清晰地认识到,这种个人立场只有融入同时也被他人所承认的共识中,才能真正实现。一个道德上负责任的人,会担心自己的确信是否合理可靠,会关心自己种种确信的正直性(integrity),真切地希望做正确的事。① 这就使得公共论坛的存在,以及基于公共论坛所发生的公共对话和沟通变得尤为必要。为此,个体期待由道德哲学家、法律哲学家、法官、政治家以及其他平等的公民一起构建的公共论坛能够提供一些有关正义理论的全面和充分的解说,提供一切可能的对话,以帮助他们检验和反思自己的立场,探索与其他共同体成员构建共识的可能。其实对于个体而言,诉诸这些公共的资源,并没有一定能够找到确定答案的期待,因为我们很清楚,决定性的答案是很难一劳永逸地获得的;诉诸它们,是为了检视自己的确信,补足不同的理念,在彼此的碰撞中寻求更准确、更有支持率的确信,探索共识的可能。

公共论坛的维度是多元的,媒体、课堂都在不断地产生有关正义的观念和讨论,但司法作为一个公共论坛的价值很多时候可能恰恰被忽略了。事实上,公共理性的形成,不可能仅仅基于纯粹的价值理念的思辨或者仅仅针对未经省察的实践寻求对策,而是应该将

---

① 参见罗纳德·德沃金:《身披法袍的正义》,周林刚、翟志勇译,北京大学出版社2014年版,第93页。

抽象的理念与经验的现实联系起来。而司法本身,如黑格尔所言,恰恰就是这样一个将抽象的规范与经验的现实联系起来的领域。立法本身代表了一个理想的规范世界,但是司法在将立法适用于个案时,就是将规范与经验结合的过程。在这个适用的过程中彰显真正的"法秩序",使正义得以实现,是司法的本质所在。在围绕"正义"展开的古今之争中,权利与善的关系被认为是这一争论的基本范畴,古典政治哲学的基本立场是"善优先于权利",而自霍布斯以来的现代政治哲学则主张"权利优先于善",这种优先排序的背后隐含了"善"与"权利"的某种对立性。但是,当我们把司法的功能转向公共的视野时,是否有可能改善这种对立? 也就是说,司法不再仅仅被视为以权利保护为唯一使命的纠纷解决机构,当司法代入自己作为公共论坛的角色,法官开始意识到自己在公共对话中可能发挥的作用时,围绕"权利"的讨论是否可以为形成"善"的共识奠定相关的观念基础,事实上这是我们需要思考的问题。

三、 司法概念的公共性:公法与自主概念

由于法律规范中解释性概念的存在,面对复杂伦理情境的法律适用,可能需要把相关的价值和道德目的引入司法实践,从而使得法律适用的过程同时也成为一个"哲学说明"的过程。个案的讨论和判决因此对于促成公共常识的塑造和传播,对于公共理性和共识的形成与发展具有重要意义。当从公共理性的角度关注司法,概念的解释成为重要的切入点。概念尽管是由人创造的,但是一旦产生,对人类的影响是巨大的。每一个概念一定是与某个词语相联系

的,但概念不同于词语,概念与人的观念、意义世界相联系。当某个词语成为概念时,必须是在一定的社会和政治语境中为了特定的目的而不断地被使用,从而具有了一定的意义和指向功能,体现的是不同时期人的目的以及我们赋予各种情境的意义。这种目的和意义被固定下来,便成为大家所接受与认可的"概念"。牛顿把词语描绘成对现实的不可化约的概述,洛克专注于思想和词语之间的基本关系,这都说明他们认识到词汇所承载的概念价值,认识到人类精神的进步是如何与表达一般观念的具体术语的适用联系在一起的。① 百科全书派正是因为相信观念的更新会对人类历史产生巨大的影响,因此诉诸对词条的概念解释来促进理性的发展,比如对正义、权威和自然权利等词条的解释就构成了当时政治观念转型的重要驱动力,构成了当时对于"何谓好的生活"的公共探索所需的观念基础和前提。

对于概念的解读能够呈现特定时空语境下的政治道德和公共价值,但是,如果将对概念的研究置于人类整个历史长河的维度之下,我们就会发现,概念的研究最重要的意义是对"人在历史进程中的主体性"产生自我反思和自觉。对于概念发展及其实践影响的研究,让我们意识到自我的观念认知会受到什么样的主观因素和客观因素的影响,秉持特定的概念理解会产生什么样的经验后果。只有明白了这些问题,才能够在未来的观念认知和选择中有意识地行动,从而有效地回答两个基本的公共追问:作为主体性的自我应该进行怎样的选择?人在当下的发展进程中应该怎么行动和扮演什

---

① 参见马克·戈尔迪、罗伯特·沃克勒主编:《剑桥十八世纪政治思想史》,刘北成、马万利、刘耀辉、唐科译,商务印书馆2017年版,第171页。

么样的实践角色？概念不仅是一个停留在认知层面的存在，而且有着非常明确的"行动的维度"和"行动的禀赋"；它不仅是一个被动地由社会行动所决定的客观存在，还会对行动本身产生能动的影响。概念绝不是被动地"反映"现实，而是能动地"制造"（make）现实。新的概念出现，新的意义获得认知，就必然会使新的社会政治实践得以生成。

当认识到司法作为公共论坛的角色和价值，认识到司法对于传递公共常识、促成公共理性的培育和共识的形成的重要性，法律上的概念解读显然不再仅仅是一个法律技术、法律科学问题，而是具有公共性的政治议题。尤其是当涉及公法上的概念解释时，由于公法揭示的是现代政治共同体内部权利与权力关系发展的多元样态，与政治共同体所代表的政治道德和政治正义紧密相关，因此公法被认为是"一种复杂的政治话语形态，公法领域内的争论只是政治争论的延伸"[①]，这种公共性尤为凸显。公法代表了对于国家所应该代表的正义的客观秩序的探索，对于公法概念的讨论不是一个"自治"的法律领域，需要采用关于政治理论、道德理论、历史理论的经典方法和洞见来理解公法，这是一个典型的需要哲学说明的领域。公共理性的培育目标在于期望个体能够摆脱个人利益的羁绊，以成熟自律的思考模式平衡好公共利益与个人利益的关系，具备利益整合和合作共治的能力，从而在确保个人自由得以实现的同时有效维系共同体。公法作为直面个人自主和公共自主的冲突与矛盾的法律体系，对其概念的讨论与司法的公共价值的实现之间有着紧密的

[①] 习近平：《在省部级主要领导干部学习贯彻党的十八届四中全会精神全面推进依法治国专题研讨班上的讲话》（2015年2月2日），载中共中央文献研究室编：《习近平关于社会主义政治建设论述摘编》，中央文献出版社2017年版，第98页。

联系,关系到公共理性的培育。公法中存在诸多有待解释和分析的概念,但被认为具有首要的、根本的重要性的概念就是"自主"(autonomy)这个概念。公法的基本议题和立场就是平衡好公共自主(共同体维系)与个人自主(自由)之间的关系,"自主"概念是公法规范得以设立的基础概念。

启蒙理性主义正是基于"自主性"来构建关于人的理想概念,人之所以被认为是一个能动主体(agent),是因为人具有理性反思能力和对能动性的自觉意识,即自主性。自主性是内在于人的理性结构中的一种必然能力,正因此,只要个体不受干涉地做出选择,就可以确保每一个体达到其理性能实现的最佳状态,从而呈现"好的生活"状态,这就是主张个体自由的依据和观念基础。从这个角度讲,自主是内在地指向个体的本质和能力,自由是外在地指向与外界发生联系时个体的诉求,自主是自由得以主张的基础,自由的实现则意味着自主得以呈现的条件的达成。法律更多关注的是个体与外部世界的关系,而且是行动意义上的联系。在关涉个体内心世界、内部能力的塑造问题上,法律秉持了极其谨慎和谦抑的态度。因此,法律在现代社会的价值和意义更多地与自由紧密相关,而非直接关联自主。孟德斯鸠认为,自由是法律的成果,并且仅仅在文明社会得到享用。[①] 法律的核心概念是"权利","权利"这个概念其实就是"自由"这一伦理概念的法律转化,当某种自由转化为权利之后,就具有了法律的保障。权利概念包括三个要素——自由权、请求权和诉权,得到法律肯认的权利是这三个要素的统一。自由权是

---

① 参见马克·戈尔迪、罗伯特·沃克勒主编:《剑桥十八世纪政治思想史》,刘北成、马万利、刘耀辉、唐科译,商务印书馆2017年版,第40页。

指权利人可以自主决定做出一定行为,不受他人干预,它构成了法律权利的核心,是其他权利要素存在的基础。请求权是权利人要求他人做出一定行为或不做出一定行为的权利,是对人权,它始终与特定义务人的义务相联系,其内容范围就是义务人的义务范围。人的社会性决定了个体的自主选择必然需要他人的配合,因此,请求权构成了自由权的实质性内容。诉权是权利人在自己的自由权和请求权受到阻碍、侵犯,无法有效主张的时候,请求国家机关予以保护的权利,它是权利实现的根本保障。权利的这三个要素紧密联系、不可分割,自由权是基础和本质,请求权是实体内容,诉权是保障手段。"自由"转化为"权利"之后,就具有了约束一国立法、司法和行政的效力,具有了强制力的保障。无救济即无权利,没有以强制力为保障的诉权,自由就变成一个看上去很美但无法触及的伦理概念。从这个意义上讲,诉权是自由得以实现的最终保障。由此可见,正是因为有了以权利为核心构建正义体系的法律,自由才真正得以实现。对于现代社会而言,离开法律谈自由,是没有任何意义的。

如果将国家和法律出现之前的状态视为自然状态,自然状态之下也可能有自由,但是,这个时候的自由的实现取决于个体意志。个体的自由能否实现,社会是处于和平融洽的状态还是充满战争的状态,就纯粹是一种偶然的、经验性的存在,个体对此毫无预期与信赖利益可言。国家的出现和立法的目的就是通过人类集体的意志——法律来保护权利,从而消除和平与战争的偶然性,增强生活的可预测性和确定性,使得个体自由的实现不再取决于运气等偶然因素,并且摒弃社会达尔文主义的影响,用文明的制度保障确保个体能够最大限度地实现自由。法律运行的独特逻辑就在于,由作为代表的立法者制定一套以保护自由为目的的规范,这不仅使得我们不过是在服从"自己的意志",而且为个体提供了一套稳定的、不同于其他规范的行为模式。以这一行为规范为依据,在"法律面前人人平等"这一基本原则的指导下,所有人一视同仁,无论你是贩夫走卒还是达官显贵,相同的情况都将获得相同的对待。而且由于这种规范所确定的行为模式具有稳定性和可预期性,特权所导致的意外将被降低到最小的程度,我们对彼此的行为能够有所预期,个体从而可能按照自身的自由意志安排自身生活。当然,这里的"法律"本身被做了理想化的设定,即认为法律是良法,代表的是社会成员的意志,而非一种会对自由构成压迫的专断权力的产物——当法律是后者的呈现时,它会成为自由最大的威胁。在现实世界中,对于自由的专断威胁可能来自公权力机关,也有可能来自社会的不宽容,表现为一种通过社会舆论表现出来的观念上的压迫。正如密尔所言,观念上的压迫虽不常以极端的刑罚作为后盾,却使人们更难逃避,它更多地渗透到生活细节当中,奴役到灵魂本身。① 法律作为构建现代公共对话最基础的单位之一,其影响是巨大的,它尽管不直接作用于人的观念,却构成了现代社会公民最基本的价值和行动认知规范。很多时候公民价值判断的标尺是在法律运行的过程中对标法律判断而确定的,很多公共对话本身也是借助于法律所构建的权利话语而展开的,因此,一个社会是否能够产生具有足够包容性的公共观念以成就个人自由,与国家法律的制定和运行紧密关联。

无论是基于强制力保障还是从为个体行动提供具有稳定预期

---

① 密尔:《论自由》,顾肃译,译林出版社2010年版,第6页。

规范的角度定义法律,事实上都是从形式的角度阐释法律与自由的关系,即法律通过什么样的形式特质来确保自由的实现。那么从实体的角度关注法律是如何保护自由的,就需要对如何理解自由、法律试图保护的自由利益是什么有所把握。一般而言,自由从外部行动上表现为个体不受干涉地选择和支配自己的人身、财产。但是,对于自由的判断,除了要从外部行为上观察人们是否可以不受干涉地选择和支配自己的人身、财产,还需要从实质上追问这些外部行为、外部选择是否建立在个体意志独立、真实和全面的运用与表达基础上。这种意志独立、真实和全面的运用与表达,一般被称为"自主"。自由之所以被珍视,正是由于对人建立在自主基础上的主体性的承认。真正的自由不仅仅表现为行动上不受干涉,更重要的是意志自主的实现,即意志主权的实现,后者构成了自由得以主张的基础及其本质。因此,当涉及实体性的法律判断和运用时,法律对于自由的保护,最为核心的是确保自主得以实现。有鉴于此,如果说理解法律的第一概念是自由,而自由的核心在于自主的实现,那么如何理解"自主"这个概念就尤为重要。尤其是进入法律调整的不同领域的社会生活时,"自主"这个概念会与个体、城市生活这些主语联系起来,构成具体法律领域中的核心概念。如何理解上述概念,不仅涉及对个案的判定,以及对法律所代表的正义秩序的理解,同时关涉一个社会所需的基本常识、公共理性的呈现和培育。

四、 司法中的自主概念:法学与哲学的对话

日本"家庭法之父"穗积重远在其《法理学大纲》中指出,学问

或知识是对某种现象"加以综合分析、类汇组织,抽出其现象之通性,以认识其根本原理及其在万有现象中之位置"①。按照穗积重远的理解,"现象之通性"构成知识的第一部分,这一部分由科学获取;"根本原理及其在万有现象中之位置"构成知识的第二部分,这一部分由哲学获取。科学的方法是经验,哲学的方法则是思辨。但这两部分知识并不是完全独立的,因为哲学与科学是紧密关联在一起的,尤其对于围绕人类社会的研究而言。对自然世界的研究,人类是完全外在于研究对象的,研究主体的价值判断、思辨方式几乎不影响客观规律的呈现。但是在对人类社会的研究中,人从旁观者转变为身处其中的一员,这就导致人的本体论、认识论和价值论认知对研究结论、知识生产产生极大的影响。所以,穗积重远主张,尽管哲学是先验的,科学是经验的,但是经验无思考则盲,思考无经验则空,科学内必有哲学,哲学亦发端于科学,人类的知识由科学与哲学共同构成。

从17世纪初开始,包括笛卡尔、伽利略、莱布尼茨、格劳秀斯和培根在内的思想家,开始探索认识世界的各种方法,新哲学由此出现。新哲学以一个哲学问题开启了人类的认知革命,这个问题就是"我是如何知道的"。在之前经院哲学的知识论中,上帝的知识被认为是终极的知识,但是笛卡尔"我思故我在"的命题将认识主体和对象都彻底地从经院哲学中解放出来,人成为认识和行动的主体,对于世界的认知和态度取决于人本身的思想和感受。人的意识成为驱动一切行动的引擎和人类行动最为关键的变量。我们对世

---

① 穗积重远:《法理学大纲》,李鹤鸣译,魏琼勘校,中国政法大学出版社2005年版,第18页。

界的本质的认知(世界是神创的还是客观的或者可以通过理性建构的)、理解世界的方法(世界是否可知,服从某种神圣来源给定的答案还是通过自我感知和证明)以及评价世界的价值标准的转变,不仅会对以人类社会为研究对象的社会科学研究的结论产生影响,更会带来实践过程中个人和集体行动上的变革。不同的观念、不同的意识决定了我们心中有一个关于理想的世界的想象,有一个对这个世界的前置性判断,从而使得我们在面对这个世界时会形成自己的态度。如果我们对这个世界是没有态度的,我们就不会对其提出问题,更不会在尊重客观规律的基础上,为让世界变得更符合我们内心的理想图景而采取行动。观念显然有着非常明确的行动禀赋,那些奠定人的观念基础的、聚焦世界的本质,人在宇宙中的位置以及应该如何与宇宙的万物相处的哲学议题,就成了我们认识周围世界的起点,并最终会影响我们与世界相处的方式。它不仅会对我们的知识生产产生影响,更会对一切私人领域和公共领域的行动产生影响。秉持什么样的哲学基础,就会受到什么样的范式的影响,就会有什么样的对理想世界的想象,从而决定在认识世界的过程中会提出什么样的问题,进而选择不同的路径去解释和改造世界。

现代法律科学在不断地证成其科学性,但是从上述知识论的角度来考虑,作为人类社会科学组成部分的法学的知识生产本身必须建立在与哲学的有效对话的基础上。法教义学是一种帮助裁判进行释法说理的理性论据或论证型式,它的规范性立场决定了作为方法的法教义学是一种以法律规范为出发点,各环节相对独立但又前后相连的规范性作业过程,包括了意义阐释、法学建构和体系化三个部分。① 当认识

---

① 参见雷磊:《法教义学的方法》,《中国法律评论》2022年第5期。

到司法作为公共论坛的角色和价值,讨论相关法律概念的目的是期望通过澄清、拓展乃至矫正司法裁判过程中一些观念上的盲区和误区,从而促成公共理性的培育时,释法过程中的法律概念解读就不再仅仅是一个法律技术问题、法律科学问题,必然要超越法学的专业视角,以公民的公共性培育为目标,拓展到规范背后的价值基础、权利本质的讨论,法学的讨论不可避免地会进入哲学的领域中。尤其是当不再仅仅将法律视为一种形式理性,不再仅仅依靠程序本身创造出的法律真实来定分止争,而是认为法律在实质性地创造和影响一个社会的价值秩序,塑造其公民的理性和美德时,这场法学与哲学的对话就变得非常有必要且重要。

对于对话的看重和强调似乎是在民主社会出现之后,伴随着多元价值的出现,为了解决"人类如何有效地形成共识,从而能够一起愉悦地共同生活"的基本议题而出现的,"以对话促共识"似乎成为多元社会得以维系下去的有效路径。早在希腊城邦时期,苏格拉底对助产士式的对话方式的强调,就让我们看到了对话作为人类所独具的公共能力、所呈现出来的人性之美以及对于共同体善业的重要价值。而这种公共对话的场景最为常见的场域就是司法过程。柏拉图的对话体作品可以被视为"苏格拉底案件"的"法官意见书",这一系列的对话不仅系统阐发了人类政治哲学和法律哲学的永恒主题,更展现了人类作为"有限存在者"——能思想的芦草,凭借独立的"思想的能力"所呈现出来的超越自身有限性的勇气和力量。在本体论意义上讨论"法律是什么"不仅仅涉及法律技术性的运用,而且要揭示法律权威得以形成的根源和基础,即法律所代表和表征的正义秩序是什么,这是一种哲学化的思考和表达。正如有学者所指出的:"哲学家们把生命冲动和激情的张扬转化为理智的思考,他们通过概念的推导构建起一个语词的逻辑秩序,以此为人们的生活提供理性的指引,呈现法律存在的根基和意义。"① 以司法等为载体的公共对话不仅是一个政治共同体"道德情感"的凝聚过程,也就是价值共商、选择和认同的过程,同时还是一个政治共同体"政治使命"与"政治理念"的决断和确立过程。② 这个对话过程也使得追问和揭示法律之"真理"成为可能。因此,每个时代都在呼唤具有这种能力的对话者。每一位身处这场伟大对话中、无愧于时代的伟大法官,在追求卓越的法律技能的同时,更应该唤醒自己的精神文化记忆和思想激情。这不仅对于一个共同体的维系意义重大,更关乎人类本质的彰显与文明的进步。拉德布鲁赫(Gustav Radbruch)非常明确地强调了法官作为连接价值与世俗的桥梁的重要意义:"法不只是评价性的规范,它也将是有实效的力量。……一个超国家的法要想变得有实效,就不应高悬于我们之上的价值的天空,它必须获得尘世的、社会学的形态。而从理念王国进入现实王国的门径,则是谙熟世俗生活关系的法官。正是在法官那里,法才道成肉身。"③

法律作为现代社会公共理性最为重要的表达,其运行过程不仅会表达一套专业的作业逻辑,更会传递出一套稳定的价值观念,在诸多看似完全无关联的法律制度背后却传递出对人的理想形象的设定和想象——法律始终相信,人能够理解自己的行为和给定的社会规范,并对自己的行为和选择负责。一个法治的社会以其独有的理性塑造其公民:除了传递出一整套法律职业共同体所需要遵循的法律逻辑、法律技

---

① 彼得·萨伯:《洞穴奇案》,陈福勇、张世泰译,生活·读书·新知三联书店2012年版,第10页。
② 参见彼得·萨伯:《洞穴奇案》,陈福勇、张世泰译,生活·读书·新知三联书店2012年版,第12页。
③ 转引自舒国滢:《从司法的广场化到司法的剧场化——一个符号学的视角》,《政法论坛》1999年第3期。

术,法律运行还会为公民如何理解自身、理解自身与周围世界的关系提供价值根基和判断依据。本书围绕法律概念的讨论事实上就是一种以传递常识、培育公共理性和促进共识形成为目标的观念讨论,是一种公共对话能力的培育,这就决定了相关的讨论会"溢出"一般法学的范式,进入法学与哲学的对话范畴。本书希望通过这种"非教义学意义上的"探讨,借助于不同概念背后的哲学基础讨论,以及对不同国家在不同时期的司法裁判中所传递出来的闪耀着观念光辉的司法理念的梳理和传递,在努力澄清一些基础概念的同时,拓展法官在面对经验世界时的观念边界,最终期待借助于法官做出的司法裁判,将这种观念作为常识传递给社会,奠定公共理性形成的基础。当法袍下捍卫的正义具有越来越深厚的观念根基时,这种正义观念将超越个案的边界,蔓延到公共空间中。到那个时候,对于正义的捍卫和守护不再仅仅是身着法袍者的职责和使命,也将成为整个社会的使命。

第一章　作为一般概念的自由和自主

一、有关自由的讨论：哲学的还是法律的？

自启蒙开始，围绕"自由"的公共讨论始终与法律紧密相关。霍布斯非常明确地指出，臣民的自由基本上是在那些"法律沉默的地方"。在尚未立法的地方，个体完全可以按照其自由意志做出选择。但是一旦法律禁止某种行为，那么臣民就必须服从，因为法律的基本目的是通过保护生命和自由来维持和平，而这是所有理性个体的第一诉求，个体的理性信念和法律的要求是一致的。洛克在《政府论》中对这种看法做了经典的论述："法律按其真正的含义而言与其说是限制，还不如说是指导一个自由而有智慧的人去追求他的正当利益……所以，不管会引起人们怎样的误解，法律的目的不是废除或限制自由，而是保护和扩大自由。"① 孟德斯鸠在《论法的精神》中区分了哲学自由和政治自由，同时指出，后者才是与法律相关联的自由。孟德斯鸠指出，哲学自由是能够行使自己的意志，或者至少自己相信是在行使自己的意志。政治自由是享有安全，或者至少自己相信享有安全。政治自由主要涉及自由与政制的关系、自由与公民的关系。前者主要是通过三权的某种分野而建立的。后者的关键在于人们享有安全，或者人们认为自己享有安

---

① 洛克：《政府论》(下篇)，叶启芳、瞿菊农译，商务印书馆2005年版，第35页。

全。前者更多地依靠法律建立,后者则不仅仅涉及法律,风俗、规矩和惯例都会影响到自由。① 从孟德斯鸠的区分中可以认为,哲学自由更多地与意志相关联,而从政治的角度关注自由,更多地与行为相关,"安全"的感觉很多时候是通过设定一个他者不可随便介入的行动疆域而获得的,无论这个"他者"是与自己一样平等的个体,还是政治权力。很显然,与"安全"相关联的自由是一个"社会化"概念,关注的是外化的、具有外部影响的行动。这个意义上的自由,涉及行动的疆域问题,这个疆域取决于个体与他者、与政治权力的关系。法律主要通过划定个体权利、政治权力的行动范围,实现对于自由的保护。孟德斯鸠对于"自由"的定义就是对这一理解最好的诠释:"在一个国家里,也就是说,在一个有法律的社会里,自由仅仅是一个人能够做他应该做的事情,而不被强迫去做他不应该做的事情。……自由是做法律所许可的一切事情的权利;如果一个公民能够做法律所禁止的事情,他就不再有自由了,因为其他人也同样会有这个权利。"②从政治角度理解自由,核心就是要处理个体的行动与他人的行动、与公共权力之间的关系,为彼此的行动划定界限和疆域。这个界限和疆域的划定,确保了个体平等地享有自由。

孟德斯鸠对于哲学自由和政治自由的区分,让我们注意到了行动自由与意志自由的区别。但是,要理解这种政治与哲学视野上的区分,还必须把其中所蕴含的对国家角色的理解与之联系起来。这一将"自由"的理解与"行动"紧密关联起来的法律视角,事实上与启蒙运动以来古典自由主义对自由的理解,以及在此基础上对国家角色的理解

---

① 参见孟德斯鸠:《论法的精神》(上册),张雁深译,商务印书馆2005年版,第222页。

② 孟德斯鸠:《论法的精神》(上册),张雁深译,商务印书馆2005年版,第183页。

紧密相关。在启蒙思想家们看来,现代国家以及与之紧密关联的法律之所以会出现,核心原因就是要解决与行动紧密相关的"冲突发生之后的正当救济办法的设置"[1]问题。在以洛克为代表的启蒙思想家们看来,在国家和法律出现之前的自然状态中,理性,即自然法,是存在的,这种理性本身让人们认识到:人都是平等和独立的,任何人都不得侵害他人的生命、健康、自由或财产。在这个意义上,理性作为一个前政治性的存在,并不需要国家有过多的作为,而理性为人类的相互安全设置了行为尺度。但是,这些尺度并不总是能够获得遵守。这里就出现了两个根本的问题:首先,如果将这种惩罚他人所犯罪恶的权力赋予个体,那么必然陷入"冤冤相报何时了"的丛林状态;其次,人们充当自己案件的法官将难免有失公正,会陷入心地不良、感情用事、报复心理等自私的状态,导致混乱和无秩序。[2] 正是面对这些问题,国家、政府和法律应运而生,以约束人们的偏私和暴力,克服人们在自然状态之下的种种不便,这种不便是与行动紧密关联的。从这个角度来理解法律产生的必要性就会认为:既然理性是在自然状态下就存在的,法律显然不是用来作用于理性的,而是用来解决"行动上无法服从理性"所导致的问题,法律就成了一种主要服务于行动上的冲突、充当事后救济的纠纷解决手段。因此,法律在面对自由时,更关注那些造成了直接冲突和矛盾的行为,并且致力于从现实有效的角度去考虑如何减少这种行为上的摩擦和冲突,以及当冲突和矛盾发生之后,如何给予受到伤害的一方补偿。这个层面上的讨论,几乎不涉及对任何哲学层面上的意志自由以及确保其实现的条件等问题的讨论,而是关注行动层面的限制和引导。

---

[1] 洛克:《政府论》(下篇),叶启芳、瞿菊农译,商务印书馆2005年版,第8页。
[2] 参见洛克:《政府论》(下篇),叶启芳、瞿菊农译,商务印书馆2005年版,第4—10页。

因此,孟德斯鸠认为,公民的自由主要依靠良好的刑法。① 很显然,刑法是最为严苛地划定行动疆域的法律,是解决事后矛盾、进行行为惩戒和补偿最强有力的规范。

现代对于自由的理解,最初源自对"财产自由"和"宗教自由"的关注,财产自由本身就有很强的消极防御的行动特征。此外,由于宗教自由这一精神层面上的自由在当时的语境下与行动自由紧密相关,因此,当时对于自由的讨论非常关注如何从外部排除对个体行动的不当干涉。市场对人的理性赋予了极大的信任,伯纳德·曼德维尔(Bernard Mandeville)在《蜜蜂的寓言》中主张,个人私利/理性带来集体利益/理性最大化,在规训国家崛起之前,理性被认为是一个无须介入太多公共讨论和支持的前政治性存在。规训国家之前,武力和经济力量是国家建设的主要手段,而这些因素都直接作用于人的行为而非意志。因此,理性生成、意志自由的行使会面临什么样的挑战,在面对这些挑战时国家应该如何作为,这些问题并没有进入公共的思考中。法律几乎不涉及对行为之外的自由成就条件的讨论,人的自主性是被作为讨论自由,进而讨论法律的既存前提来对待的。这种对自由的消极层面的古典理解,也决定了对当时国家、政府乃至法律角色的理解。这个时候的国家、政府和法律更多的是在承担一种消极义务,也就是与市场逻辑相匹配的"守夜人"角色。既然国家及其政府主要承担补充性的和事后纠纷解决的责任,那么与之相关联的法律必然关注导致冲突和矛盾的外部行为,以聚焦划定"群己权界"的行为疆域和矛盾解决为己任。康德对于合法律性(legality)和合道德性(morality)的区分,也建立在相同的国

---

① 参见孟德斯鸠:《论法的精神》(上册),张雁深译,商务印书馆 2005 年版,第 223 页。

家观和法律观基础上,从而使得服务于"实然"的法律讨论与服务于"应然"的哲学讨论区分开来。在康德看来,法律义务和伦理义务都是下位于道德法则的概念,两者的关键区别在于,前者更多地涉及行为,后者更多地涉及动机:"与自然法则(laws of nature)相对照,这些自由法则被称为道德性法则(moral laws)。就这些法则仅仅涉及外在行动及其与法律相符而论,它们被称为法律的法则(juridical laws)。但是,如果它们还要求这些法则本身成为决定行动的理据(grounds),那么,它们又称为伦理的法则(ethical laws)。"①因此,"法律涉及的是不受他人强制性的随心所欲所左右而有所作为的外部自由,而不是涉及内在的或道德的自由,即不受本能欲望、需求和情欲左右的意志的独立性"②。因此,"一种行动与法律相符或者不相符而不考虑它的动机(incentive)被称作该行动的合法律性(legality);但在其间如果产生法则(law)的义务观念(idea of duty)也构成了该行动的动机,这种相符性就被称为该行动的合道德性(morality)"③。密尔(John Stuard Mill)也坚持了这种哲学和法律立场的区分,在《论自由》的开篇,他就指出,他要讨论的自由不是意志自由,而是公民自由或者说社会自由。在此基础上所提出的指导立法的"极简原则"本身,其实也是聚焦于外部行动的疆域。密尔认为,在一个文明社会当中,国家权力(法律)能够对个体构成干涉的唯一理由就是个体的行为对他人造成了危害。个人的行动,尤其是在私人领域中,尽管有可能伤害他人,或者未给予他人的福祉应有的考量,但如果未达到侵犯其他任何既得权利的程度,即未对社会之基本秩序构成不当影

---

① Immanuel Kant, *The Metaphysics of Morals*, Mary Gregor (ed.), Cambridge University Press, 1996, p.14.
② 奥特弗里德·赫费:《康德:生平、著作与影响》,郑伊倩译,人民出版社2007年版,第95页。
③ 孙国东:《基于合道德性的合法性——从康德到哈贝马斯》,《法学评论》2010年第4期。

响,那么这就不是通过法律来规范的领域。①

但是,伴随着社会实践推动对"自由"理解的不断深化和发展,关注自由的思想家开始意识到意志与行动之间无法做泾渭分明的区分,如果不能确保意志上的自由,形式意义上的行动自由并不足以实现个体真正的自由发展。启蒙时期对人的自主性假设显然是有些乐观的判断,一方面,个体不必然具备自主这样的理性能力,并不总是能够达到做"自我利益的最佳判断者"的成熟状态;另一方面,对于这种自主性的实现构成障碍的并不仅仅是行动上的干涉,即使不存在任何可见的外部干涉,意志的自主性也有可能受到影响和限制。尤其是从19世纪开始,伴随着机器化大工业的发展,诸多社会矛盾让我们看到,如果不将劳动力市场常态性的供大于求的现实对"契约自由"的影响纳入考量,并采取相关的措施纠正由此带来的不平等,工人们表面上签订劳动合同的行动自由,事实上并不以意志上的自由为前提和保障。契约自由是一种"不得不"行使的行动自由,从而导致工人陷入异化的不自由状态——马克思对此的深刻洞见实现了对古典自由主义自由观的扬弃和发展。如果不直接面对这一行动和意志的分离所带来的矛盾,那么对于法律所代表的正义会构成根本性的挑战,1905年"洛克纳诉纽约州案"的判决及其所招致的反对和批评,②就是这一挑战最为生动的体现。面对现实提出的新议题,受到贡斯当古代人的自由和现代人的自由的区分的启发,伯林(Isaiah Berlin)提出了积极自由和消极自

---

① 参见 John Stuard Mill, *On Liberty*, The Floating Press, 2009, pp. 18 – 19。
② 美国联邦最高法院以 5∶4 的微弱多数推翻了纽约州十年前制定的《面包店法》中有关最高工时的规定——面包店雇员一周工作不得超过六十小时,且一天不得超过十小时。多数意见判定,最高工时的规定是对雇主和雇员契约自由的"不合理、不必要以及专断的干涉",因此违反了宪法第十四修正案的"正当法律程序"条款——"未经正当法律程序,任何州均不得剥夺任何人之生命、自由或财产"。

由的划分。他一方面认为消极自由更具本源性,没有消极自由就不可能有所谓的积极自由,消极自由是一种真切和原初性的人性愿望,尽管个体不必然能清晰地理解和把握"自由",却完全有能力理解"不自由",消极自由建立在对不自由最为直接的感知基础上,"自由的根本意义是摆脱枷锁、摆脱囚禁、摆脱他人奴役的自由。其余都是这个意义的延伸,如若不然,则是某种隐喻";另一方面则认为,只强调不被干涉的消极自由可能被用来支持各种弱肉强食的"在政治和生活意义上具有毁灭性的政策",而且,消极自由并不总是"每个人的第一需要","对于衣不遮体、目不识丁、处于饥饿与疾病之中的人们,提供政治权利或保护他们不受国家的干涉,等于是在嘲笑他们的处境。在他们能够理解、运用和增进他们的自由之前,需要的是医疗救助或教育"。①

从伯林对消极自由之外的积极自由概念的阐述角度理解自由,似乎就很难再将哲学角度的自由讨论和法律角度的自由讨论完全区分与隔绝开来。真正的自由不仅仅关涉"群己权界",与不被干涉的行动自由有关,而且还要确保行动背后的依据是"自主的自我",通过意志自由的实现确保"我成为自己的主人"。伯林指出,"自由"这个词除了具有不被干涉的消极内涵,还包括积极内涵,其积极含义源于个体成为他自己的主人的愿望。"我希望我的生活与决定取决于我自己,而不是取决于随便哪种外在的强制力。我希望成为我自己的而不是他人的意志活动的工具。我希望成为一个主体,而不是一个客体;我希望是一个行动者,也就是说是决定而不是被决定的,是自我导向的,而不是如一个事

---

① 以赛亚·伯林:《自由及其背叛》,赵国新译,译林出版社2019年版,第203—324页。

物、一个动物、一个无力起到人的作用的奴隶那样——一个无法构想目的并实现目的人。"① "我是我自己的主人"不仅仅是对行动自由的期待,更是对意志自由的追求,是对自主性的实现和确证,这就要求那个占据支配性地位的自我等同于理性,等同于我的"高级的本性",等同于我的"真实的""理想的"和"自律的"自我,或者等同于我的"处于最好状态中的"自我;这种高级的自我与非理性的冲动、无法控制的欲望、我的"低级"的本性、追求即时快乐、我的"经验的"或"他律"自我形成鲜明对照。② 积极自由不仅仅关心是否可以不被干涉地行动和做选择,同时关心谁在决定我的选择,关心是不是真实的、处于高级本性的、自主的自我,而非他律的自我在起支配作用。"积极自由"的概念对那种仅仅停留在表面的行动自由,而非意志自由本身保持了高度的戒备。消极自由不谈自由的内容或者内涵,只谈自由的外在条件,关注的核心问题是"我是否可以做选择";而积极自由要求一种内在涵养的发展,认为自由的关键在于提供进行自主选择的内在资源,需要具备要求和主张自由的依据——自主性的实现,关注的核心问题是"这个选择确实是我想要和应该做的吗"。

当对自由的理解不仅仅关心行动的自由,同时还向前追问行动背后的意志自由,不仅仅关心行动是否受到干涉,同时还期望最大限度地确保自主性的实现——是"自主"(autonomy)而非"他律"(heteronomy)的自我在支配和决定行动自由,即行动是建立在自主(意志)基础上时,对于国家在自由实现中的角色的理解也必然会因此拓展,从而使得建立在古典自由基础上的国家观念也随之发生转型。这会从根本上影响

---

① 以赛亚·伯林:《自由及其背叛》,赵国新译,译林出版社2019年版,第234页。
② 参见以赛亚·伯林:《自由及其背叛》,赵国新译,译林出版社2019年版,第235页。

对法律制度的理解和发展。这个时候对于自由的实现条件，不仅要考虑干涉和与他者的冲突，还需要考虑如何全面地发展一个人的自主性——提升其自由选择能力——从而不仅能够确保其在做选择时具有行动上的自由的外观，同时确保真实的、自主的、处于高级本性的自我在做决定，此时成就自由、实现自由的条件也就因此变得复杂了。国家在面对自由时，仅仅依靠事前以立法划定群己权界以及事后以司法解决矛盾和救济权利，显然无法成就实质意义上的自由。在确保不对自由构成不当干涉的同时，还需要创造各种条件，以促进个体自主性的提升。国家面对自由的责任不仅仅和行动自由相关联，还涉及意志自由、精神自由。这个时候围绕作为自由守护神的法律的思考需要从经验延伸到规范，从实然拓展到应然，需要关注动机和价值的形成，需要关注包括行动和意志在内的自由实现的整全理想图景。显然，此时法律讨论必然要延伸到哲学层面。没有哲学层面对自主的理解，没有对于自主的自我这一理想形象的想象，事实上也就很难在正义的框架中准确把握法律与自由的关系。

将法律对自由的讨论从行动拓展到意志，法律的疆域和能动性会因此有所拓展，这是规训国家得以证成其合法性的基础。呈现高级本性的自我被认为与过一种高尚的生活有关。规训国家旨在通过一种规范性的权力引导公民以自律的方式过上健康有序的生活，从而区别于以压制性权力的他律性达到这一目的的传统军事国家。规训国家以其注重教育观念引导行为，强制惩戒的文明性获得了合法性。规训国家的出现意味着统治者们试图通过法令来塑造国民精神的和物质的健康和福祉，这里当然有加强权力的利益所在，但更多是为了提高国民的素质。一个拥有正直勤勉的行政人员和强大有效的监督机制的国家一定更有效率，同时，在其他条件相同的情况下，由勤劳顺从的人民构成的社会更容易治理,因此,规训强化了国家权力。① 所有这些以法律规范推动的医疗、卫生和教育的动议的目的都不仅仅是在社会之上强加某种规范,更重要的是推动人的自我规训。这一创新使得"高尚"的理念——过一种节制和健康的生活——扩散到了整个社会,社会处于文明的规训当中。② 由于将这种"高尚"的理念与自主性关联起来,认为规训国家的规范性权力的行使构成了对人的理性的培育,规训国家进一步从促成积极自由实现的角度获得了合法性。但是,如果对此不加反思,正如伯林在《两种自由的概念》中所担忧的,过度强调积极自由,强调督促自主的自我真正得以呈现,从而允许外力对个体进行引导和规训的范围与强度超过必要的限度,事实上会构成对自由的威胁和否定。父爱主义(paternalism)就是滥用积极自由导致的自由危机,"我比你更清楚什么是对你而言更好的选择"的父爱主义会将"真正的自我"等同于他者眼中的个体应有状态,甚至等同于集体的"大我",将对个人的理解置于高于个人的"社会整体"——部落、种族、教会、国家等当中,"真正的自由"被认为体现为与某种集体意志或某种规律的同一化,不仅无助于实现积极自由,还可能侵害个体的消极自由,各种对人的奴役往往通过这种观念得到辩护。这就是伯林尽管意识到了积极自由的重要性,但始终强调消极自由作为底线自由不应该被忽视的原因。

自由面向的复杂性决定了自由实现的道路之艰辛。对于法律如何能够成就自由,一方面,需要借助哲学讨论的视角,思考法律在行动自由之外,与自主即意志自由的关系,从而使得法律在积极自由的领域能

---

① 参见菲利普·S.戈尔斯基:《规训革命》,李钧鹏、李腾译,北京师范大学出版社2021年版,第55—56页。
② 参见菲利普·S.戈尔斯基:《规训革命》,李钧鹏、李腾译,北京师范大学出版社2021年版。

够有所作为；另一方面，传统自由主义法学中围绕消极自由对于法律调整疆域的设定原则依旧需要获得重申，防止以自由之名构成对于自由的不当侵害。自现代法律出现以来，我们就认为，法律是社会有效运行的重要保障。但是，法律并不是社会秩序、社会图景得以形塑的唯一规范，作为一种由国家强制力保障实施的规范，我们在借助它来达至理想的社会图景时要非常谨慎。毕竟充满温情的法律本身也是有达摩克利斯之剑护航的，会切实地对我们的人身和自由构成强制。法律既不是万能的，也不能是万能的，法律对于自由的成就一定要以不对自由构成不当干涉作为底线和原则。如果不能确保这一底线，那么我们在面对那些更宏伟的社会蓝图、更高尚的社会理想、更美好的社会期待时，就需要在法律之外寻求其他社会机制予以支持。因此，当积极自由本身成为法律试图成就的目标时，法律既要积极地创造出"自主"得以实现的条件，又要防止"父爱主义"的蔓延，在努力塑造实现一种理性的人类生存状况所必需的条件的同时，要将真正实现自主选择和决定生活方式的权利最终留给个体。任何立法、执法和司法实践都应该坚持富勒（Lon Fuller）在《法律的道德性》中所提出的现代法治的原则，即法律不可能也不应该强迫一个人去过某种特定的生活，或者说强制他做到他的才智所能允许的最好程度。换句话说，法律只能阻止人们不去过更为糟糕的生活，以及创造外部条件使他有能力意识到并实现自己更好的状态，但是不能强迫人们去过在旁人看来似乎更好的生活。[1]

---

[1] 参见富勒：《法律的道德性》，郑戈译，商务印书馆2005年版。

二、作为一般哲学概念的自主

当对自由的讨论区分哲学层面和法律层面时,"自由"和"自主"的概念区分似乎更有意义。法律更多关注的是行动层面的自由,即不受干涉或阻碍地做自己想做的事情,关注对自由的外部限制,诸如物理限制或威胁等。而自主则是这一行动上的自由得以主张的依据和基础,强调展现高级本性的意志在选择行动中发挥主导和决定性作用,是一种内部影响。与外部存在的对行动的限制不同,这些内部影响主要是对意志的影响,不仅会影响"做我们想做"的自由,也会影响"想我们所想"的自由,一旦"想"的自由本身受到影响,就会使得"做"的自由已经不具有实质的意义,从而导致自由本身受到根本的否定。自主关注的是什么力量在决定行动、依据什么行动的问题,即只有在不是受到自我意志之外的其他动机和规范的影响,而是受到真实的、展现高级本性的自我意志的支配时,我才真正成为自己的主人,自由才真正得以实现。从这个意义上说,若没有自主,即使个体可以不受干涉地行动,自由也并没有得到真正的实现,自主才是自由的本质所在。自主概念的引入构成了对法律上仅专注行动的狭义自由的理解的补充和拓展。当考虑什么样的法律规范本身能够成就自由时,法律就需要关注对于意志构成影响的因素,通过排除和削减这些限制性因素,促进个体理性反思能力和能动性自觉意识的生成,确保自由得到更为彻底的实现。因此,自主就成了对哲学和法律而言同样重要的核心概念。在进入法律的语境中对这个概念进行讨论之前,首先需要对其在哲学层面的一般内涵有所了解。

自主(autonomy)是伦理学和政治哲学的核心概念,主要源自古希腊的两个词语,即自己(autos)和规则(nomos)。从词源上可以将自主理解为"自己为自己立法",指称的是一种自治的状态,或者说任凭那些真正属于自己的理性和价值引领自己的生活。自主的内涵包含自我满足,也就是说不仅可以做真实的、不受支配的选择,而且要确保选择的范围和可能都是充分的,同时选择要建立在对反思能力和能动性有充分自觉的基础上。现代关于自主的观念,主要是在18—19世纪出现的,最具影响力的哲学是康德哲学。对于康德而言,一个人只有在其选择和行动不受那些外在于自己、与自身无关的因素影响时,他才是自主的,否则的话,这个人就缺乏自主(autonomy),或者说不是处于自主(autonomous)状态,而是处于他律(heteronomous)状态。与自主相对,他律是指一个人的选择和行动的依据不是来自自身,而是受到了习惯、同辈压力、宗教上的权威、不属于自己的激情和欲望等的影响。如何判断那些欲望是不属于自己的欲望?康德认为,这些欲望取决于一个人所处的境况,而非他自己的意志。这些情境的变化及与之相伴的欲望的变化,并不能改变一个人的本质。即使这些欲望本身不是社会环境的产物,而是生理机能的产物,对于一个人而言,也非本质性的。一个本来喜欢鱼子酱、厌恶龙虾的人,并不因为他后来味觉完全适应龙虾和拒斥鱼子酱而变成另外一个人。与这些生理上的、情境化的特质不同,理性是一个人最为本质的特质。如果一个人在其选择和行动上只受到了理性的排他的支配,那么他就是自主的。康德很清楚,如果目标设定是外在于自我本身的(比如满足某种外在的欲望),那么一个人为了达到这个目标而理性地行动,并不代表他是自主的。康德认为,这个时候不过是依据"假言命令"(hypothetical imperative)在行动,"假言命令"代表了一种规则形式:如果要实现 X,你就必须做 Y。一个建立在可以归于自主基础上的行动,意味着指导行动的规则可以无限地适用到所有同样境况的理性人身上,而无须考虑他们取决于特殊情境和生理状况的欲望,这就是康德所称的"绝对命令"(categorical imperative)。绝对命令代表了一种普遍法则,一种所有理性人都会遵守的法则。一个受到绝对命令支配的人,不会为了获取某种特定的好处而撒谎,因为他不可能期待所有人会一直遵守"当你可以获益的时候,请撒谎"这一规则。如果所有人都遵守这一规则,那么社会就不再有信任,也没有人,包括这个考虑撒谎的人,能够真正从撒谎中获得利益。① 正是认识到自己作为一个理性人存在的固有价值,而理性能力之间并无差异,因此,一个真正自主的人,也会像对待自己一样对待其他理性的主体,任何时候都把他们作为目的而不是手段来对待。这一目的特质,使得康德的自主概念与人格概念紧密相关,这一对概念对"二战"后德国《基本法》的人格权概念产生了深远的影响,同时也构成了现代一般人格权理解的观念基础。

密尔与康德不同,受到其所处时代和功利主义的影响,他认为一个人如果依据自己的价值、欲望和倾向行动,他就是自主的,并不排斥受到欲望驱动的行为,只要这个欲望真正是自己的,同时个体愿意为此承担责任。"人类应该按照自己的意见自由行动,即只要他们愿意自负责任和自担风险,就应该不受同胞实质性的或道德的阻扰,而将其意见贯彻到自己的生活之中。"②但是,密尔讨论的拥有自由的主体必须是"成熟"的个体,从而将他所认可的自主性与康德意义上的自主性之间的差异缩小了。我们并不能保证每次推动我们行动的力量都是源于自我的

---

① 参见康德:《实践理性批判》,邓晓芒译,人民出版社 2004 年版。
② 密尔:《论自由》,顾肃译,译林出版社 2010 年版,第 65 页。

决定。自我决定的能力容易受到各种外部力量的袭击,具有能动性的主体并不能保证总是自行决定自己的行动以及以什么样的方式决定自己的行动,主体可能会因前见或者偏见、抑郁、焦虑、疲劳而失去自主权,他们也可能屈服于强迫和上瘾。20世纪70年代,美国哲学家哈里·法兰克福(Harry Frankfurt)提出了一种独特的等级动机理论。他首先区分了一阶欲望(first-order desire)和二阶欲望(second-order desire)。在他看来,一阶欲望是人和非人物种都可能具有的,但是人具有反思性自我评价能力(the capacity for reflective self-evaluation),从而决定想不想拥有这些欲望和动机。二阶欲望会对一阶欲望的可欲性进行评价和选择,进而决定是否要将这一欲望作为意志来对待。如果一个人想让他的欲望成为他的意志,进而采取行动,那么就产生了二阶意愿(second-order volition)。他举的一个经典例子是,"一个吸毒成瘾的人想要吸食毒品",这是一阶欲望,但是他可能"想为了工作和家庭克服毒瘾",这就是二阶欲望,在此基础上产生的二阶意愿没有让他真的吸食毒品。在法兰克福看来,真正可能成为人的意志的是二阶意愿。这其实就将人的反思能力纳入了意志考量当中。自主所彰显的自由意志必须是具有反思性和能动性的。作为"社会性"的存在,外部力量对个体的影响无法避免,但这并不意味着必然构成对"自主"的影响和否定。如果在这个过程中,这些外部力量影响了作为主体的我们,而我们对此毫无自觉,或者知觉之后不具备反思能力和能动性,反而将其作为推卸自身责任的理由,那么这个时候,我们的自主权就受到了破坏。比如一个人的当下选择很大程度上受到了原生家庭的影响,但是如果没有意识到这种影响,或者尽管认识到原生家庭对自己的影响,但只是将其作为合理化自己当下的选择和判断的理由,而对于这种影响没有反思的能力,缺乏将这种影响纳入自己的判断、反思和掌控当中的能力,"放任"这种影响控制自己的选择，那么这个时候其自主就受到了影响和否定。

"自主"意味着每个人成为自己真正的主人，对自己有一种权威，这种权威不是基于他/她的政治或社会角色，也不是基于任何法律或习俗，而是基于一个简单的事实，即只有那些真正属于他/她意志的选择，才能发起要求自己服从的行动。为了形成做一件事而不是另一件事的意图，自主的个人必须将自己关于如何行事的判断视为权威，这种能够施加于自身行动的权威是我们能动性（agency）的固有特质，是自主性的呈现，服从这一权威就是自治。自治的主体在心理上呈现出一种共时性的（synchronic）统一，行动完全可以归因于主体本身，在采取这个行动时，不会持有否定自己所做的事情的观点，是行动上的一贯性主义者（coherentist）。自治的主体不仅要求这种共时性的统一，还要求历时性的（diachronic）自我的统一。后者要求一个自治的主体，应该受计划、统一的情感和性格特征的约束，即能动性应该具有持续性，过去、现在和未来的选择中具有某些贯穿始终的价值坚持，当下的选择融入了对过去的反思和对未来的期待，从而呈现出对生命意义理解的连续性和稳定性。主体的立场不仅仅是他/她在某个时间点受到外界影响后碰巧处于特定心理状态的反馈，而且应该受到自身所持计划的约束。动机应该是由他/她的长期价值观和/或相对稳定的承诺和关心所决定的，呈现出过去、现在与未来的某种联系，从而使得个体获得身份的自我认同。简言之，个体从自主中可以获得一个确定的信息，即这些选择彰显了自我是一个自洽的存在。法律上对人格尊严的主观性解读，事实上就是围绕这一维度展开的。

自主不仅要求行动上没有外部的干涉，相较于狭义的自由而言，还要求那个具有支配地位的意志是高级本性的呈现，是理性的，即"自由的"等于"理性的"。黑格尔把对于自由的理解与非理性选择对立起来,"一个人如果想做什么就做什么,那他就认为自己是自由的,但他的任意性意味着,他不是自由的"①。自由意味着自主,自主意味着个体的选择不是受超出理性控制的外在或内在力量的驱使,而是受建立在反思基础之上的,对自我主体性、能动性有清楚自觉的力量的驱使。正是在理性的意义上,自由才是人类的"特权"(prerogative):只有当人不仅有能力控制选择的形式,而且有能力控制选择的内容时,个体的选择才获得了充分的承认和尊重。正是基于自主所具有的这种伦理内涵,对于个人生命和财产的保护、宗教和言论自由的保护,以及对于其他不会对他人或整个社会造成危害的一切生活领域中的自由选择权的保护,不仅仅是一种维护秩序的责任,更是一种审美和道德责任,即一种实现人类精神潜能的责任,一种实现人的尊严的责任,同时也是对人类的类本质的保护责任。②

三、公共自主与个人自主

公法上讨论自主与私法上讨论自主,最大的区别就在于对公共自主的关注。正确理解公共自主和个人自主之间的关系,构成了一切公法实践得以开展的前提。当自主从私人领域拓展到公共领域,主张自主的主体从个体转变为一个族群或者一个整体时,这就意味着一个文化或者政治意义上的共同体要求自我治理。他们拒绝任何不是产生于

---

① G. W. F. Hegel, *Philosophy of Right*, T. M. Knox (trans.), Oxford University Press, 1952, p.230.
② 参见邦雅曼·贡斯当:《古代人的自由与现代人的自由》,阎克文、刘满贵译,上海世纪出版集团2005年版,第18—19页。

他们自身的政治和法律权威,任何试图对其进行统治的外部权力都被认为是非法的,他们排他性地享有决定和执行自我治理的规范与政策的权力。这种公共自主的需求促成了现代民主理念的兴起,现代民族国家的合法性也因此建立在这一公共自主的基础之上。公共自主所形成的以公共利益为依归的公意,构成了公共权力获得承认的基础。公共权力的正当性完全取决于对公意的落实和实现,一切能够对个人自主形成合法限制和制约的行为,必须获得源自公共自主的法律规范的授权。因此,现代民族国家内部权利—权力这一对基本的关系范畴背后,其实就是个人自主与公共自主之间的关系。建立在公共自主基础上的共同体所提出的对个人权利的约束和要求与个人自主的需求之间的矛盾,被认为是现代国家需要直面的最根本的议题。①

由于作为公共自主的直接产物的法律会对个体构成直接的限制,因此,很多时候公共自主和个人自主之间被认为存在根本性的对立与矛盾。但是,这并不足以准确诠释两者之间关系的全部维度。在古代社会,不存在现代意义上的公私划分,公民被城邦所吞没,城邦构成了公民生命的全部维度,"城邦之外,非神即兽",生之为人的思考、言说和行动的全部能力都有待在城邦这个层面习得、展现和发展,个体的所有生命意义都倚赖城邦得以展现,自由也有赖城邦生活将某种善业教导给个体得以实现。贡斯当指出,个人在公共事务中几乎是永远的主权者,古代个体的荣誉感和快乐本身都是基于对国家事务的参与而产生的。这个时候的自主更多的是一种公共自主,不存在私人意义上的自主,个人的自主是通过参与到公共的自主中实现的。因此,古代人没有

---

① 参见理查德·C. 西诺波利:《美国公民身份的基础:自由主义、宪法与公民美德》,张晓燕译,复旦大学出版社 2019 年版,序言。

个人自由的概念,可以认为古代人的集体自由即个体自由。① 在现代社会,商业的发展使得个体完全可以脱离政治权力获得生存的资源,同时也催生了一个独立于政治领域的空间——私人领域,建立在私人交往基础上的社会可以确保个人的物质需求得到满足,而且个体完全可以在私人领域中通过对自己思考的专注、自己事业的专注得到希望和快乐,精神也可以获得独立的发展。伴随在私人领域追求个人幸福的手段不断扩展和丰富,商业激发了人们对个人独立和自主的热爱,个人自主得到承认和伸张。② 这个时候的公共自主尽管依旧得以保留,但是与古代社会相比,其实现方式和对个体的意义都发生了改变。

伴随国家规模的扩大和奴隶制的废除,自由人必须从事特定职业以确保自身的生存,闲暇的丧失不仅导致每一个个体实际参与政治的时间和精力有限,也导致个体分享政治的重要性相应降低,个人的影响仅仅是决定政府方向的社会意志之难以觉察的组成部分。公共自主更多地通过委托给"代表",即代议制的方式实现。此外,市场及其私人领域的出现,削弱了政治的控制力,与之形成对比的是财富成为一种在所有情况下都随处可见,更适用于所有利益,更真实、更容易让人服从的权力,从而使得个体较少依赖于政治,甚至远离政治。这些都使得个体与公共自主之间产生了距离,更珍视保障私人快乐的私人自主。贡斯当指出,个人独立是现代人的第一需要。每个人都希望在不伤害他人的前提下按照自己最喜欢的方式发展其才智,仅仅需要权威提供一般性指导手段,个体更多地像旅行者那样接受权威提供的主要路线图,而

---

① 参见邦雅曼·贡斯当:《古代人的自由与现代人的自由》,阎克文、刘满贵译,上海世纪出版集团 2005 年版,第 35 页。
② 参见邦雅曼·贡斯当:《古代人的自由与现代人的自由》,阎克文、刘满贵译,上海世纪出版集团 2005 年版,第 37—38 页。

不必由权威告诉我们该走哪条路。① 对于现代社会而言,个人自由是本位型的自由,政治自由②是个人自由的保障,尽管也是不可或缺的,但政治自由似乎更具手段性,个体并不必然需要直接参与公共生活,即政治自由本身成为一种可以放弃的权利。更重要的是,对于个人自主、个人自由的珍视,使得个体一方面承认公共自主对于公共秩序和个体自由实现的必要性,另一方面对公共自主持有一种时刻警惕的态度。由于公共自主为公共权力的行使提供了正当性,权力行使与个体权利实现疆域之间似乎是此消彼长的对立关系。因此,权利与权力关系使得公共自主与个人自主似乎成为对立的存在。要确保个人自主的实现,就需要对公共自主进行约束,要求公共自主对习俗、情感和个人独立有更大的尊重。可以说,古代人的自由在于以集体的方式直接行使完整主权的若干部分。与这种集体性自由相容的,是个人对社群权威的完全服从,个人自主通过公共自主得以实现。③ 而现代人的自由更多的是通过个人自主来实现的,公共自主与个人自主不仅成为两个独立的概念,甚至被认为具有一定的对立性。

伴随着个体可以选择"关上门"的私人领域的出现,"原子化"构成了我们对自我状态的基本想象。但是,"社会化"本身也是个体非常重要的存在状态,当个体之间的社会化交往是一种必然时,一个能够为交往设定规则、确保我们能够愉快地共处的公共意志就显得非常必要和

---

① 参见邦雅曼·贡斯当:《古代人的自由与现代人的自由》,阎克文、刘满贵译,上海世纪出版集团 2005 年版,第 45 页。

② 此处使用的"政治自由"与前文区别于"哲学自由"的"政治自由"不同,这里的"政治自由"主要指代的是参与公共生活、政治生活的自由,前文主要是指由法律所保障的自由。

③ 参见邦雅曼·贡斯当:《古代人的自由与现代人的自由》,阎克文、刘满贵译,上海世纪出版集团 2005 年版,第 34 页。

重要。国家权力正是凭借对公共意志的遵循和实现的承诺获得了存立的正当性。鉴于此,从应然的角度来看,公共自主和个人自主之间并不存在对立和冲突,而应该是互为条件、相互成就。现代公共意志更多的是借助代议制予以实现的,代表意志构成了公共自主得以行使的基础。代表意志作为人民意志的呈现,其与个体意志的关联性,使得个体服从公共自主的结果——公共意志,就像服从自己的意志一样自由。作为公共自主产物的法律规范本身,尽管对个体行动构成了一定的限制,但也恰恰是这种限制确保了个人自主——自由的真正实现,如果没有法律规范设定群己权界,每个人都享有绝对自由,也就意味着每一个人都不享有任何自由,现代自由一定是法律之下的自由。在这个意义上,公共自主尽管形式上呈现出对个人自由的限制,但本质上是个人自由、个人自主得以实现的条件和保障。詹姆斯·斯蒂芬(James Stephen)指出,自由不能被理解为不存在任何限制,自由的性质和价值存在于规范自由的限制之中,没有限制,就没有自由。没有法律存在的自由就像没有河道、没有水坝和水闸引导的流水,看似自由自在,但是由于缺乏流动的方向,最后根本无法流向大海,只会腐臭和滋生瘴气、蚊虫,沦为一潭死水。[①] 尤其是当对自由的理解从对行动上干涉的排除拓展到对意志自由——自主的条件成就时,公共自主就不再仅仅聚焦于消极地设定行动意义上的"群己权界",而是积极地为实现自由创设各种内部与外部条件,消除各种导致自主无法实现的障碍。黑格尔在《法哲学原理》中认为,由于自主本身就与理性关联在一起,因此建立在公共自主

[①] 参见詹姆斯·斯蒂芬:《自由·平等·博爱》,冯克利、杨日鹏译,江西人民出版社2016年版,第6页。

基础上的国家及其权力被作为一种"天生的理性存在"来理解和描绘。① 产生于公共自主的政治权力是一种特殊的权力,这种特殊性源自其将人们团结在一起,共同生活,从事一项共同的事业。没有这种团结,没有共同体的保护、规范和引导,是不可能实现真正的个人自由的。

社会哲学家菲利普·佩蒂特(Philip Pettit)针对古典自由主义"无干涉自由观"(freedom as non-interference)存在的不足,提出了共和主义的"无支配自由观"(freedom as non-domination),不仅与自由主义之间形成了有效的对话,同时在现代语境中进一步发展和诠释了公共自主与个人自主的关系。佩蒂特指出,没有干涉并不必然意味着自由,不自由并不必然意味着存在实际的干涉,而是指无论干涉是否发生,某些人拥有武断地、任意地干涉他人的能力。无干涉的自由认为干涉之阙如就是自由的充分条件,而无支配的自由则要求即使不存在实际的干涉,客观上任何人都不得拥有任意地干涉他人之生活或者事务的能力,这种随时可以干涉他人的权力就是一种支配的权力。只要存在任意支配的权力,就没有自由,哪怕从未出现过实际的干涉。② 因此,只有获得法律和文化承认与保护的自由,才是真正的自由,仅没有干涉,不代表自由的实现。基于此,需要有三个条件来成就无支配的自由,这三个条件都与公共自由紧密相关:首先,为少数人提供防止多数人暴政的保护。佩蒂特以个人自由为讨论的出发点,否定了古典共和主义所认为的共同善优先于个体权利的主张,这就构建了公共自主与个人自主对话的

---

① 参见 G. W. F. Hegel, *Philosophy of Right*, T. M. Knox (trans.), Oxford University Press, 1952, p. 11, Preface。

② 参见菲利普·佩迪特:《共和主义:一种关于自由与政府的理论》,刘训练译,凤凰出版传媒集团、江苏人民出版社2006年版,第25—29页。

基础。不同于古典共和主义强调共同善是起点和最终目标,将人们的民主参与视为善的本质和最高形式之一,佩蒂特的自由观将个体自由作为一切讨论的起点和终点,其所主张的无支配的自由始终关注个体自由,反对任何支配的存在,警惕多数人对少数人的暴政,因此,无支配的自由观与现代多元主义是相容的。其次,提供民主的决策机制,确保多数人的意志得以呈现和实现。法律作为通过民主多数决审慎产生之物,应该获得充分的尊重和执行。佩蒂特提出了一个不同于古典自由主义的主张,即干涉并不等于不自由,自由应该是法律之下的自由。佩蒂特认为,作为社会性的存在,干涉是没有办法避免的,所以,干涉并不是自由最大的威胁,甚至在一定程度上,干涉的存在并不意味着自由的丧失,法律本身就构成对个体的干涉,但是好的法律最终会成就个体的自由。保住自由的关键在于,确保法律的公共性,确保这种干涉不是任意的、专断的。通过民主机制产生的公平的法治能够确保国家权力不是专断的、任意的。按照"无干涉自由观",一种法律的统治必然是强制的,法律与自由构成了对立的存在。但是按照"无支配自由观",服从法律并不意味着任何人自由的丧失,只要法律的制定、解释和执行不是专断的,只要相关的法律强制不得不考虑承受者的利益和意见,法律就是对自由的成就。正如不会把自然的障碍视为对自由的威胁一样,与一种公平的法治联系在一起的干涉,虽然制约了人们的自由,但其本身没有危及自由。这就要求首先要确保民主程序的有效性,从而使得多数人的意志能够呈现。从这个角度来看,古典自由主义视野下的自由是一种法律之下(under the law)的自由,新共和主义视野下的自由是一种能够对法律进行控制(over the law)的自由。除此之外,无支配的自由对国家提出了更多的要求,国家不仅应该竭力消除专断的权力对人们生活的支配、对自由的威胁,而且还应该促进公民"民主胜任"能力的提

第一章 作为一般概念的自由和自主

升,防止民主受少数精英的支配,沦为专制本身。除了竭力增加人民享有不受支配之选择的范围和实现的容易程度,还应该竭力减少残障、贫困和无知等限制民主权利行使进而限制自由的因素的影响。在此基础上,对多数人的暴政予以足够的警惕,并为少数人的权利保障提供有效的救济机制,确保不构成对少数人权利的压迫。最后,公共选择、公共政策应具有可抗辩性(contestability)。前两个条件都是以群体为保护单位的,无论是多数人群体还是少数人群体的发声都应该获得充分的聆听和认真的对待。而针对个体,在佩蒂特看来,只有让个体的公民有充分的渠道对权力进行日常监督,才能确保无支配的自由的实现。例如,通过保障信息的自由、言论和结社的自由以及提供更多的日常渠道,让个体具备在法庭上、媒体上或者通过多种独立的公共官职(如监察员)渠道诉告和抗辩公共选择、公共政策。[①] 这也是一种更为日常化的权力监督、权利保障机制。对于个人自由的理解从"无干涉"转向了"无支配",也就意味着认识到不存在干涉并不是自由的充分条件。与公平的法治联系在一起的干涉,不仅不是对自由的损害,反而是对自由的成就。保障自由的关键是确保任何人不拥有任意干涉他人的支配权,这就需要个体自由获得法律和文化的支持。在这个意义上,公共自主对于个体自主而言是不可或缺的,确保法律为每一个社会成员所控制的公共自由、政治自由为个体自由所必需,用佩蒂特的原话来说就是,"民主参与对一个共和国来说可能是不可或缺的,但这只是因为它是促进无支配自由的必要条件,而不是因为其独立的吸引力:它不像一

[①] 参见菲利普·佩迪特:《共和主义:一种关于自由与政府的理论》,刘训练译,凤凰出版传媒集团、江苏人民出版社2006年版,第193—211页。

种积极的自由观所认为的那样,自由就是民主参与的权利"①。总之,民主参与是自由的保障,而不是自由的核心。

在对公共自主和个人自主的关系的理解中,还有一种冲突论,其建立在对人性的基本判断之上,即人对自我利益的考虑和坚持,必然导致其在面对公共利益时的不可退让性和对抗性,这就造成了公共自主和个人自主之间不可消除的冲突和矛盾。涂尔干(Émile Durkheim)认为,每个人,无论是原始人还是文明人,都是双重人(homo duplex),每个人身上都存在着利己主义的欲望与道德认同之间的对立。但是,源于婴儿与生俱来的生物性冲动的利己主义,绝不可能被后来居于共同社会化生活的道德发展所克服或消除。② 这显然是将自然世界的"物竞天择"规律适用到人类社会而产生的结论。个人理性当中是否必然包含着与公共利益相冲突、无法兼容的利己欲望,这种利己主义本身是不是无法克服的,其实都是非常有争议的问题。从苏格兰启蒙开始,人类就试图跳脱出对人性的单一判断,摆脱建立在人性基础之上的宿命论。以哈奇森(Francis Hutcheson)、休谟(David Hume)为代表的思想家坚持将人性作为社会产物来对待,从而相信其具有不断被塑造的可能,这就构成了公民教育不断地被主张的观念渊源。从应然的角度来看,公共自主与个人自主之间互为条件、相互成就,但这种应然的理想模式与实然的状态之间确实可能存在差异。就像个人进行自主决策时,并不能保证是"自主"的实现,理性可能会被激情、欲望所遮蔽一样,公共意志在形成决策的过程中,公共自主也并不总是能够实现,这恰恰是引入相

---

① 菲利普·佩迪特:《共和主义:一种关于自由与政府的理论》,刘训练译,凤凰出版传媒集团、江苏人民出版社2006年版,第10页。
② 参见安东尼·吉登斯:《资本主义与现代社会理论:对马克思、涂尔干和韦伯著作的分析》,郭忠华、潘华凌译,上海译文出版社2013年版,第307页。

关的程序规范以及以比例原则为代表的实体规范对公共决策进行引导和约束的原因。此外,如果说公共自主期待呈现出一种国家理性,这种理性能够有效地协调共同体生活与个人自由之间的关系,很显然,我们并没有获知关于这一理性的终极答案和全貌。这一理性会伴随着现实语境的发展而不断地变化和发展,只有倚赖对经验层面权利与权力互动过程的观察,在不断地总结、反思和探索中才能逐渐把握其面貌。

个人自主的行使最终是为了确保个人利益的实现,公共自主的行使最终是为了促成公共利益。因此,当个体进入共同体之后,公共自主能够对个人自主形成约束,在法律话语上就转化为公共利益相对个人利益的优先性。正如《世界人权宣言》所指出的,人人对社会负有义务,因为只有在社会中人的个性才可能得到自由和充分的发展。毫无疑问,个人的努力对于个人幸福是非常重要的,但是努力本身并不能成为个体获得幸福的充分条件。只有在一个安全有序的社会中,个体的天赋和努力才能获得充分发展的条件。除此之外,个体的天赋能够获得社会回馈的前提是社会通过构建一套公正的机制以认可个体天赋的特定价值,如果社会构建的制度体系和秩序无法确保对多元的个体能力和努力的包容与肯认,无法给予个体的付出以公平的评价,那么个体很难实现其天赋的价值。在一个不认可法治的社会中,律师不可能成为一种显赫的职业;在一个轻视文艺的社会价值的社会中,文艺工作者不可能获得真正的尊重。对于个体自由的实现和发展而言,一个有序、公平的社会环境和秩序是基本的前提,这是公共利益优先于个人利益,能够对其构成限制的依据所在。我国《宪法》在2004年修正时,明确了公共利益与个人利益之间的关系,其第十三条规定:"公民的合法的私有财产不受侵犯。国家依照法律规定保护公民的私有财产权和继承权。国家为了公共利益的需要,可以依照法律规定对公民的私有财产实行征收或者征用并给予补偿。"当公共利益有需要时,个体的私人权利就要受到限缩和阻却。鉴于此,要处理好公共自主和个人自主之间的关系,从法律的视角来看,就需要对如何判定公共利益进行审慎的思考和讨论。

  法治发展的初期,由于民主决策机制使然,我们常常把公共利益等同于多数人的利益。但是,伴随着现代化进程的推进,法治观念、政治伦理的发展,基于对多数人暴政的警惕,我们意识到数量上的优先性不必然带来伦理上的正当性。卢梭在对公意与众意的区分中,非常明确地摒弃了基于数量的简单叠加对于公共利益的判断。卢梭指出:"众意和公意之间经常总有很大的差别;公意只着眼于公共的利益,而众意则着眼于私人的利益,众意只是个别意志的总和。但是,除掉这些个别意志间正负相抵消的部分而外,则剩下的总和仍然是公意。"①正是在这个意义上,代表意志不能简单等同于对选民意志的复制和传达,代表应该对公共利益负责。公共利益的界定是一个极其复杂的现实问题,需要结合具体的领域给出特定的标准,如行政法上会根据具体行政行为领域的区分给出特定公共利益的理解路径。在超越具体个案情境的法哲学意义上对公共利益进行讨论,主要会从两个维度展开。一切有伦理取向的行为,都包含了动机和后果两个要素,因此,在对行为进行伦理评价时,也可以从这两个维度展开。韦伯(Max Weber)将这两种评价准则称为信念伦理和责任伦理。信念伦理主要是从行为的动机判断其价值,这也是康德的义务论(deontology)的来源。信念伦理在做出价值判断、利益判断时,更多地从是否符合正义的价值标准做出判断,不考虑行为的具体后果,即只要这么做从伦理道德的角度判定是对的(right),

---

  ① 卢梭:《社会契约论》,何兆武译,商务印书馆2005年版,第35页。

就必须这么做。德沃金(Ronald M. Dworkin)在《认真对待权利》中基本就是遵循信念伦理,从个体自由的角度对法律所代表的公共利益进行了界定。德沃金区分了政策和法律原则,指出政策着眼于一个必须实现的目标,行动目标一般是功利主义层面的对于某些经济、政治或社会问题的改善。而法律原则得到遵守,并不是因为它将促进或者保证被认为合乎需要的经济、政治或者社会形势,带来一个符合效率最大化原则的结果,而是因为它是公平、正义的要求,或者是其他道德层面的要求。比如"减少车祸"就属于政策,而"任何人不得从自己的错误行为中获利"则属于法律原则。政策被遵守,很大程度上是因为其在特定的情境和社会语境中创造了社会利益的最大化;而原则被遵守,不是因为其创造了效率,而是因为这么做在伦理层面被认为是对的,是符合正义标准的,即使为此要付出巨大的可见的社会成本,也必须这么做。遵循法律的权利逻辑,从信念伦理的角度判断公共利益,公共利益就与个人权利保护联系在一起,个人权利就必须获得认真对待,从功利角度对社会的普遍利益的判断和期待不能成为剥夺权利的正当理由。一旦权利得到认可,就不能仅仅因为社会将为这个权利的行使付出进一步代价而取消这一项权利,这个时候的利益权衡不是发生在社会整体利益和个人利益之间,而只能发生在两种同样重要的个人权利之间,对个人权利的保护就等于公共利益,这是法哲学中常常会将代表国家理性的"法"与"权利"概念关联在一起的原因。

从结果的角度,即从责任伦理的角度理解公共利益,一般有两条判断路径。一条是遵循功利主义的原则,从公共效率最大化的角度判断公共利益,这也是比例原则产生和适用的理论基础。另一条则是基于目的论(teleology)的视角,先行设定某种人类的卓越目标(human excellence/good),然后以实现此目标为规定公共利益和社会基本制度的标准。尽管这一卓越目标有可能和强调效率原则的功利主义重合，但是也可能区别于功利主义，强调共同体善业的实现。这种共同体的善业被认为具有优先性，公民也需要通过这种善业的教导成长为真正自由的个体，尽管这一善业不必然与个人权利相关。阿伦特(Hannah Arendt)在《公共权利和私人利益》一文中就指出，基于公民身份所产生的公共利益和作为个体所产生的私人利益是完全不同的。公共利益不是私人利益简单叠加之后的总和，也不是最大公约数，更不是经过启蒙之后的自利的总和。事实上，它与私人利益本身是没有直接关联的，而是和一个超越自我的世界相关，这个世界是一个永恒的、不朽的世界，它所追求的公共利益甚至与私人的短期利益相悖，只有超越了私人利益的羁绊，作为一个公民存在，我们才能实现公共利益。韦伯坚持认为在政治事业中，应该以责任伦理指导行动，在这个过程中，责任伦理与信念伦理达成了统一。韦伯指出："能够深深打动人心的，是一个成熟的人(无论年龄大小)，他意识到了对自己行为后果的责任，真正发自内心地感受着这一责任。然后他遵照责任伦理采取行动，在做到一定的时候，他说：'这就是我的立场，我只能如此。'这才是真正符合人性的、令人感动的表现。我们每一个人，只要精神尚未死亡，就必须明白，我们都有可能在某时某刻走到这样一个位置上。就此而言，信念伦理和责任伦理便不是截然对立的，而是互为补充的，唯有将两者结合在一起，才构成一个真正的人——一个能够担当'政治使命'的人。"[①]

公共利益的概念是很难通过简单的原则讨论予以界定的，但一个基本的立场是不能简单地用多数人的利益或者是私人利益的叠加来判

[①] 马克斯·韦伯：《学术与政治》，冯克利译，生活·读书·新知三联书店2019年版，第116页。

定公共利益。一个负责任的公共利益的法律判断需要同时将动机与后果纳入考量,善(good)与正义(right)都应该被纳入公共自主的考虑中,它们对于共同体同等重要。公共利益是服务于政治共同体维系的概念,鉴于政治共同体是一项关乎过去、现在和未来的事业,所以不能将其仅仅与当代人的利益关联在一起,需要将其与对过去的传承、对未来的承诺考虑在内。早在1884年,洛厚德(C. E. Leuthold)在《公共利益与行政法的公共诉讼》中就指出,公共的概念是相对于私人的概念而提出的,公共利益一定不是多数人的利益,也不是全部人的利益,而是任何一个人或者说每一个人的利益。正确理解公共利益和个体利益的关系意味着我们不仅仅要关心"如何组织我们的共同体",更要关心"苏格拉底式的对个人应当怎样生存的探究"。这种理解能力只有在现实的公共实践中才有可能获得并不断得到锤炼和提升,整个人类社会发展的历程及当下我们所获取的民主经验向我们展现了一个基本的经验事实,即个体在多大程度上能够在个人理性当中生发出公共的理性,很好地理解公共生活,从而有能力对公共利益做出判断,从观念和行动上理解及实现公共自主与个人自主之间的一致性,其实还是与其生活的社会环境、所受到的社会影响紧密相关。托克维尔(Alexis de Tocqueville)在《论美国的民主》中向我们展示了这样一条基本经验:没有天生自私自立或者是适合公共生活的民族,文明发展的一个非常重要的目标就是要在后天的制度和社会建构中,不断地培育和增强个体融入公共生活的德行与能力。贡斯当认为,对于政治自由的把握,是人类自我发展非常重要的方面。他指出,我们的本性中有更好的部分,这就是驱使并折磨我们的那种高尚的忧虑,是希望拓宽我们的知识以及发展我们的能力的那种欲望。我们的使命要求我们追求的不仅仅是快乐,还有自我发展。政治自由是上帝赋予我们的最有力、最有效的实现自我发展的手段。① 阿伦特也将这种公共能力的培育视为一种文明的成就。海德格尔(Martin Heidegger)认为,只有在私人领域,一个人才能成为真正的自我,而不是公共领域中非个人的、身份相同的自我。与海德格尔不同,阿伦特认为,(公共)行动是显示"我是谁"的唯一方式,而不是描述"他们是什么"。她认为,个体只有在公共领域中才能充分表达自己。更重要的是她指出,只有能够将个人自主与公共自主融合和协调起来,具备公共美德和公共参与能力的个体才是自由的,因为参与公共生活代表的是对人与生俱来的自然本能需求的超越,从而使得个体超越生活必需的束缚,代表的是对必然世界的超越,从而使得生之为人的能力得以展现和发展,获得真正的自由。这在一定程度上与马克思所主张的"存在于真正物质生产领域的彼岸的'自由王国'"之间形成了呼应。

"公共人"与"私人"面向的协调是需要借助于后天培育来实现的。在这个培育过程中,制度和环境的力量,尤其是被视为公共论坛的司法的影响是不能被低估的。现代社会对于个体理性构成最直接的影响、最有效的引导的力量就是法律规范,制度传递出什么样的观念,就会对行动构成什么样的影响。法律适用的过程,尤其是司法过程如何处理公共利益与个人利益的关系,将从根本上影响个体理性能力的发展,从而对公共自主与个人自主之间的关系,乃至对一个共同体内部的正义秩序造成影响。因此,法律规范及其适用,尤其是司法本身在一个共同体内部的角色,必须被放置到一个更为广阔的公共空间和公共价值层面去理解。司法不仅仅要保障公民独立,尊重其权利,还必须完成人类的使命,尽可能让公民升华到更高的道德境界和自我实现状态。

---

① 参见邦雅曼·贡斯当:《古代人的自由与现代人的自由》,阎克文、刘满贵译,上海世纪出版集团 2005 年版,第 49 页。

第二章 公私界分：讨论自主的古老前提

讨论理性的公共运用和私下运用，即公共自主和私人自主，是以公共领域和私人领域的界分为前提的。但是，伴随着互联网空间的发展，以及哈贝马斯（Jürgen Habermas）所谈及的社会国家化和国家社会化的双重趋势的发展等因素的影响，公与私的界限、公法与私法之间的界限变得越来越模糊。但是，无论待决事项如何复杂地将公私因素融合在一起，区分公私领域以适用不同的法律逻辑和规范，依然是法律适用的基本路径和方法。《最高人民法院关于审理行政协议案件若干问题的规定》明确指出，人民法院审理行政协议案件，可以参照适用民事法律规范关于民事合同的相关规定。这意味着不能因为行政协议的公法协议性质就排除民事法律的适用，应该根据协议的性质、争议事项的性质属于公法争议还是私法争议来适用不同的法律规范。由于公共领域的交往形态与追求目标不同于私人领域，因此，不同的交往空间应该适用不同的交往规范。但这一现代公民所应该秉持的常识，在我国的本土的语境中可能还需要更多的司法判决和公共讨论予以普及和重申。公私界分以国家—社会的二元划分为前提，这一以商业为主导的社会所呈现的基本现实在我国传统社会中并没有得到清晰的呈现。传统上以农业为主导的生产方式所造就的"熟人社会"以及依循家国天下的逻辑建构的社会伦理关系，导致传统中的社会规范建立在私人关系的基础上,缺乏现代的公共观念以及在公私界定中存在相对性。正如梁启超所指出的,国民"偏私德,而公德殆阙如"①,费孝通也就中国传统社会对于公私理解的相对性做过专门的论述。② 新中国成立之后,单位制和公社制度的发展,迅速将从传统家庭束缚中解放出来的个体整合进了政治国家,使得陌生人之间基于公共性的交往对于个体而言依旧是一个比较陌生的命题。市场经济的发展带来了经济社会的发展,但是公共领域的发展依旧滞后,因此也没有形成成熟的公私观念。鉴于此,无论是作为进一步讨论法律适用的前提,还是考虑到对自主性的保护,关于公私的划分都应该作为一个重要的前置性命题予以梳理和澄清。

公与私的界分最早出现于罗马法中。以乌尔比安为代表的罗马法学家将罗马法划分为公法和私法。"公法涉及罗马国家的政体,私法涉及个人利益。"③承袭罗马法的大陆法系国家基本延续了这一分类。现代社会要理解这一界分,需要倚赖三位重要学者的理论:阿伦特、哈贝马斯和理查德·桑内特(Richard Sennett)。三者分别从不同的维度对公共领域和私人领域的区分进行了讨论,为我们提供了理解公私划分的基本要素。从时间线上来看,三者的学说中,阿伦特的讨论应该放在第一位,她对哈贝马斯产生了重要影响。但是,由于阿伦特将公共领域这个概念作为一个构成其反思性理论基础的哲学概念来对待,如果从她的学说入手理解公共领域,进而理解公私划分,可能会因为理论的抽象性而产生理解上的困难。鉴于此,将公共领域作为一个历史概念研

---

① 梁启超:《新民说》,商务印书馆2021年版,第19页。
② 参见费孝通:《乡土中国 生育制度》,北京大学出版社2007年版,第28—30页。
③ 美浓部达吉:《公法与私法》,黄冯明译,中国政法大学出版社2003年版,第29页。

究的哈贝马斯的理论,构成了理论梳理的起点。

一、作为历史概念的公共领域

恩格斯在《家庭、私有制和国家的起源》中指出,人类初始的交往是血缘关联,超越这种血缘关系产生的联系是伴随着剩余劳动产品的出现而产生的市场交往,这使得一个不需要依赖国家就可以获取生存资源的领域得以出现。在这个领域当中,人与人之间以利益为纽带,通过自由意志(区别于血缘)而发生联系,由家庭和市场交往所构建的领域就是"社会"。社会的独立性首先源于借助市场这只"看不见的手",不需要国家就可以进行资源的调配,满足个体的需求,国家的影响因此被限缩到了尽可能小的范围。社会中对个人自主性和私人财产的保护需求,也使得社会尽量避免受到政治国家的干涉。在社会中行动的个体,享有不受国家任意干涉的空间——"私人领域",这是一个个体享有"关上门"的权利,可以拒绝他人随便进入、觊觎和评判的领域,从而使个人隐私获得一个自主生长和庇护的空间。隐私属于个性的一个部分,只不过相对于那些个体愿意去展示和主张的个性而言,隐私是个体不愿意被人知晓和评判的部分。只要没有任何的公共影响,赋予个体这样一种拒绝"被知道"的权利,能够使得个体排除不必要的外在影响和干涉,从而使个性获得最大程度的保留和发展。

哈贝马斯对18世纪欧洲资产阶级公共领域产生的历史进程进行了描述,从而清晰界定了公共领域的概念,并在此基础上延续法兰克福学派的方法论,对公共领域的结构转型进行反思和批判。尽管很多学者指出,他的概念有不少理想的成分,但是这并不妨碍我们借助于他的历史概念来理解现实。哈贝马斯指出:"资产阶级公共领域是一种特殊的历史形态,它最先在17世纪、18世纪的英格兰和法国出现,随后与现代民族国家一起传遍19世纪的欧洲和美国。在阅读日报或周刊、月刊评论的私人群体当中,慢慢形成一个松散非组织的但开放和弹性的交往网络。剧院、博物馆、音乐厅,以及咖啡馆、茶室和沙龙等场合对娱乐和对话提供了一种公共空间。这些早期的公共领域逐渐沿着社会的维度延伸,聚焦点由艺术和文学转到了政治。"①

18世纪之后,当私人领域的衣食住行等基本需求获得满足之后,城市中的资产阶级开始走进咖啡馆、书店、沙龙等公共空间,寻求在精神层面的连接和在关注点上的共鸣。他们会一起讨论文学作品或者报刊内容,并从对文献的讨论衍生到对现实公共问题的关注和批判,这就促成了公共领域的形成。哈贝马斯认为,公共领域的主要功能在于形成针对公共事务和政治事务的公共舆论,通过公共舆论与国家权力的互动,能够有效地确保国家权力受到监督和及时对社会需求进行回应,在国家和市民社会中具有某种独立的中介性地位。所以,公共领域区别于政治权力组织,同时也区别于传统的经济社会领域。公共领域指代的是一个交往空间,公共领域的"公共"体现为向所有人开放,从而和私人领域的排他性与封闭性形成对比;同时这里的"公共"也代表对公共利益的关注,如关心政治生活、公共行政。私人领域是一个和公共领域相对的领域,与公共领域不同,它关注的是私人利益,在这个领域中个体对自己的生活享有主权,有权拒绝来自政府或者是其他组织、个人的不当觊觎和干涉,即享有"关上门"的权利。传统的私人领域范畴,包括

---

① J.哈贝马斯:《关于公共领域问题的答问》,梁光严译,《社会学研究》1999年第3期。

自我、家庭生活。哈贝马斯同时提示我们,在今天的传媒社会里,以社交媒体为中介形成的公共领域为个体提供了自我展示的舞台,但无论是为了吸引眼球还是为了追求知名度,其实都是为了追求个人利益,从而和参与政治、学术讨论不同,后者的交往不是观众和表演者之间的交往,而是相互对话者之间的交往。政治、学术讨论不是为了吸引目光,而是通过交换彼此理由,实现对一个主题的理解和共识,因此参与者完全不需要谈到自己追求的是公共利益。因此,前者由于专注于个人利益,不是严格意义上的公共领域,只有专注于公共利益的学术、政治讨论才属于公共领域的范畴。

公共领域最重要的特质就是公共舆论的形成,公共舆论建立在公众开放、平等和理性的讨论基础上,从而区别于私人领域的注重情感的、关注私人利益的表达。公共领域的基本特征表现为在形式上是自由与独立的,在体系上是开放与多元的,方式主要是交往与协商,意在谋求公利而非私利。哈贝马斯认为,公共领域的第一次转型,是代表性公共领域向民主的公共领域的转型,这也是资产阶级登上历史舞台的过程。代表性公共领域主要存在于从中世纪封建社会到资产阶级的公共领域崛起之前,那个时候能够承担公共性职能的仅仅是享有特权或特殊身份的领主、贵族或君主,一直到18世纪从文学公共领域中产生的资产阶级的公共领域出现,代表性公共领域才被取代。第二次转型是伴随着规训国家、福利国家的诞生,国家社会化的趋势越来越明显,国家不仅仅负责政治与公共管理,也会介入公民从出生到死亡的各种社会和生活事务,社会相对于国家的独立性逐渐势弱,公共领域因此受到国家力量的影响。与此同时,为了争取其更大的经济利益或者其他的私人利益,传统上的经济组织、利益集团等也开始试图通过向国家权力渗透,对国家决策和行动产生影响,社会国家化的趋势日渐显著。国家社会化与社会国家化的双重趋势共同入侵和挤压了公共领域,国家与社会的界限的逐渐模糊导致了公共领域的"公共性"受到影响。哈贝马斯认为,此时的公共知识分子的批判性阅读与理性沟通蜕变成了商品性的消费,大众传媒所传播的文化成为一种整合文化,公共领域呈现出消费主义和大众文化的面貌,公共领域逐渐衰落了。

二、 作为哲学概念的公共领域

哈贝马斯对公共领域的历史研究受到了阿伦特的影响,阿伦特的公共领域观念则源自亚里士多德的城邦观念,在她看来,市场所带来的商业化,导致人们沉溺于物欲的享受、私人领域的"小确幸",这个时代沦为一个"娱乐至死""伟大让位于魅力"的时代。阿伦特对于公共领域的倡导旨在于现代生活中重新构建伦理性的公共空间,以对抗经济和现代技术的扩张,因此,阿伦特是将其作为一个哲学概念来研究的。阿伦特恢复了亚里士多德的实践概念,将政治活动与工具性的生产活动区分开来,在《论革命》中,她明确对"解放"(liberation)和"自由"(freedom)这两个概念做了区分:前者意味着摆脱私人领域的生存必需性,后者意味着多元的参与者进入公共领域的行动;前者是社会问题,后者才是真正的政治问题,二者之间没有必然联系。

《人的境况》是阿伦特继《极权主义的起源》之后的又一部重要著作,这两本书的问题意识都源自对极权的关注,但是由于思考背景的差异,因此其提问的方式有所不同,最终产生了不同的结论。《极权主义的起源》关注的直接问题是"极权主义为什么会在德国出现",《人的境况》则关注"什么样的条件下,极权主义不会出现"。阿伦特认为,只有

第二章 公私界分:讨论自主的古老前提

公民投入公共生活,参与到与劳动、工作相区别的"行动"中,才能避免极权主义的出现。在阿伦特的论述中,公共领域没有明确的定义,阿伦特关于公共领域的理解主要是围绕公共领域的特质展开的。

首先,公共领域是超越有死之人的生命长度的,即公共空间具有恒在性。阿伦特认为,"如果世界要包含一个公共领域,它就不能只为一代人而建,只为活着的人做规划,它必须超越有死之人的生命长度"[①]。阿伦特指出,公共领域在现代丧失的最明确证据之一,就在于人们几乎彻底丧失了对不朽的关切。在她看来,为了克服商业和技术的扩张所带来的异化,需要从仅仅对"魅力"的关注转向对"伟大"的关注。人的生命如何能够获得不朽?只有投身于公共事业,将个体生命与他人的生命、与民族的生命、与一个可以不死的公共事业联系在一起,才能不朽。在这个意义上,公共领域早于个体的生命而存在,并超出了我们的生命时间,同时向过去和未来开放。它不仅是我们与同时代人共有的世界,而且也是我们的前人与后代共有的世界。

其次,公共领域彰显了人类的特殊性和卓越性。阿伦特认为在古希腊城邦中,从家庭领域进入公共领域,相对于奴隶只关注自己的生命和生存活动而言,进入城邦中的公民投身于公共事业,过"得体的生活",表现了人对受困于必需品的生活的超越。正是通过建构这种公共自由的空间,人类生活才赢得了一种超越它的生物存在的偶然性和脆弱性的意义,才从纯粹私人的或社会领域的黑暗中解放出来,并进入共同世界的光明中。同时,对必然世界的超越也意味着在公共领域里,每个人能够借助于公共行动将自己和他人区别开来,彰显自身的与众不同和卓越。公共领域的实在性依赖于无数视角的同时在场。公共领域

---

① 汉娜·阿伦特:《人的境况》,王寅丽译,上海世纪出版集团2014年版,第36页。

中的个人有不同视角和立场,却总是关注着同一对象,而且从不同角度对此对象的理解并不改变它的同一性,这一彼此观看和倾听的机会不仅从多元的角度展现了世界的客观性,从而使得世界的实在性真实可靠地得以呈现,也防止了个体完全囚禁在自己单一经验的主观性中。通过公共领域的沟通与对话,成为个体主体性建构的关键所在。我看到也被别人看到,但是我看到可能和别人看到的有差异,①在这样的确证与主体间的对话中,自身的实在性和主体性得以确立和塑造。正如哈贝马斯所言,主观精神获得意义和内容,有赖于彻底社会化的主体所分享的主体间的客观精神。阿伦特说:"如果公共领域的功能,是提供一个显现空间来使人类事务得以被光照亮,在这个空间里,人们可以通过言语和行动来不同程度地展现出他们自身是谁,以及他们能做些什么,那么,当这光亮被熄灭时,黑暗就降临了。"②她将古希腊人摆脱生活必需品的束缚,进入公共场所,用言行表现自己的活动看作真正的人的活动,断言人能取得的最伟大的成就就是自我的展示与实现,这种展现使人成为真正的人,从而摆脱了作为类存在的特性,公共领域因此构成了人自我展现的活动场所。在阿伦特看来,只有在公共领域中,人才可以处于最大限度的开放之中,才能够积极地展现自己的个性,实现自己的最高本质。这一对公共领域中人的角色的理解,其实和马克思的观点是一致的,马克思指出:"自由王国只是在必要性和外在目的性的规定要做的劳动终止的地方才开始;因而按照事物的本性来说,它存在于真正物质生产领域的彼岸。"③

---

① 相关讨论参见汉娜·阿伦特:《人的境况》,王寅丽译,上海人民出版社2014年版,第32—39页。
② 汉娜·阿伦特:《黑暗时代的人们》,王凌云译,江苏教育出版社2006年版,第2页。
③ 《马克思恩格斯文集》第七卷,人民出版社2009年版,第929页。

三、作为现代性反思对象的公共领域

哈贝马斯和阿伦特的公共领域概念研究不仅揭示了公共领域出现的历史过程,同时也呈现了公共领域对于共同体生活以及个体的意义。理查德·桑内特则在他们研究的基础上,进一步揭示了当代公共领域发展所面临的问题,从而为思索公共领域的行为规范提供了具有启发性的思考。在他看来,正是公私界限被打破,导致"亲密性专制"对公共领域的侵蚀。

桑内特对现代公共领域出现的研究基本与哈贝马斯的研究构成一种呼应。他指出,18世纪,欧洲贸易扩张和城市人口剧增导致陌生人之间的交往涌现,城市需要确立一套新标准帮助人们了解如何和陌生人相处,这些标准使得公共领域和私人领域泾渭分明。例如,严禁任一阶层的成员穿戴其他阶层的服饰;恭维是否能取悦于人,在于话语组织是否精心或机智这些具有形式特征的标准,没人在乎是否真心;人们公开决斗,但并不破坏他们的私交;一个拈花惹草的人同样也可以赢得尊重与爱戴,因为好的立场与行动会给他的道德加分。[①] 这使私人生活更为自由,而相应的是公共生活中同时也富有公正与开阔的一面。

但是,伴随世俗主义在19世纪的崛起,人的主体性的确立使其自身成为自己的精神主宰,人的终极关怀、价值判断的理据和生活意义不再诉诸外在的源头,而是从世俗生活中的自我产生。人们在一切领域彰显个体的人格偏好的意图得到鼓励,这就导致了"泛滥"的私人人格

---

① 理查德·桑内特:《再会,公共人》,李继宏译,上海译文出版社2022年版,第100—138页。

偏好对公共生活的蚕食。按照马克斯·韦伯的经典论述,世俗化的时代就是一个祛魅的时代,一个价值多元的时代,每个个体都习惯于将个体的价值立场视为一切现实问题的终极标准,不区分私人与公共。似乎所有的社会现象只有和人格挂钩才有意义,非人格空间逐渐"缩水",亲密性社会关系的不断拓展乃至泛滥导致了公共人的衰弱。桑内特认为,有教养的行为是公共行为,家庭中的行为则是个人的天性行为,这两者的共存使得公共领域和私人领域的界分有意义,教养和天性之间是对立的,因此,不应该将一种过度强调私人人格偏好和亲密性的规范与要求无限制地从私人领域蔓延至公共领域,导致公私界分被打破。这种公私界限的模糊首先是从商品销售领域开始的。现代商品的主要营销手段就是冲破这种公私界分的典型:商品是批量生产的,事实上流水线上生产的产品是很难彰显个体的个性差异的。但是,为了迎合世俗主义鼓励一切领域彰显个体人格,人们热衷于欣赏心灵的彻底袒露的行为偏好,商品的销售者想尽一切办法赋予物质的东西以亲密人格的属性或者联想,以此吸引消费者的注意力,激发他们的购买欲望。百货商场迷人的橱窗,宣扬的是个性而流光溢彩的生活方式,但事实上模糊了商品的用途,掩饰了其批量生产的真相与高额利润——最终成为奴役人本身的拜物教。这导致一个最讽刺的悖论:追求个体自由的消费动机最终收获的却是对个体自由构成束缚的枷锁。橱窗展示中最为"个性"的展示就是将本来属于私人领域的空间特质和个体偏好以"公共"的方式呈现出来,如将原本隐秘的卧室空间公开地呈现在消费者面前,这使得公私的界限最终在个性满足的名义之下被打破,进而导致公共空间受到私人偏好的侵袭,公私界限日渐模糊。

桑内特认为,毫无保留地直接呈现个体人格偏好,寻求真诚的亲密性,应该在私人领域中存在和被倡导,公共领域应该保留独立于私人偏好的、对以"共同善"为核心的公共价值的探索和维护。但是现代消费社会对个性满足的强调导致亲密性专制的出现,最终使得我们在迈向公共领域、与陌生人交往的时候,直接把这种对人格实现、亲密性的寻求平移到公共领域,无视诸多非人格的社会关系和对公共价值的探索。过度关注个人性格的看法就像一个过滤器,影响到我们对社会的理性认识,它促使我们误认为共同体是由一群彼此向对方揭示自己内心情感的人构成的,导致我们低估了陌生人之间的差异及其共同体关系的价值。讽刺的是,这种心理形式制约了一些基本的人格优点——比如尊重其他人的隐私——的发展,也阻碍了人们理解如下道理:从某种意义上说,每个人都非常压抑和紧张,所以,只有当欲望、贪婪、嫉妒等不可告人的小秘密都被封锁起来之后,人与人之间才可能有文明相处的关系,因此,在一定程度上,公共领域中的个体应该戴上公共的面具,在公共交往中应该是对其私人面向进行掩盖,适用一些形式性普遍行为准则的。桑内特认为,走向社会,和陌生人交往,应该不同于在以家庭为代表的私人领域中的情形。公共领域本身就是以存在差异性的陌生人交往为前提的,大家能够有效交往,需要基于对差异的承认,基于具有公共性的理性规则,而非私人领域的情感规则。你的动机依旧可以真诚,但是行动的时候需要一些可以无限制地推演到不特定人身上的理性的规范,你是需要戴面具的,而不能像在私人领域那样直白地表达情感,随意地宣泄情绪,更不应该在这样的空间中以寻求同质性的情感认同为目标。"公共"本身就是以差异性为前提的,公共领域存立的目的就是让个体习得一种和自我保持距离的方法,心灵获得一种开放性,在对他人的关注和理解,在借助于对话的差异性体验中获得主体性人格成长的养分,逐渐成长为健全的自我。然而当下,人们正在用个人感情的语言来理解、表达和沟通公共的事务,从而造成了亲密性专制,事实上,公共的事务只有通过一些非人格意义的规则才能得到正确的对待。

古希腊的公民事务是文化的象征,家事作为自然事项,是由奴隶和非公民负责的,公共与私人被创造出来,就是要表达一种自然和文化的对立,公共与私人之间是存在界限而且应该保有界限的。但是,世俗化使得我们陷入一种自恋的状态,不断追问"这个人、那件事对我有什么意义",这种人格的自恋化趋势完全打破了私人领域的藩篱,蔓延到公共领域。桑内特用希腊神话纳西索斯(Narcissus)的寓意——人因自恋而溺死——提示我们关注这种趋势对公共领域的影响。建立在自恋基础上的关系不是彼此开放的,它容易贬抑一切行动的客观性质而夸大行动者的主观情感状态的重要性。当以这样的心理状态来构建公共领域的交往关系时,这不仅仅违背公共领域所要求的开放性要求,同时也会导致公共行动中真正重要的问题被私人情绪所遮蔽,比如它会导致在政治中,煽动远比良善的、切实的政治行动更有影响力。尤其是如果公共生活本身也如私人生活一样对人格需求不予任何保留和处理,当所有的语言和行动都在袒露你自身的人格时,其实会导致人对公共交往保持一种戒备状态,从而引发对公共生活的警惕和漠视。当下在社交媒体中所呈现的隐私问题公共化以及越来越多的个体在社交媒体中"保持沉默"的现象,就彰显了这一公私界限不清晰导致的后果。公共世界中表述的应该是一些具备自身独立意义、无关乎表达的人是谁、具有公共性和普遍性的情感状态,而亲密性社会中的情感呈现使得情感的实质性取决于呈现它的人。这种自恋的情绪蔓延到公共领域,导致的最大问题在于,当认为任何社会交往都是通过寻求同质性而满足自我需求时,一切的共同体都成为冲突和排斥异己的组织,人们会不断地为谁属于这个共同体,谁应该被排除在这种宏大的、不稳定的身份之外而苦恼。这样的共同体对外来者充满了敌意,而它内部的成员又会为了谁真正体现这种集体人格而争论不休。正是在这个意义上，桑内特认为，公共交往其实需要一种面具(将自我的私人身份隐藏起来)和另外一套不同于私人交往的话语，公共人应该具有某种演员般的品质，可以理性地将私人的情感转化为能够被公众接收到并且可以重复呈现的技巧。

韦伯在《以政治为业》中也谈到了要警惕这种主观情感状态对政治领域的侵袭。韦伯首先指出，一切有伦理取向的行为，都可以是受两种准则中的一种支配，这两种准则有着本质的不同，并且势不两立。指导行为的准则，既可以是"信念伦理"(Gesinnungsethik)，也可以是"责任伦理"(Verantwortungsethik)。恪守信念伦理的行为，即宗教意义上的"基督行公正，让上帝管结果"，强调对动机正当性的判断。遵循责任伦理的行为，必须顾及自己行为的可能后果，强调对行为结果的关注。这两者之间有着极其深刻的对立。在韦伯看来，政治领域由于关涉众人之事，稍有不慎，就会导致千万人的浩劫，因此，应该受到具有客观性的责任伦理的约束，而非仅仅受主观性的动机伦理的约束。他指出，为自己和他人追求灵魂得救的人，不应在政治这条道路上求索，因为政治有着完全不同的任务。在他看来，政治上成熟的标志是意识到对自己行为后果的责任，真正发自内心地感受着这一责任。只有当一个政治领域中的个体遵照责任伦理采取行动，并主张"这就是我的立场，我只能如此"时，信念伦理和责任伦理才不是截然对立的，而是互为补充的。唯有将两者结合在一起，才构成一个真正的人——一个能够担当"政治使命"的人。

公共本身涉及对多元性的体验，恰恰是让你习得一种和自我保持距离的方法，心灵获得一种开放性，在体验差异性中获得养分，从对他人的关注中获得一个健全的自我。公共世界限制了私人世界，使得支配感性世界的幸福的原则不能被当成对现实的完全定义，但公共传统的世界并不试图削弱人们对幸福的追求，只是要求这种追求建立在将自己或别人当作一样的人来尊重的健全心灵基础之上,这是公共领域要求人们戴上面具的根本动机。正是在这个意义上,公共文化有一种驯化自然的影响的功能。在桑内特看来,文明这个概念是与公共领域相关联的。文明代表了一种活动,保护人们免遭他人骚扰,同时使人们能够享受彼此的陪伴,因此佩戴面具是文明的本质。面具隔绝了那些佩戴面具者的个人情感,遮盖了交往双方的能力和心情,从而使得纯粹的社交成为可能。文明的本质就在于避免使自我成为他人的负担。[①]

四、作为公法概念的公共领域

在对历史和哲学意义上的公共领域概念有所了解之后,聚焦公法上的自主讨论,就需要对公法上使用的公共领域概念有所把握。公法需要回答"国家所代表的正义秩序是什么"这一问题,服务于现实国家"法秩序"的塑造。因此,在公法意义上讨论公共领域是将其放置于权力—权利的相互关系中展开讨论的,但这一讨论不是简单地延续政治哲学中社会契约论对二者关系的理解,而是在作为历史概念的公共领域概念基础上,将公共领域与国家概念、与主权概念紧密联系起来,从而提供理解权力与权利关系的更具经验性以及现实意义的观念视角。在国家学说当中,公共领域首先被视为一个与国家关联的自主领域,因此,只有当将宗教的神圣权威从这个领域中排除出去,或者将国家概念从国王的个人威严和显现中分离出来,该领域被视为一个完全世俗且独立的领域时,公共领域的概念才真正得以产生。公共领域的概念与

---

① 理查德·桑内特:《再会,公共人》,李继宏译,上海译文出版社2022年版,第429页。

国家紧密相关,要理解公共领域,就必须理解国家。国家是人类集体性组织形式之一,对其的理解,需要与其他两种典型的人类集体性组织形式——共同体和社会联系起来。

　　作为人类最早的集合形式,共同体最初以血缘、共同的生活等要素将个体连接起来,从而构建了一个闭合的交往空间。在这个空间中,个体之间产生了亲密感和同胞感,一种像有机体一样基于共同生活的持续的身份感得以产生。正如滕尼斯(Ferdinand Tönnies)所指出的,共同体的生活包含了共有感和共同的喜悦,这是一种基于对共同善的共有感和喜悦。这种相互的共同感使得个体始终相信自己与他人保有共同的信念,这些信念的范畴包括:"共同的善,共同的恶;共同的朋友,共同的敌人。"①这些共同的信念会由于习惯和习俗而不断得到强化,但习惯和习俗的维系与推崇本身是需要力量推动的,所以,为使得共同体得以维系的纽带留存,必须存在一个权威。在这个意义上,共同体是基于传统的等级模式而形成的。对于共同体而言,集体是优先于个体的。共同体存在一个最高权威,这个权威要求所有的成员都必须为共同体付出,并且为成员提供和维系一种生动的相互联系。一个没有中心的共同体是很难想象的。伴随着现代语境下对个体自由的强调,以及对民族主义的反思,共同体在现代社会被视为一个需要被谨慎对待的集体联合形式。

　　社会的产生以商业的发展为前提,代表了一个可以独立于政治国家而存在的领域。社会与商业所强调的自由意志、独立人格等个人主义的要素紧密关联。社会的关系主要以利益为纽带,借助于合同这个中介,以交换的方式展现,所以这里不再有"共同善"的概念,每个人都

---

① 斐迪南・滕尼斯:《共同体与社会》,张巍卓译,商务印书馆2020年版,第103页。

以自己的利益为主导,社会的存在建立在利益与理性的基础上。社会的产生需要建立在一个不受公权力任意打扰,从而隐私可以得到有效庇护的私人领域的基础上。共同体建立在血缘与情感的基础上,其统一在一定程度上要求人们放弃私人领域,或者至少将私人领域放在一个次要的位置。商业催生了个体对个人独立的热爱。所以,社会主张对人类幸福而言,私人领域的存在是必不可少的,这是个性得以保有的前提条件,也是人类多样性得以留存的基础。由于私人领域的行为没有明显的外部影响,因此,国家权力与私人领域形成了两大自然的分野,前者不能对后者构成任意的干涉。但是,社会中的个体总是不可避免地陷入彼此间的冲突、摩擦当中。因此,社会的状态很大程度上取决于谁在解决平等主体之间的矛盾,依凭什么样的规范和方式来解决平等主体之间的矛盾。当现代社会将规则的制定权、矛盾的解决权,尤其是暴力的使用权垄断性地赋予国家之后,个体权利之间的相互关系、社会的运行状况很大程度上就取决于国家权力的运行状态。政治国家内部存在着的两组基本关系——公民权利之间的相关关系、国家权力与公民权利之间的相互关系——最终在很大程度上都取决于权力的运行状况。尽管社会作为独立于政治国家的领域而存在,但是其运行状况依旧受到国家极大的影响。在这个意义上,平等主体的交往空间和发展空间很大程度上是由公法给定和创设的。

在社会中,每个自主的个体基于对自我利益的追求与他人发生联系,社会为了维系自身的运转,就要求个体遵守类似于游戏规则的社会规范。这些规范强调平等对待每一个个体,强调珍视个性、容忍差异,从而具有客观性和形式性特征,因为任何具有实质性特征的规则都可能因为传递出对特定生活方式和个性的偏好而对特定个体构成一定程度的限制和影响,违背平等原则。正是在这个意义上,法律作为其中最为重要的规范形式,也呈现出形式性特征。由于这种客观性和形式性特征明显的规则对实质价值的无涉,因此,在其调整下的社会交往呈现出一定的距离感,人与人之间缺少了亲密感,个体都基于自身的角色和依据角色设定的规则进行合作,每个人都戴着面具,个人良知、个人的喜怒哀乐在这样的规则规训下逐渐被压抑和遗忘。这种具有形式性特征的规则会让个体忽略与自己交往的个体的主体性特征和需求,因为无论和谁交往,最终都要遵循同样的形式规则,对方是谁其实并不重要,每个人似乎都将他人视为平等的人来对待,但实质谁也不关心谁,每个人都将彼此视为实现自己目标和利益的工具,从而导致了工具理性的盛行、个人主义的滥觞,这就是哈贝马斯所谈到的"系统对生活世界的殖民"[①]。无论是"二战"后的纽伦堡审判,还是在耶路撒冷针对艾希曼的审判,以及诸多对现代性秉持反思态度的作家笔下所呈现出来的"平庸的恶",都使得社会为维系自身所依赖的行政和经济两大系统的形式规则对人性的异化暴露出来,公法层面对此伦理困境的反思最终催生了行政法上对特别权力关系中现代官僚体系所强调的"令行禁止"的正当性的反思,从而围绕"公务员应该如何处理上级违法的命令"这一现实的系统异化问题不断构建和完善制度保障,[②]以回应系统对个体良知自觉的异化和扭曲。

共同体和社会呈现了两种相互竞争的集体联合模式,虽然这两种模式对现代社会都有深刻的影响,但都没有为集体行动提供真正合理可行的方案。国家之所以被建立,就是因为需要在这两种集体性组织

[①] 尤尔根·哈贝马斯:《交往行为理论》,曹卫东译,上海人民出版社2018年版,第429页。

[②] 比如我国《公务员法》第六十条的规定。目前该条文的规定还有待进一步完善,可参考德国等国家的相关规范,其设定的相关条件更为具体和细化,能够为公务员提供更为明确的行动指示和权利保护。

之外,找到人类联合更合理可行的方式。很显然,个体自主性的满足和实现,与共同体的维系、公共权威的树立所需的公共自主这两者对于现代社会而言同样重要。这不仅仅是因为社会契约论所强调的"个体自由是目的,国家设立是手段,没有国家,个人自由就很难得到良好的实现"这样的工具主义的单向逻辑,人的意义世界是复杂的,归属于特定政治共同体不仅仅是对一般功利意义上利益需求的满足,更是在个体精神层面对意义世界需求的满足,是个体主体性塑造的必要条件。国家作为一个政治共同体存在,不是简单地建立在对个体权利实现的功利意义上,而是有着更为复杂的政治和伦理面向。与共同体主张集体的优先性而社会主张个体的优先性不同,国家更强调这两者之间的本质内在联系,希望能够同时兼顾共同体和社会的诉求。国家就代表了这样一个由权利和权力共同构建的公共领域,这个领域力图通过相关的制度设计和安排去调和个体的自主诉求与维系公共权威的公共自主之间的矛盾、冲突和张力。一个国家内部国家权力机构的建构模式就是这种探索和努力的现实表达,因此,不同国家的权力建构所呈现出来的多元特质如何,完全取决于共同体和社会这两种竞争模式在国家层面获得了多少支持。对这种竞争模式之间此消彼长的互动关系的分析和思考,存在于欧克肖特(Michael Oakeshott)对国家是法人还是合伙模式的分析中,①存在于哈耶克(Friedrich August Hayek)法治秩序和建构秩序的区分中,②同时也存在于哈贝马斯对系统整合和社会整合的分析中。如上文所指出的,由于现代国家中个体与个体之间的权利关系的调整事实上最终取决于权利与权力之间的关系模式,因此,公共领域的

---

① 参见迈克尔·欧克肖特:《政治中的理性主义》,张汝伦译,上海译文出版社 2004 年版。
② 参见弗里德利希·冯·哈耶克:《法律、立法与自由》,邓正来、张守东、李静冰译,中国大百科全书出版社 2000 年版。

功能主要是解决潜在的社会冲突,致力于调和个体自主诉求和共同体权威存立的公共诉求之间的矛盾,公共领域的运行状况将从根本上决定政治共同体是否能够得以维系。公共领域运行的良好状况会使得权利与权力关系进入一种良性状态,政治权威得以产生,主权得以呈现。正是在这个意义上,公共领域的运行状况就是政治国家的运行状况。马丁·洛克林(Martin Loughlin)因此指出,主权就是作为公共领域的自我实现原则的表达。公共领域在指称现代政治世界的自主性的同时,也是主权概念的同义词,是对政治领域自主性的陈述,是对国家作为一个独立体系的呈现,而从公法的层面来看,这个独立体系主要是通过宪法予以构建的。[①]

一方面,从这个角度理解公共领域、国家以及主权的概念,尤其是这些概念与宪法之间的关系,使宪法的概念得以清晰地呈现。从词源上看,Constitutio 具有结构、建构、构成的内涵。宪法主要服务于政治共同体的构建和维系,宪法通过相关的制度、原则和政治行动创设了一个时空,使得政治共同体内部的成员共同生活于其中,并且愿意持续地共同维系和寻找公平的生活条件。很显然,营造这个时空的制度、原则和行动不仅仅局限于成文的宪法文本。因此,除了宪法文本之外,对政治共同体的维系和运行具有重要与根本意义的观念原则、政治行动、法律行动、实践惯例等,都构成了宪法的组成部分。因此,从宪法学角度来看,存在宪法(constitution)和宪法性法律(constitutional law)的区分。宪法性法律主要指代宪法文本。那些文本之外的习惯、习俗和原则等虽然没有成立,但依旧构成了宪法的组成部分,比如在 1993 年《中华人民共和国宪法》修改之前,我国已经从计划经济转向市场经济,成为我国

---

① 参见马丁·洛克林:《公法的基础》,张晓燕译,复旦大学出版社 2023 年版。

宪制的重要组成部分,但是宪法条文并没有修改。这也是施米特(Carl Schmitt)区分实质宪法和形式宪法的原因。形式宪法就是宪法文本本身,施米特认为实质宪法是与国家一道产生的,并且是国家的具体生存方式。首先,"国家的具体生存方式"的含义非常广泛,指代的是一个特定国家的政治统一性和社会秩序的具体的整体状态。在这个意义上,国家并不拥有国家意志"据以"形成和运行的宪法,它本身就是实质宪法本身。形式宪法的使命和任务就是表达与呈现这种整体状况,确认(而非创造)使政治共同体得以维系和发展的根本和首要原则,在确认这些原则规范的权威性的同时,防止不安分的变革。其次,不同的制度规范都在呈现一定的社会秩序,但实质宪法是一种特殊类型的政治和社会秩序。在这里,宪法是指具体的统治和服从的关系,就此而言,宪法是每个国家都具有并且无法与其政治存在相分离的统治形式。"政治共同体"与其他共同体模式最大的本质区别就在于,这种联合模式建立在承认人人生而自由、尊严和权利一律平等的基础上,维系这一共同体的制度探索既不是围绕建立在同一性基础上的情感认同展开的(如共同体的维系模式),也不是围绕利益共赢展开的(如社会的维系模式),而是围绕如何能够确保内部的成员愿意把彼此视为平等和有尊严的个体来对待,在有效维系共同体联合的同时,确保个体自由和尊严的最大化实现。最后,实质宪法是政治统一体的动态生成原则。在这里,政治性联合不是被理解成某个现存的、静止不动的东西,而是被理解成某个不断生成、不断被重新创造的存在。政治统一体必须日复一日地从与权利—权力这一基本范畴相关的各种对立的利益、思想和目标的冲突和融合中产生,必须不断地将自身整合起来。[1] 实质宪法必然处于

---

[1] 参见卡尔·施米特:《宪法学说》(修订译本),刘锋译,上海人民出版社2016年版。

不断的变化和发展之中,这种变化和发展可能先于形式宪法的修订而产生,也可能晚于形式宪法,因此实质宪法和形式宪法的发展不必然统一,但是,实质宪法必然构成对形式宪法变革的约束。

另一方面,这一概念框架也帮助我们准确把握了公法视野中的权利与权力关系,从而对公法的基本问题意识有了清晰的界定。公法视野中的权利与权力关系本质上应该是关系性的和自反性的,而非单向性的。为了确保政治共同体的维系,权力与权利之间应该处于一种良性互动的关系中,这样权威才得以产生,主权才得以呈现。这一目标不是仅通过对权力进行限制就能够实现的,权力限制本身也不是目的,权力限制最终是为了确保权威的产生。正如博丹(Jean Bodin)所言,"less is more",恰当和有效地行使权力,而非滥用权力,是权威得以产生的基础。因此,有关共同体秩序的决策应该通过感知公共权力结构中相关角色的关系、彼此的互动而做出。通过公法所构建的精密制度框架,其终极目的并不在于仅仅为公共权力的行使施加相关的限制,而是通过相关制度设计使权威本身借助这些机制得以产生,形成权利与权力之间的良性互动关系,这就是公法核心的问题意识。公法就是要通过相关制度机制设计,探寻和实现国家理性所应该代表的"法秩序",从而使主权得以产生和呈现。由于国家理性不仅仅涉及对内的维度,也涉及对外的维度,在这个意义上,公法不仅仅包括国内法的宪法、行政法和刑法及其相关诉讼程序法,也包括国际公法。鉴于此,通过诉诸某种前政治性的条件来理解权力和自由是完全错误的,权力和自由都是在公法实践的运行过程中被创造出来的。立法权威的产生和维系不是一个公法的前置性议题,而是公法必须回答的问题。

从公法角度理解公共领域,公共领域与政治主权紧密相关,代表了一个公共权力与公民权利互动的空间。在这个空间中,权力的本质不仅仅是命令和强制,而且应该将人民团结和凝聚到一部特定的国家宪法之下,以促成权威的生成。权力运行的目标在于权威的生成,权威是人民同意的产物,只有在人民超越明确可见的差异,共同参与到集体的政治想象当中来时,权威才会产生。[①] 权威的出现意味着主权的呈现,主权代表权力和权威的融合,以公共领域自主性的形式呈现。

[①] 参见马丁·洛克林:《公法的基础》,张晓燕译,复旦大学出版社 2023 年版。

第三章　法律与个人自主：概述

作为哲学概念的自主与个体相关联,指称的是一种自治的状态,强调个体能够凭借反思能力和对自身能动性的自觉进行选择,让那些属于自己的理性引领自己的生活,从而能够摆脱习俗、舆论压力等他律因素的影响,按照自身真正的理由、价值或愿望来主导自己的生活。要实现自主的状态,一方面要求不被干涉,确保个体不受那些外在于自己、与自身无关的因素影响;另一方面需要创造条件,有能力依凭理性发现自身真正所需从而进行选择。现代法律作为自由的守护神,如何保护和确保个人自主的实现,在立法、执法与司法过程中,需要遵循什么样的基本原则,这是进入其他与自主相关的具体法律领域展开相关概念讨论之前,首先需要梳理的问题。整个近代法体系得以建立的基础之一就是把作为法律责任主体的"个体"的想象完全建立在"意思自治、责任自负"的自主人格基础之上。尽管不同于更关注内心良知塑造的道德规范,法律更关注人的行动,法律着眼于社会秩序的整体,要求人们在外部行为上服从现行的规则和法规,并不因为具体主观意图的相异,即动机(为什么这么做)的差异而有任何的评价差异。但是,这并不意味着法律不关心我们的主观意图,从法律所设定的责任要件来看,"故意"和"过失"[①]的主

[①] 以《中华人民共和国刑法》为例,该法规定的主观要件包括了过失和故意,第十四条规定:"明知自己的行为会发生危害社会的结果,并且希望或者放任这种结果发生,因而构成犯罪的,是故意犯罪。故意犯罪,应当负刑事责任。"第十五条规定:"应当预见自己的行为可能发生危害社会的结果,因为疏忽大意而没有预见,或者已经预见而轻信能够避免,以致发生这种结果的,是过失犯罪。过失犯罪,法律有规定的才负刑事责任。"

观要件确实不同于道德对主观要件的判定,道德关注行为的动机,但法律上对故意和过失的关注,其实就是回答如下问题:是否意识到了自己的行为的后果? 如果意识到了,对此不良后果秉持什么样的心态(放任、追求还是疏忽大意或者是心存侥幸)? 这些与主观相关的问题都指向了人的理性判断能力,将人的自主判断和选择能力作为个体承担法律责任的基础和前提,即无自由意志无责任。由此可见,法律作为现代多元社会最主要的凝聚性力量,在实质性的伦理问题上基本是保持中立的,否则很难获得全体社会成员的认可。但是,法律在一个问题上是不中立的,即在有关人的理解上,这一理解是法律责任能够成立的前提。法律始终信奉这样的观念:人是一个理性行动的主体,能够理解和遵循规则,并对自己的行为负责。这种对行为人主观的关注——你是否理解你行为的后果,如果理解,请你为它负责——其实就是建立在对人的"自主性"客观存立的确信和坚持基础上,法律相信人具有反思能力、能动性和责任感。

一、 消极意义上的自主实现:宽容与法律

孟德斯鸠曾经指出,法律、风俗、规矩和惯例都会影响自由的实现。但是,对于现代法治社会而言,由于法律成为社会运行的基本规则,相关的社会规范很多时候是需要通过法律作为中介对自由产生影响的。那么,法律在面对不同的社会规范时,应该如何守护个体自由,确保自主的实现? 法律如何处理道德、风俗、惯例等这些本身对社会观念和行动构成了重要影响的规范力量与自由之间的相互关系? 对上述问题的回答是一个社会正义秩序得以形成的关键,尤其是在处理具体个案时,

面对这一重要的公共议题所传递出的信息,将对社会观念产生直接且重要的影响。

密尔在《论自由》中试图为法律应该如何设定自身的调整范围,从而最大化地保护自由提供一般性的实践原则。由于密尔写作背景的特殊性——英国当时已经通过议会改革基本解决了公共权威的权力压迫问题,而对自由的最大威胁是"社会作为暴君"[1],通过道德、惯例等对自由构成不当的影响——因此,他的讨论不是聚焦于法律逻辑本身的思考,而是涉及法律在面对社会中那些能对个体自主选择构成影响的、具有主导性的规范和观念时,应该如何保护自由。密尔提出了一个极简原则,作为判断政府权力(法律管辖)范围的指导原则。这个极简原则就是:"对于文明群体中的任何一名成员,可以违反其意志而正当地行使权力的唯一目的,就是防止对他人的伤害。至于这个人自己的好处,无论是物质上的还是精神上的,都不是充足的正当理由。"[2]这条极简原则为法律调整范围划定了界限:为了防止社会舆论、社会道德等将自身的影响不当地拓展到法律领域,只要个体的行为没有对他人的权益构成不当的侵害和损耗,无论其行动是否对他人的福祉乃至对自身的福祉予以充分的考量,这都不在国家权力,进而不在国家法律的调整范围内。只有特定行为构成了对他人的干涉,法律才可以将其纳入调整范围中。密尔的极简原则进一步彰显了"自由是群己权界"的消极自由观,体现了法律独特的规范逻辑——权利逻辑,这一逻辑建立在个体平等基础上,明确每一个个体自由行动的界限就是不对他人的权利构成不当的影响。

---

[1] 密尔:《论自由》,顾肃译,译林出版社2010年版,第6页。
[2] 密尔:《论自由》,顾肃译,译林出版社2010年版,第11页。

密尔提出极简原则的动机其实是试图对构成自由威胁的社会力量——那种"透入生活细节更深得多,乃至奴役到灵魂本身"[①]的构成了多数人对少数人暴政的社会习俗与舆论——进行约束。实现这种约束,不仅要从观念上去努力,向社会普及对自由的正确理解、自由与宽容的关系等观念,密尔显然意识到,这些社会力量本身已经逐渐渗透到了法律领域,借助于对多数人观念的影响,转化为法律制度,对个人自由产生影响。因此,极简原则的提出就是试图对民主立法中可能存在的"多数人暴政"进行制约,力图有效地保护受到大众消费环境和流行观念压制与仇视的个性。[②] 这一原则其实在提示立法者和执法者,法律在面对个人自主时需要对社会中占据主导地位的观念、习俗持有理性的反思态度。普遍流行的观念和习俗可能是某种自发秩序和客观理性的彰显,但也很难避免是偏见、前见乃至特殊利益的代表,然而因为其融入了日常生活,获得了主流社会舆论的支持,就导致我们常常对这些规范的正当性缺乏必要的追问和反思。法律的基本逻辑是权利逻辑,这就意味着法律作为社会规范的功能指向与以道德为代表的社会规范的功能指向是有所区别的,道德规范更多地关注如何有效地实现社会合作,而法律所追求的正义以权利保障的实现为基础,即确保每一个个体按照自己的方式生活,以自己独特、自主的方式完成自我的生命历程,这种目的上的差异导致了运行逻辑上的差异,决定了法律不能简单地将其他社会规范的判断直接移植为自己的判断。尤其是考虑到法律作为有强制力保障的规范,一旦启动会对个体构成极大的影响,因此若试图将其他社会规范转化为法律规范,从而获得强制力的保障实施,必

[①] John Stuart Mill, *On Liberty*, The Floating Press, 2009, p. 10.
[②] 参见密尔:《论自由》,顾肃译,译林出版社 2010 年版,第 77—78 页。

须非常审慎。

　　现代化的进程一定程度上就是一个将各种对个体的自主选择构成束缚的力量予以解除的过程,很多过去对个体的自主选择具有重要影响的社会力量都被解构了,但社会舆论以及受到舆论支持的道德规范、习俗等对于个体的影响依旧是可见和强大的。尤其是对于中国社会而言,受传统治理方式的影响,道德与我们对正义的理解有着天然的亲和性,这在一定程度上模糊乃至消解了法律与道德调整的疆域,现实中试图将道德规范融入立法、行政和司法的过程中的实践做法,很少会受到反思和遇到障碍。尤其是伴随着市场经济的发展,熟人社会格局的打破,社会凸显出阿伦特所言的"伟大让位于魅力"的诸多困境,其中道德流失的阵痛便是困境之一,将一定的道德理念和道德规范借助于立法程序以国家意志的形式表现出来,使之规范化、制度化,通过"道德法律化"的实践,借助于法律所具有的强制力保障以及调整的普遍性来促进道德自觉,恢复道德秩序,被认为是挽救道德失范的明智之举。此外,对于后发的法治国家而言,法律不可能仅仅依靠"多数人同意"这一民主程序上的正当性获得权威,也需要借助民众朴素的正义观中普遍接受的伦理道德为自身提供实质性的正当性支撑,实现"良法之治"。因此,在当下的法治建设实践中更多地建立道德规范与法律规范的联系,甚至在一定程度上对二者的调整疆域不做严格的区分和界定,将道德规范、道德判断在法律实施中予以承认和落实是非常普遍的现象。这一实践选择确实兼顾了众多的公共议题和目标,但是,这里唯独缺失了"如果这样来处理法律与道德的关系,会对个人自主的实现产生什么样的影响"的考量和反思。

　　马克斯·韦伯在有关东方社会的传统"卡迪司法"的论述中指出,在立法和司法活动中将道德直接移植为法律,道德化的法律会导致法律的形式理性的丧失,当法与包括礼仪、伦常等内容的道德要求不复有明确的界限,乃至混而为一的时候,法的可预测性、确定性也就不复存在。[①] 当法不再作为自主的规范存在,失去了它独立存在的价值时,也就从根本上与法治初衷相悖。[②] 法律以确保个人自主的实现为其使命,非必要不应该对个人的自主选择构成不当的干涉,无论这样的干涉是出于什么样的动机,只要从自主的视角判断这种干涉是非必要的,哪怕这种干涉建立在获得社会舆论普遍支持的道德规范基础上,法律面对道德规范所提出的要求,也必须保持高度的克制。从个人权利的角度来看,如果处理不好受到社会舆论支持的规范和习俗对法律的影响,很容易导致一种常见的公共自主与个人自主之间的矛盾——多数与少数之间的矛盾,从而会对社会非主流文化群体构成不当的压迫和否定,挤占其生存空间。自由包括了积极自由(liberty to)和消极自由(liberty from),消极自由的实现要求排除干涉。干涉源自不平等,干涉的排除很大程度上依赖于主体地位的平等,当没有人有超越他人的意志时,干涉就难以形成。所以,法律作为守护自由的正义之神,很大程度上依靠对平等的保护来实现对自由的保障。因此,立法应该最大限度地确保社会成员之间彼此地位的平等。如果法律没有处理好与获得社会主流舆论支持的规范之间的关系,简单地将主流的观念或者生活方式转化为正式的立法,就会在文化范畴之外的政治空间,即正式制度空间内确认一种不平等,进而妨碍自由的实现。

道德认知具有很强的社会主流文化特征,从而对社会成员的影响

[①] 参见马克斯·韦伯:《经济与社会》(第二卷·上册),阎克文译,上海世纪出版集团2010年版,第1130—1134页。

[②] 参见梁治平编:《法律的文化解释》,生活·读书·新知三联书店1994年版,第383页。

也是非常强势的,其中就包括对立法者、执法者和司法人员的影响,这使得这些法律创造者和执行者会在主动与被动之间、自觉与不自觉之间,将主流的观念和生活方式融入法律实践当中,而在社会文化中处于从属或者弱小地位的群体的认知、观念与生活方式很难有这种获得承认的便利。一旦国家法律未经审慎反思地再次认可了这样的主流判断和生活方式,事实上就是对社会层面的文化分层予以简单的确认,可能会从根本上否定亚文化群体诉求的正当性,在整个法律框架内挤占其生存空间,这就是在立法中我们常常要警惕的"多数人暴政"的根源。当道德治理泛化时,会对自由、富饶社会的多面性产生极大的破坏,[①]带来社会的趋同化和平庸化,而人类的多样性正是人类社会得以进步的根本动力。历史经验和社会经验都使我们得出这样一个结论,即人类在文化、科学、经济和政治等方面的发展,往往是由个人或者亚文化人群同社会普遍接受的信念相左或不一致的观点、学说和举动所推动的。法律的权利逻辑是平等地肯认和保护每一个人所主张的自己享有选择和构建自我生活方式的自由,法律层面对于主流性社会观念和生活方式的过度倡导,不仅会打破对每一个人的平等承诺,而且会遮蔽和压迫那些有可能让人类社会受益的人性光辉和智慧源泉。事实上,获得社会舆论支持的主流观念与生活方式并不总是能够代表正义和进步,甚至可能是在"什么是保障人们的健康或安全所要求的责任和义务"这一问题上相当错误的信仰或迷信的反映,比如过去隔离但平等的认知、妇女的堕胎是不负责任的表现等观念都曾经在社会舆论中占据绝对的优

---

① 参见文森特·奥斯特罗姆:《美国联邦主义》,王建勋译,上海三联书店2003年版,第130页。

势。① 对民主制的伟大证成以及践行法治的承诺,就应该容许个体进行不同的生活实验和在不同生活方式中做出可变的选择。

事实上,从自然状态结束,个体迈入社会状态,融入特定的共同体开始,就在一定程度上决定了这种多数人与少数人、主流与非主流生活方式和观念之间存在差异,而现代政治的运行方式也决定了民主的践行更多地倚赖多数决的方式予以实现,因此,"由社会中的多数决定社会规范"是共同体生活的一种必然,个体的社会化过程就包括了对这一现实的接受。但是,为了防止通过多数决确保社会联合,社会连接的运行方式演变为"多数人暴政",需要很多努力,除了观念上对个体权利的珍视,在法律技术层面,一个非常重要的常识就是需要将公共领域与私人领域的区分,以及将在此基础形成的法律逻辑作为决策的前提予以认真对待。自罗马法有了公私划分之后,在国家权力之外划定了一块不受国家任意打搅的私人领域,成为权利的自留地,从而形成了法律调整的一条基本原则:国家权力行使的范围与私人领域之间,几乎是两个自然性的大分野,前者不能对后者形成任意的干涉。一般私人领域被界定在了家庭和个人的领域,是一个具有相对封闭性、可以随时关上门、拒绝他人觊觎、不受外在干涉、容纳生活隐私的空间。与此相对,公的领域则是与陌生人之间相处所构建的、可见的(visible)和可以察看的(observable)领域,与私人领域的隐秘性构成对比。② 将私人生活从国家生活中剥离出来,形成一个独立的领域,自此,个人隐私与个人自由

---

① 参见哈特:《法律的概念》,张文显等译,中国大百科全书出版社1996年版,第168页。
② 参见美浓部达吉:《公法与私法》,黄冯明译,中国政法大学出版社2003年版,第29页;桑德罗·斯奇巴尼选编:《民法大全选译:正义和法》,黄风译,中国政法大学出版社1992年版,第35页。

获得了一个自主生长和庇护的空间。之所以对个人隐私之价值予以肯认,根本上是因为个体之个性常常是在保有隐私权的私人空间中得以留存和发展的,而只有确保这个可以随时关上门的空间获得充分的保护,将其完整地保留为一个受个人自主支配的空间,不受公共意见、舆论乃至行动的随意打搅时,这种个性的发展和留存才能够真正实现。私人领域由于其行为基本不具备外部性,很少与他人行为之间产生交集,从密尔的极简原则出发,一般情况下,国家权力不对这个领域进行积极调整,只有在私人领域产生了明显的外部性,或者是私人领域中的主体主动诉诸法律保护时,法律才会介入对私人领域的调整。这就是为什么刑法规范在涉及家庭成员等私人领域的行为调整时,一般采取"不告不理"的原则。

与法律从产生之初更多地关注行为,因此其调整领域也是以行为具有外部性的公共领域为起点不同,社会本身对于私人生活的关注很多时候会远远超越公共生活、政治生活。对于私人生活的规训是确保社会联结的关键所在。社会舆论以及在其基础上所形成的道德、习俗并不以公私划分作为前提,尤其是道德调整的本质就是期待把某种理想的生活模式推广开来,因此,其对于个体的私人生活的主动介入程度是远远超越法律的。如果法律制定者和执行者在面对个案时没有公私界分的常识和法律思维,没有守护私人领域的自觉,那么私人空间将面临一次次被打搅、被审判的风险,这不仅为国家权力的扩张提供了可能性,更重要的是作为社会发展动力的个性发展会因为私人领域的大门无法自主地关上而受到根本的损害。1954年,英国议会决定组成专门的"同性恋犯罪和卖淫调查委员会"去研究这两种行为是否应作为犯罪而受到处罚,并就此提出法律改革意见。1957年9月,该委员会向议会提交了一篇报告,建议取消对有关成年人私下自愿进行同性恋或卖淫行为的刑事制裁。该报告认为,法律的功能主要是维护公共秩序,保护人民免受侵害,如果成年人是私下而且自愿地进行同性恋或卖淫行为,就不存在侵害公共秩序的问题,法律不应当加以惩罚。法律应当给予个人就私人道德问题做出选择和行动的自由,干预公民私人生活或试图强制推行某些特殊的行为模式对于实现法律的目的而言并非必要。这份报告立即受到了法官德富林(Patrick Arthur Devlin)的批评,他于1959年3月在英国科学院所作的报告"道德和刑法"中,以"道德规范的强制执行"为题,系统批判了上述观点。他认为,社会是一个道德共同体,社会的共同道德观念或道德规范对维护社会的存在来讲是极为重要的,一旦作为社会纽带的共同道德被废弃,整个社会的道德体系就会土崩瓦解。因此,通过法律强制推行这些道德观念的理由很简单,那就是,法律应该维护对社会的存在来讲非常重要的东西。随后,哈特对德富林的观点进行批判,他认为,一个社会现有道德的变化并不必然威胁社会的存在,断言公共道德的任何变化都会危害社会的存在是很荒谬的。他主张,应在公共道德与私人道德之间划出一定的界限,反对法律不适当地干预私人的道德生活。[①]

不同于道德处理社会矛盾,总是试图设身处地地介入具体的伦理情景,试图对所有的关系事实都有所了解和把握,从而结合动机与手段,在对是非黑白有整体性把握的基础之上做出道德裁断,以确保"每一个人获得其应得的对待",法律处理社会矛盾,只会聚焦与争议焦点(issue,即判决要旨要回应的核心问题)紧密相关的法律关系和事实,讲究法律关系清晰,而非试图对所有的相关事实都有所了解、介入和评

---

① 参见《西方法学史上的三次论战》,《人民法院报》2012年6月22日;张文显:《战后西方法哲学的发展和一般特征》,《法学研究》1987年第3期。

价。法律在对社会矛盾进行调整的时候会像剥洋葱一样,剥离那些与争议焦点无关的法律关系和事实,不对它们进行评价。无论是从司法效率的角度考虑,防止法律陷入无休止的社会关系和事实追问当中,还是认为法律一旦启动就会对个体自由和财产产生影响,因此应该尽量限制法律适用的范围,尤其是考虑到法律的评价逻辑无法涵盖我们对一个完整人格和良善社会的全部标准,不能用法律评价替代乃至否定其他的规范评价。因此,法律评价应该更多地适用于可以适用普遍性的形式规则的公共领域,对私人领域保持应有的敬畏与尊重。尽管今天的公共治理发展使得公私的界限逐渐模糊,但是这种界限的突破很多时候是围绕"服务行政"中的国家与社会合作领域展开的,对于涉及干涉行政的领域,公共领域与私人领域的界分依旧必要且重要。

  法律面对私人领域时的敬畏和克制是法律在处理社会矛盾时所应该秉持的非常重要的法律思维和价值。以近年来在公共舆论中引发广泛讨论的对劣迹艺人的作品进行法律惩戒为例,不考虑相关处罚主体的适格性问题(比如中国演出行业协会是否可以对劣迹艺人采取抵制措施[①]),对于公法适用而言,这里需要关注的法律问题,一方面涉及在进行行政处罚或者刑事惩戒时,即使是公众人物,是否也应该在坚持公共领域与私人领域基本界分的基础上对公众人物的隐私予以充分保护;另一方面则在于,法律是否可以在对作为公众人物的相对人/当事人进行行政和刑事惩戒的基础上,为了防止其所造成的消极公共影响,针对其作品本身进行处理,比如禁止播放、下架等。是否需要将公众人

---

① 中国演出行业协会发布的《演出行业演艺人员从业自律管理办法》第十五条规定,"根据演艺人员违反从业规范情节轻重及危害程度,协会将监督引导会员单位在行业范围内"分别实施1年、3年、5年和永久等不同程度的行业联合抵制",并协同其他行业组织实施跨行业联合惩戒"。行业抵制涉及对演艺人员劳动权这一基本权利的限制,行业协会是否获得合法授权从而享有合法的惩戒权有待进一步讨论。

物私人生活上存在的道德和法律劣迹与其所创造和演绎的艺术作品的处理区分开来,从而坚持确保法律关系清晰的"一码归一码"的法律逻辑和思维? 目前立法中对艺术作品的规范是以"内容"为判断依据的,而非以创造者的个人品行和道德能力为判断依据,因此,如果创作者或演绎者本人的道德瑕疵乃至违法行径与作为其艺术创作品的内容之间没有必然的关联,对于其创作或者演绎作品就不应该"连带"处理,而应该将是否继续接受其作品的权利保留给市场和公众。以《娱乐场所管理条例》为例,第十三条规定:"国家倡导弘扬民族优秀文化,禁止娱乐场所内的娱乐活动含有下列内容:……(七)违背社会公德或者民族优秀文化传统的;……(九)法律、行政法规禁止的其他内容。"第四十八条规定:"违反本条例规定,有下列情形之一的,由县级人民政府文化主管部门没收违法所得和非法财物,并处违法所得 1 倍以上 3 倍以下的罚款;没有违法所得或者违法所得不足 1 万元的,并处 1 万元以上 3 万元以下的罚款;情节严重的,责令停业整顿 1 个月至 6 个月:(一)歌舞娱乐场所的歌曲点播系统与境外的曲库联接的;(二)歌舞娱乐场所播放的曲目、屏幕画面或者游艺娱乐场所电子游戏机内的游戏项目含有本条例第十三条禁止内容的……"从这些规定可以看到,法律只将处罚条件设定在艺术作品"内容"本身的违法性基础上,并没有将与作品内容无关的创作者和演绎者的行为与道德品质纳入针对作品进行调整的法定情形。作为专业的艺术家和文艺工作者、演员,其作品的创作和演绎与其个人生活,是两个不同的行动领域,法律不能任意地将两者关联起来,基于对其中一方面的否定而导出否定另一方面的正当性和必要性。虽然今天的演艺人员产生机制决定了其个人形象、人格的受欢迎度与其作品的市场接受度之间有着紧密的关联,但其创作和演绎的艺术作品还是需要接受市场的检验和筛选,这是一套相对独立于对其个人人格进行评价的体系,尤其是考虑到一些更多地靠其艺术作品获得市场认可的艺术工作者,不同于偶像艺人,他们的个人生活与艺术作品之间的关联性是较弱的,他们主要依靠作品的内容价值获得市场和公众的认可。所以,法律在面对这些公众人物的艺术作品时,还是应该尊重市场的评价,坚持将对其个人行为的评价与其作品的评价分离开来。对于作品的否定权应该交给市场,交给受众,这不仅是对处罚相对人的权利保护、对公众和市场的尊重,也是确保文艺领域"百家争鸣、百花齐放",艺术活力得以存续的关键。

  针对劣迹艺人的处罚,不仅涉及其作品的传播,还涉及艺人的职业准入问题,一旦其作品被彻底下架,或者行业联合抵制,其职业生涯就会因此受到根本的否定,这其实涉及公民的基本权利——劳动权的限制和保护问题。法律惩戒本身不是最终的目的,法律惩戒的目的是使每一个社会成员回归生活的正轨。如果法律惩戒不能帮助其回归生活的正轨,反而导致其丧失就业的可能,丧失表达和施展自己天赋的职业机会,从而剥夺了其生存机会和追求良善生活的可能,那么就与法律调整的目的完全相悖。因此,在涉及公民基本权利的限制时,法律必须足够地克制和审慎,法律惩戒要考虑相对人的生存境遇,更重要的是意识到惩戒不是目的,让每一个个体学会审慎地行动,勇于承担责任,回归正常生活,追求自己期待的良善生活,才是目的。正是因此,《刑法》在涉及职业准入的限制时,其规范的设定是非常谨慎的,只有在职业行为与犯罪行为之间存在因果关联时,才会对职业准入进行限制,《刑法修正案(九)》在第三十七条增加,"因利用职业便利实施犯罪,或者实施违背职业要求的特定义务的犯罪被判处刑罚的,人民法院可以根据犯罪情况和预防再犯罪的需要,禁止其自刑罚执行完毕之日或者假释之日起从事相关职业,期限为三年至五年"。

除了考虑对相对人的权益保护,如果将对公民教育的影响纳入考虑,就更需要法律实施机关坚持法律思维。公共领域与私人领域的界分以及在此基础上坚持法律和道德两个领域评价标准的区分,其实是想要向公民传递一种非常重要的公共理性观念,那就是当我们面对一个生动的个体时,不能以圣人般的形象要求他。一个在公共领域绽放出巨大光芒的个体,可能在私人领域存在着令人不齿的道德瑕疵,反之亦然。正是因为这种人性的不完美,我们才会区分交往空间,产生私德与公德的区分,并且把这种区分延续至今。要客观地对待身边每一个个体,就需要接受这种人性中所呈现出的公共领域和私人领域的张力。每一份对于这种张力的宽容,都是为真实的个体留下了发展所需的更为广阔的生存空间。同时,法律及其公权力运行机构如果试图替代市场及其成员对特定事项做出判断(比如是否还需要继续接受劣迹艺人的艺术作品),这在一定程度上将会导致法律始终追求的对主体"自主性"的培育目标被否定。一个理性成熟的个体,应该具备自主判断和自主选择的能力。法律如果呈现出过度的父爱主义趋向,以"我知道什么是对你好的选择"的积极规训替代对个体的主体性能力的信赖,事实上会在观念和实践层面上对个体认知与践行"我是否有能力进行选择,是否能够捍卫自己的选择"的自我负责的主体性能力构成阻碍和影响。从凯尔森(Hans Kelsen)的实证法学的主张中,我们可以看到,"公序良俗"这个寄托了人们良善期待的法律原则概念,如果在使用的过程中不够审慎,不仅会成为密尔所担忧的社会对个体构成强制的理由,也会导致国家权力以维护"公序良俗"之名对个体权利构成不当的影响。因此,坚持公共领域与私人领域的区分,坚持法律在介入公民生活和道德判断过程中对个体权利与主体性的信赖和敬畏,对自由的保障来说十分重要。

此外,从公共理性的培育视角来看,法律如果过度地肯认主流观念和生活方式,会导致公众观念的标签化发展趋向,从而导致刻板印象的盛行,阻却公共交流和沟通。有效的公共对话得以展开的前提是各方都愿意深入地了解彼此的立场和观点,在相互尊重的基础上,"穿上对方的鞋子"感受对方的情境,在充分了解对方观点和立场的基础上展开有效的对话和协商。鉴于此,有效的公共对话是以最大限度地减少前见和偏见的存在为前提的,公共理性本身就包括了一种不受前见和偏见支配的能力。今天的世界看似是一个信息充盈的世界——按照密尔的观点,在这样的信息充盈、对话自由的世界中,前见和偏见是很容易被打破的——但事实并非如此。科学观念的支配、专业分工的不断细化、互联网所导致的信息茧房等问题,使得认知标签化的问题日趋严重。我们并未有效地克服前见和偏见,反而在认知上越来越呈现单向化、标签化的趋势。标签化指代的是这样一种现象:当我们基于经验对特定的事务或者群体的特质有一些基本把握之后,就会用一些词汇构建一种普遍的形象特质,形成对人、事的基本认知,如果对这些认知不具备充分的反思性和开放性,就会形成认知同类群体和事物的不加反思的前提。一旦形成了这样的前见性认知,在现实中,我们就会拒绝在面对生动的个体时做个体化的了解,不再深究具体的个人和事物在这一标签化的形象所囊括的特质之外的其他特征,长此以往,我们就会失去完整了解对象的机会和动机,甚至在此基础上形成对特定的人和事的刻板印象乃至偏见,从根本上阻碍彼此的沟通和交流。在这个意义上,标签行为代表了灵感的枯竭和认知的懒惰,无益于任何公共理性的生成及在此基础上展开的公共对话的推进。一元的社会在一定程度上是会不断强化标签行为的,因为现实中并没有足够多的"例外"生活方式对刻板印象、偏见构成足够大的挑战和冲击。而在多元的社会中,

"不同的生活方式的展现才是常态"的多元生活实验会不断地敦促个体对认知标签行为进行反思,从而使得对于公共讨论而言非常重要的两种德性——宽容和开放的对话态度以及理性思考的能力,在这样的环境中也更容易形成。如果想要促成理想的公共对话语境,那么坚持公私划分,坚持对每个人生活方式的守护,警惕"多数人暴政"是必须坚持的法律逻辑。

考虑到法治社会中法律对社会观念塑造影响的根本性,法律在面对公众认知依旧处于分歧状态,公共讨论尚未成熟的公共议题时,需要保持一定的谦抑态度,不要过于积极地介入对相关问题的调整。相较于对没有形成基本的社会共识、社会分歧较为突出的行为既不做积极评价也不做消极评价的消极立法行为,过早介入社会争论的积极立法行为事实上会导致认知的标签化,进而可能带来社会对立,引发社会分裂。按照一般性的认知逻辑,当通过立法确认某种主流观念,从而认可某种生活方式时,事实上就潜在地宣布了与其对立的生活方式的违法性,至少是一种不合法性。而法治社会中的成员,基于对法律权威性的认可,在其价值判断过程中会非常倚重法律的判断。一旦法律对特定的行为做出了合法与不合法的判断,当面对具体的人和事时,社会成员一般都会第一时间根据法律对其的定性来认知和做出判断,从而放弃对生动的个体进行更为深入的理解,依靠自身良知进行对错判断的可能,这就会阻隔公共对话中各方相互认知和沟通的空间。此外,如果正式的立法过于急迫地确认某种生活方式,其实会让秉持与之对立的生活态度的群体认为自身并没有在正式的制度空间内与其生活的社会共享主流价值,从而增加亚文化群体的疏离感。更重要的是,立法的存在就意味着法律义务的设定,法律义务的强加会激起不认同这一生活方式的群体以更为激烈的方式捍卫自身的生活方式、价值判断,从而引发社会矛盾。理性社会的构建有赖公共理性的形成,公共理性的形成又倚赖良性的公共对话环境的创造。立法者和执法者在面对个案时,不仅要看到个案中具体的当事人,同时需要超越个案,思考法律及其运用会对观念产生什么样的公共影响,进而会对公民理性和美德的培育产生什么样的影响。如何营造一个宽容、充满活力的公共对话环境,是作为法律人在司法裁判过程中需要审慎对待的问题。

尽管正义有着一张普罗透斯式的脸,变化无穷,但是,对于法律本身而言,与正义相关的最高价值就是自由,斯宾塞(Herbert Spencer)早在密尔之前就将正义归纳为这样一个公式:"每个人都可以自由地干他所想干的事,但这是以他没有侵犯任何其他人所享有的相同的自由为条件的。"[①]就法律而言,对于自由的理解意味着在实现和保障自由方面,承认一切人都有资格获得平等的照顾和尊重。为此,法律不应该为每一个人选择其想过的生活,即自主的实现强加任何的不必要的阻碍和压力,尤其是当正当性似乎从未被质疑的社会主流观念和主导性的生活方式对法律提出限制自由的要求时,不能因为有关行为从主流观念来看是"反常的"或令人厌恶的,就将其纳入法律予以否定的范畴。法律需要承认,在法律的疆域中,宽容应该是一项非常重要的美德,个体应该在不干涉别人的前提下享有自主选择自己生活方式的自由,保有不被轻易打搅的权利。

---

① Herbert Spencer, *Justice*, New York, 1891, p.46,转引自 E. 博登海默:《法理学:法律哲学与法律方法》,邓正来译,中国政法大学出版社 2004 年版,第 255 页。

二、积极意义上的自主实现：法律与积极公民形象

古典自由主义在处理法律与自由的相互关系时，坚持公共领域与私人领域的划分，坚持在不涉及他人权益的领域内"干涉的排除"，这是对每一个个体享有实现自己想要的生活方式的平等权利的承认。这一承认是建立在这样一个基本的判断基础上的，那就是每一个个体是自我利益的最佳判断者，即对人的自主性的确信。密尔在《论自由》中认为："在仅涉及他自己的那部分行为上，他的独立性是绝对的。对于他自己，对于他的身体和心智，个人是最高的主权者。"① 因为"对于一个人的福祉，其本人关切最深：除在一些带有强烈私人联系的事情以外，任何他人对于他的福祉所能给予的关切，与他自己怀有的关切相比，都是微不足道的；社会给予他个人的关切总是局部的，而且完全是间接的，至于其本人的情感和情境，最普通的男人或女人也都有自身的认识手段，不知比任何他人所能拥有的手段强上多少倍"②。对消极自由的主张和保护以承认人的自主性为前提，至于这一前提是否成立，自主性如何产生，自由行动是否真正建立在自主基础上，并不是消极自由或者说古典自由主义所关心的。古典自由主义对于父爱主义保持了一种高度的警惕，认为任何对人类设计智慧保持过度乐观的建构主义其实都会不可避免地产生整体主义，与"人身自由"本身是很难兼容的，应该最大限度地避免为了追求某个建构的目标而不当地牺牲任何一个人，应

---

① 密尔：《论自由》，顾肃译，译林出版社 2010 年版，第 12 页。
② 密尔：《论自由》，顾肃译，译林出版社 2010 年版，第 80 页。

该最大限度地追求对于个性的尊重。① 每一个个体都应该有"按照自己的性格特质来制订自己的生活计划的自由,随自己的喜好做事","只要所作所为不对同胞造成损害,即使他们认为个体的行为是愚蠢、不当或错误的,也不能妨碍个体的行动选择"。② 人们不能认为如果某个选择对特定个体而言是更为明智或正当的,会"对他/她比较好",就可以强迫他/她这样做。古典自由主义所主张的选择自由必须和责任机制联系在一起,即行动自由的背后必须"责任自负",个体必须承担自由行动所产生的一切后果,民法上"意思自治、责任自负"的基本原则就源于此。这就意味着将选择结果的判断和责任承担都交付给了个人,不能以基于后果的判断代替个人做出选择。

但是,正如伯林在强调对于个体自由的消极尊重义务时所指出的,消极自由与确保行动真正受到人的自主性支配之间并不完全一致,换言之,个体在选择过程中没有受到干涉,并不必然意味着个体选择是在真实的自我意志下所产生的。确保真实的、属于自己的、更高级的意志,即理性在决策中的主导性,与个体在自由选择中不受外部干涉,对于自由的实现而言一样重要。事实上,密尔提出的极简原则是有条件的,密尔提到,这一有关自由的学说仅适用于能力已经成熟的人。能够与密尔所倡导的极简原则相匹配的是一个心智健全、对于自身志趣有着透彻理解,同时能够对于自身选择承担责任的理性主体形象,这是极简原则适用的前提。康德通过对"不成熟状态"的描述揭示了"成熟"这个概念的内涵,他指出:"不成熟状态就是不经别人的引导,就对运用自己的理智无能为力。当其原因不在于缺乏理智,而在于不经别人的

---

① 参见列奥·施特劳斯:《自然权利与历史》,彭刚译,生活·读书·新知三联书店2021年版,第329页。

② 密尔:《论自由》,顾肃译,译林出版社2010年版,第14页。

引导就缺乏勇气与决心去加以运用时,那么这种不成熟状态就是自己所加之于自己的了。"① 消极自由要求法律对于个体选择及在此基础上采取的行动予以尊重,但是这种尊重义务应该以个体具备自主选择能力为前提。从法律所试图达至的自由的理想图景来看,个体应该是自治的主体,有勇气和能力运用自己的理智,基于真实的自我,依据自身价值、愿望进行选择。因此,法律除了具有尊重义务,还需要考虑如何成就这种自主性。只是与其他的社会规范不同,作为自由守护神的法律,在促成自治个体的成长的同时,需要对父爱主义予以警觉,防止良好动机之下导致的结果悖论——想要促成个体自由,却以"我比你更清楚什么是对你更好的选择"的名义造成对个体自主性的否定和反噬。

个体意义上的自主一般被认为主要包括三种类型:消极抵御性自主(libetarian autonomy)、决策性自主(decisional autonomy)、交互性自主(relational autonomy)。② 消极抵御性自主源于古典自由主义。古典自由主义对人的理想化想象是原子化的个体形象,对于自主的理解一般将其等同于消极自由,意味着免除他人或者国家权力的干涉。从这个角度来看,自主就具有很强的防御性特征。③ 这一理解倾向于将任何政府的干涉行为都视为父爱主义,但任何有效运作的政府都有可能在必

---

① 康德:《历史理性批判文集》,何兆武译,商务印书馆 2010 年版,第 23 页。
② 参见 C. Mackenzie, "Three Dimensions of Autonomy: A Relational Analysis", in A. Veltman, M. Piper (eds.), *Autonomy, Oppression, and Gender*, Oxford University Press, 2014, pp. 15 – 41; C. Mackenzie, "Autonomy", in J. D. Arras, E. Fenton, R. Kukla (eds.), *Companion to Bioethics*, Routledge, 2014, pp. 277 – 290。
③ 与对个体自主的尊重相对应的是国家权力运行过程中所彰显出来的父爱主义。对于父爱主义的一般性理解认为,父爱主义论证其行为正当性的依据在于国家政策的制定者认为特定的行动有利于社会成员的善、福利和利益(welfare-justification)。满足有利于公民的福祉这一条件的标准是相对直观的,并没有要求单纯地只追求提升公民的福祉,也没有硬性要求一定要如承诺般地真正实现公民福祉的提升,而只要求确实有这样的倾向即可。

要的情况下改变公民的个人选择,这种过度消极的"自主"定义将对现代福利国家的存立构成根本性的否定。基于古典消极自由而产生的"保姆国家"理论趋向于将一切国家的干涉行为都视为是有问题的,但事实上公民个体的自由实现离不开国家的积极支持和必要合理的干涉,这种限制国家一切干涉行为的理论无助于公民权利的实现和保障。前文对自主的伦理概念的分析已经指出,对于个体的良知自由和选择自由不产生根本性影响的干涉,是被允许的。

决策性自主则聚焦于决策本身,这是一种和传统的医学伦理联系在一起的概念,与立法权的行使、公共决策关联不大,在此不赘述。① 交互性自主则尽量避免对个体独立性做过于理想化的想象。不同于古典自由主义将个体作为原子化个体来对待,这一自主概念认识到个体之间的相互依赖性,认为人与人之间的相互交往方式和社会交往空间能够对个体的能力发展、价值完善、自我身份认同和行使自主的机会同时产生积极和消极的影响。国家立法、社会舆论形塑的发展环境和机会对于个体自由,主要是自主的实现有着重要的影响。交互性自主不仅关注行为意义上不受干涉,更关注如何在国家和社会环境下促成自主实现的条件,确保真实的、彰显更高级本性的自我的理性真正在个体选择和行动中发挥主导性的力量。这种对成就自主条件的关注,当然包括了对社会压迫和社会排斥对于发展与行使自主能力的影响的关注。交互性自主要求国家和他人不仅仅要在作为抵御权的认知上看待自由,不对自由行动构成消极的不干涉,而且需要更积极地创造外部环境

---

① 这种源于医学伦理的自治在最初始的意义上要求具备以下条件。(1)在有关病人健康的干预性决定做出之前必须获得病人的同意;(2)这一同意有效的条件包括:病人具有足够的行为能力;信息充分;自愿选择。这就要求有关专业人员必须确保病人在做决定时具有足够的行为能力,获得了与选择有关的充分信息以及避免不正当地影响他们的偏好和选择。

和条件以珍视、培养和促进自主的实现和发展。交互性自主认为,自主能力包括相互联系的三个层面内容:自我决定(self-determination)、自我治理(self-governance)和自我授权(self-authorization)。[①]

交互性自主认为,尽管自主能力更多的是由内部产生的,但是个体能力事实上是经由国家和社会塑造,受到外部条件影响的,因此自主的培育和实现需要国家和社会的外部支持,尤其是国家立法的支持。基于对消极自由的尊重,国家立法可以围绕自主能力三个方面的范畴提供外部条件支持,而非直接对个体决策产生影响。自我决定是指个体首先要具备充分的选择范围,即要确保个体有选择。自我决定一般会追问两个基本问题:选择的范围是否穷尽当下的可能,从而为个体选择提供了充分的选项和空间?谁在决定我的选择?要实现自我决定,国家和社会应该尽可能地拓展个体选择的范围,提供更多可能的选择。这不仅要求广泛地认同和赋予个体自我决策所需要的基本权利,为其自我决策提供可能性,还需要实现对多元生活方式的保护,全力营造丰富的生活空间。只有在一个有足够丰富的生活选择的社会中,个体才能不断地拓展对生活的理解,接收多元生活方式的信息,从而拓宽自我选择的范围。自我治理的能力是指在选择范围已经获得充分保障的基础上,个体是否具备进行充分选择的能力。如果说自由意味着每一个个体能够按照真正属于自己的方式生活,完成自我的生命历程,那么这一充分选择的实现需要以个体对于自我充分的理解,以及对自我与他人、社会、国家乃至自然的关系的正确理解为前提。因此,虽然选择的能力存在于个体内部,但是仍然离不开国家和社会相关条件的支持,比

[①] 参见 C. Mackenzie, "Three Dimensions of Autonomy: A Relational Analysis", in A. Veltman, M. Piper(eds.), *Autonomy, Oppression, and Gender*, Oxford University Press, 2014。

如公共信息的充分供给、确保个体能够认识自己的平等教育条件的提供、影响自我选择能力的社会福利的供给等,这些都会从根本上影响自我治理能力的培育和实现。自我授权意味着个体愿意向他人说明自我选择的原因,并时刻准备好捍卫和修正这些原因,同时愿意和准备好为自己的信仰、价值和承诺承担责任,自我授权是一种责任能力的彰显。一个缺乏自我授权的人并不会把自己视为一个有能力决定自身价值取向和信仰并做出彰显个人身份的承诺的人,也就是无法将自己视为负责任的主体对待。自我授权的实现受制于个体与其共同体的相互关系:只有共同体认同个体具有平等的道德主体资格和对其有效主张进行自我负责的资格,自我授权所需要的社会关系才能建立。只有获得周围环境的充分信任,并被赋予充分的责任能力的个体,才真正能够具备自我授权的能力。比如,面对公共卫生危机,"每个人是自我健康的第一责任人"的倡导就比其他通过惩戒式、谴责式的口号强调个人健康责任的公共表述赋予了个体责任能力以更大的信赖和要求。

交互性自主超越了古典自由主义视野之下强调不受干涉的自由概念仅仅对行为的关注,同时将自由的实现拓展到对自主能力,即理性能力的培育和发展上来,从对消极自由的关注转变为对积极自由的成就。如前文所述,积极自由不仅关注应该存在一个不受干涉的外在选择空间,还主张自由应该具备内在的依据,强调自主选择过程中必须有一个真实、稳定的彰显主体本质的自我存在,作为决策的内在资源,确保"我"真正成为自己的主人。伴随着这一观念的发展,个体与国家之间的关系从对抗式、消极防御式转化为合作式、相互支持式,要求国家责任从消极不作为转向积极作为,促进自主能力的形成。在交互性自治概念中,个体自治能力的成长和培育,以及自主的实现,不再仅仅是个体的责任,国家的角色不仅仅限于消极的不干涉,而且与国家对其理想公民的想象并在此基础给予的支持紧密相关。如果国家行为,无论是立法行为还是行政行为、司法行为,对交互性自主三个方面中的任何一方面的能力或者条件构成损害,就会构成对自由的损害。这一概念转化会让我们发现,在对国家的权力行为、公共政策选择进行评估时,消极抵御性自由概念几乎可能否定任何对个体构成干涉的政府行动,而交互性自主概念则从三个方面全面地考量了公共选择中政治共同体与个体之间的联系和张力,能够对国家行动是否构成父爱主义行为提供较为全面的评估。下文将以不同的自主概念标准对两项立法行动——美国纽约州有关规范苏打水容量的立法和澳大利亚有关肥胖问题的政策宣传进行评估,通过对比彰显自主概念发展对法律评估、发展和运行的影响(见表1)。

表1 美国、澳大利亚的立法/政策对自主的影响

立法/政策名称	美国纽约:大容量苏打水销售禁令	澳大利亚:"生活得轻一些"肥胖问题的公共政策宣传
基本内容	2012年,美国纽约立法禁止销售容量超过16 Oz(473 mL)的苏打水(含糖饮料),以此解决肥胖问题,防治与肥胖问题相关的疾病	2011年,为了减少肥胖和由肥胖引发的相关病症,澳大利亚政府进行了大量的公共宣传。通过大量具有逼真的视觉效果,呈现人体内部器官被浸润在令人厌恶的黄色"有毒脂肪"的海洋中的广告,呼吁"实现和保持健康的体重是一个优先事项,人们现在就需要朝这个方向努力,而不是明天"。要求人们控制他们不健康的行为,包括停止食用冰箱里隔夜的比萨、吃薯片、喝苏打饮料、宁可开车而不愿意走路等
消极抵御性自主(任何国家对个人及其政治自由的干涉都构成对自治的损害)	该禁令干涉了个体购买或者销售大容量苏打饮料的自由,构成对自治的损害,属于父爱主义	不构成对自治的损害,因为作为政策宣传,并没有直接地对个体构成强制或者限制,没有直接损害任何消极自由

续表

立法/政策名称	美国纽约:大容量苏打水销售禁令	澳大利亚:"生活得轻一些"肥胖问题的公共政策宣传
交互性自主(任何不当地影响自我决定、自我治理和自我授权能力或者对这些能力构成有效支撑的条件的行为,都被认为是对自治的损害)	不应该构成对自治的损害:(1)从自我决定和自我治理的层面,该禁令只涉及对销售大容量苏打水的禁止,因为购买大容量苏打水的能力并不会实质性地损害个体自我决定的能力,禁令仅从容量上限制,并没有从根本上消除饮用苏打饮料的可能。如果立法要求禁止销售苏打水,就会对个体决定权上构成根本的损害,属于对自治的损毁。(2)立法同时将是否购买更多容量的苏打饮料的权利赋予个体,是对其自我授权能力的肯定	构成对于自治的损害。自治所需要的自我授权依赖自我尊重、自我信任和信心的建立。政策宣传中强调"肥胖的身体是一种令人厌恶的状态,同时也是缺乏自我控制能力的表现"这样的观念,事实上会对自我授权能力构成潜在的损害,这不仅仅会导致个体对自我认知的负面化,而且会改变社会主流价值认知,最终影响社会对个体的认知

从以上的对比分析可以看出,交互性自主概念为审视不同的立法和公共政策提供了不同的视角,借助该概念工具对有关立法和公共政策进行分析,使得过去在立法考量和立法评估中一些被遮蔽、基本没有受到关注的问题显现。相较于古典自由主义基础上的消极自主概念,交互性自主概念不仅使得积极自由概念变得更为生动,能够真正地与现实中的立法和执法发生关联,更重要的是,这一概念本身从三个角度扩展了立法中的伦理聚焦:(1)基本权利和一般性权利的区分。个体的社会性决定了国家权力对个人权利进行干涉和限制的不可避免性,人们从进入共同体开始,就意味着公共自主会对个人自主构成一定的

限制和约束,但并不是所有的限制和约束都构成对个人自主的侵害,需要对国家积极成就个体自主的必要干涉行为的正当性予以承认。因此,要对权利进行区分,只有在涉及基本权利,或者权利限制没有任何正当性理由时,才涉及对自主的侵害。(2) 从自我治理的角度关切社会价值评价对个体认知的影响。这就要求立法要保持一种伦理自觉,要尊重多元的生活方式和价值选择,关注个体的自我尊严和自我认同的形成,在防止立法和政策对个体认同形成消极的影响的同时,努力营造多元丰富的生活环境,通过提供更多的生活选择,拓展个体的自我决定能力。(3) 对个体责任能力的关注和培育。古典自由主义关注自治,更多地停留在"选择自由"的层面;交互性自主不仅强调选择上的自由,同时也强调"责任自负",即责任能力的培育和实现。对自我授权的责任能力的强调,突出了立法中对于积极人格进行塑造的必要性和重要性。

将交互性自主的概念纳入立法、执法和司法考量中,不仅不会对所有的外在干涉不加区分地予以排斥,认识到"干涉"并不意味着"不自由",从而为国家权力行使的正当性提供了更为广阔的空间,同时将国家权力的行使视野从"不对公民权利构成不当干涉"转向"如何培育理性的公民",从而有效地回应和克服了古典自由主义所无法回应的个体自由与社会合作之间的冲突与张力的问题,也为共同体中积极公民的产生创设相关的条件。此外,对于交互性自主的关注,对于法律在积极自由实现过程中的功用的关注,为将法律的角色拓展到更为广阔的公共空间奠定了基础,释放了新的法律功能的可能性。中国传统中德主刑辅的秩序核心在于,无论是德还是刑,最终都不能仅停留在秩序领域,而要承载起对整个社会进行教化和引导的作用。换句话说,不仅仅是道德治理,即使是最为狭义的司法过程,依旧有着对个体进行引导和教育,从而塑造良好社会风尚的治理关怀。现代法治将秩序塑造作为其首要的规范目标来追求,但是德治秩序对于个体心灵和社会风尚的关注对法治的启示在于:行动之外,秩序之外,法律是否还应该有更高的关怀、更多的关切?每一个立法、行政和司法行动是否不应该因为对秩序这个目标的追求,而遮蔽掉对更高的价值——塑造人类心灵的关注?有没有在法律关系之外看到更为宏大的社会语境,从而产生对于我们到底希望塑造一个什么样的社会,以及在整体秩序之外对于"每一个人应该如何生活"的关怀?将个体自主概念更为广阔和深入的思考引入相关法律实践,这不仅对于个体自由的实现是重要的,对于有效解决个体与共同体之间的张力是必要的,更是对法治理想的拓展,在法治秩序中融入了对于个体人格塑造的关怀。法律需要在做出消极不干涉的承诺的同时,积极地促进自治人格的形成,这是对人的尊严的充分成就和尊重。

三、多元与法律:法律能够为构建共识做什么

从对自主的概念的澄清中我们可以认识到,对个体理性的尊重,对其主体性的尊重,确保其自主的实现,意味着应该让每一个个体按照他/她自己的方式完成生命历程,按照自己的方式生活。当个人自主得以充分实现时,就意味着价值多元时代的到来,正如马克斯·韦伯所言:"在已经祛魅的现代世界里,对待生活最可能的态度是相互矛盾的,与科学不一样,伦理学并不产生我们希望达成的一致结论,尤其是不能提供托尔斯泰所称的'对于我们而言唯一重要的问题是:我们将做什么?我们将如何生活?'的全部答案。"[①]我们有权利按照自己的个性自

[①] 马克斯·韦伯:《学术与政治》,冯克利译,生活·读书·新知三联书店2019年版,第45页。

主地选择生活方式,但是,迈向公共领域,与他人实现有效的合作,依旧是当代生活无法拒绝且非常重要的维度,即在承认多元价值选择、多元生活方式的前提下,我们依旧需要共识和合作。人类从一元社会向多元社会转型的过程中,始终在探索凝聚共识的方向。法律作为自由的守护神,除了确保自主的实现,面对与自主相伴生的价值多元现实,在促进共同体共识的形成上,法律能做什么?

价值多元主义不同于价值相对主义。多元是对每一种生活方式、每一种价值选择的承认和尊重,但是这种承认和尊重需要建立在对价值选择、生活方式进行基本评价的基础上。多元主义认为存在一个特殊权威的上位规范,它能够对众多的生活方式进行基本评价,从而在此基础上决定是否要对其予以承认和尊重。多元主义认可存在一个特殊权威的道德规范,对是否需要尊重多元的生活方式先行做出判断。相对主义则不认可存在优于其他价值视角的上位价值规范,因为根本就不存在一个价值视角可以用来评价每一件事情。对于价值相对主义者而言,"你的判断只能应用于信奉你的道德的信徒",这些评判的成立只是相对于自己的立场而言的,如果试图对他人强加这种规范,那么就是对个体自主性的否定和压迫。在国际关系层面,如果认为存在这样的规范,就彰显出国家的民族优越感或帝国主义特征。相对主义这一判断具有一个基本的前提,即不同的生活方式背后隐藏着无法调和的价值分歧,无法从差异中找到具有共识性的上位规范。理查德·勃兰特(Richard Brandt)认为,如果要认定存在"根本的道德分歧",必须是在三个理想化条件得以成就的前提下,依旧在道德判断、价值判断上很难达成一致,这三个条件是:第一,应当完全了解相关事实;第二,应当以一种无偏私的、原则性或非自私自利的方式来看待这一问题;第三,应当不受非正常心理状态的影响。很多时候,之所以产生价值分歧,是因为每个个体所窥见事实角度的差异或者是个体的利益偏好不同,并非单纯的价值分歧。此外,极端情境下的价值选择不意味着可以对道德标准构成根本的修正和否定。严酷的生活环境对个体的生活态度与情感塑造有深刻影响,但这并不代表在常规状态下人们的价值存在根本的分歧,人类作为一个伦理共同体存在,更多是与常规状态关联,常规状态下的价值选择不同于极端情境下的选择,当环境变得极为可怕时,做出价值判断与实施道德行为的余地就会变小。① 如对于富勒笔下的洞穴奇案,我们可以试图去理解当事人在极端情境下的行为,但这并不意味着会因此修正"不可以伤害同伴"这样的常规道德共识。事实上,在现实的经验层面,要确保这三个理想条件的成就是非常困难的,但凡在任何一个层面的问题上保持基本的谦逊,追问自身"我是否真的完全了解事实""我是否真正能够做到无偏私",可能都会对是否真的存在根本性的价值分歧、道德分歧存在疑问。

就像霍布斯在写作时其实非常清楚,自私的自保需求并不足以涵盖所有复杂的人性面貌,但是作为有效的政治理论建构的前提,也是更具实践性的理论假设,必须对人性做这样的单一化处理。因此,在对相对主义进行评价时,可能要先搁置我们所看到的经验层面的冲突和矛盾,首先从观念上直面一个基本的挑战,即如果我们将相对主义作为处理价值冲突的基本立场,我们将面对什么样的现实境遇。如果我们接受相对主义作为前提,那么我们会丧失这样的基本信念:存在某种需要被抵制的生活方式,因此,我们谴责犯错者的行为是正确的,并且受害者有权利被恰当地对待。它会导致我们对一些明显的道德冲突变得麻木不仁,从而丧失接受任何价值原则和道德信念的基本动力。更重要

---

① 参见史蒂文·卢克斯:《道德相对主义》,陈锐译,中国法制出版社2013年版。

的是,当认为没有任何上位规范可以对不同的生活方式、价值选择做出判断时,每一个人都会将自我的欲求作为最高的、最具正当性的目标去追求,那么人类社会陷入霍布斯口中"人与人之间的战争状态"就在所难免。

事实上,人类在构建共同生活的过程中,对于正义的信念建立在坚持善的最高性和共识性基础上。在认同价值多元的同时,我们保持了对相对主义的否定和警惕,始终相信存在某些在伦理层面的一般等价物或尺度,我们可以用它来比较与衡量其他备选的后果的价值,甚至拒绝用权衡性语言或根据权重来思考并说出哪一种价值具有优先性。用康德的话说,我们深信,一切善是不能用价格来衡量的,人的生命就是如此。那么如何确定这一可以用来对价值分歧进行衡量、评价,同时可以用来凝聚共识的标尺?这是一个从苏格拉底开始就持续被讨论的哲学议题,围绕这个问题的讨论可以将其归纳为两个基本的方向:一个方向是从消极层面上提供的标准,在这个框架内,我们关注的是那些普遍错误的行为,而不是普遍正确的行为,认为对于后者,不仅很难获得一致的认知,而且容易演变为道德说教(moralistic)乃至道德压迫。这种理念向我们揭示了这样一个区域,在这一区域内,一定范围内的行为与活动在每一个地方都是禁止的,如果有人实施了这些行为与活动,就会受到惩罚。另一个方向是试图探索积极的图景,展示从积极角度达成共识的可能。任何一个进步的、繁荣的共同体都倚赖这样的积极标准的出现,但是在实践层面上,积极意义上的共识标准是更难界定的,尤其是考虑到任何积极的图景的设定一旦处理不好,就会导致用某种外在的整体性目标否定个人的自主选择,构成对自由的压迫。

作为著名的多元主义者,伯林也将多元主义和相对主义进行了区分,将这个上位性的规范建立在人性基础上。伯林指出:"所有的人一

第三章 法律与个人自主:概述

定有着共同价值,否则他们都不再是人了。我自己是一个多元主义者,而不是一个相对主义者,因为这些价值是客观的,人的本质的一部分,而不是人的主观想象的任意创造物。"① 玛莎·努斯鲍姆(Martha Nussbaum)延续伯林的逻辑,将这一标尺与权利概念联系了起来。她指出,存在一系列独特的人的能力,这些能力提出了这样的道德要求:人应当得到发展。因此,有一些核心的权利,它们应当受到所有国家、政府乃至个体的尊重与保障,这是对于尊重人的尊严最低限度的要求。这一价值扎根于许多不同的传统中,不依赖于任何特殊的形而上学或宗教观点。在此基础上,努斯鲍姆总结了十种核心的人的能力:生命,身体健康,身体的完整性,感知、想象和思考,情感,实践理性,依附关系,与其他物种的关系,娱乐,以及控制自己所处环境的能力。② 权利概念本身是与法律紧密相关的,因此,面对多元的现代社会,对于共同体的共识形成而言,法律有着不可替代和不可推卸的责任。正如本书导论中所指出的,以司法为代表的公共论坛,使得社会成员可以围绕"权利"这一共同话题展开对话,尤其是将法律基于权利话语所形成的一套独特的逻辑通过个案的讨论注入公共理性的观念渊源中,从而催生在多元中寻求共识的可能。由于法律是现代社会的基本规范,事实上成为直面多元社会价值冲突最为前沿的阵地,因此,在法律的逻辑和价值范畴内促进社会共识的生成,成为法律无法逃避的公共责任。

依靠法律促进社会共识的生成,需要法律坚守自身独特的价值立场和逻辑运行方式。一旦法律模糊了自身与其他规范之间的界限,比

---

① Isaiah Berlin, *The Power of Ideas*, Henry Hardy (ed.), Princeton University Press, 2001, pp. 11-12.
② 参见玛莎·C. 努斯鲍姆:《女性与人类发展:能力进路的研究》,左稀译,中国人民大学出版社 2020 年版,第 63—64 页。

如道德,就可能会陷入即存的冲突和矛盾中,同时也很难在法律运行过程中凭借自身独特的运行逻辑促成公共理性的生成和发展,共识的产生也就极为艰难。卢曼(Niklas Luhmann)所提出的法律自创生理论可以为思考法律如何面对多元社会复杂的价值冲突、道德冲突,并在此基础上促成共识的生成提供一些启示。卢曼将产生于生物学领域的自创生理论应用于对社会系统的分析,试图说明法律系统也是一个自创生系统,它通过自我指涉的、递归的运作,不断地对自身进行再生产。法律作为现代社会的基本规范,在面对各种社会价值分歧和道德分歧时,作为一套独特的系统,有自身的沟通逻辑和独立的立场,否则就不具备作为独立的规范存在的价值,必然会被其他社会系统所反噬与替代。法院不能仅仅依据政治的或者道德的理由进行裁决,也要依据法律自身所构建的合法与不合法的标准进行判断。但是,依据自创生的一般理论,系统的自创生只有在环境中才可能实现。马图拉纳(Humberto R. Maturana)和瓦列拉(Franciso J. Varela)已经指出,自创生系统在其对自身的再生产过程中是自主的而不是自足的。也就是说,自创生系统虽然在进行封闭的运作,但是在物质上仍然需要外部的供给。[①] 作为社会系统之一部分的法律系统必须对环境保持开放,接受环境中的各种刺激,并通过自身运作化约环境带来的各种复杂性。卢曼指出:"一个系统的结构和过程只有在与环境的关联中才有可能存在,而且只有在这样的关联中加以考虑才有可能被理解……甚至我们可以说一个系统就是它与它的环境之间的关联,或者说系统就是系统与环境之间的

[①] 参见杜健荣:《自创生视域中的法律与社会——卢曼法律自创生理论研究》,《中山大学法律评论》2011年第2期。

差异。"①卢曼认为对环境的开放性与系统自身的封闭性之间并不矛盾:"自我指涉的封闭系统的概念并不与系统向环境的开放相矛盾,相反,在自我指涉的运作模式中,封闭是拓宽可能的环境接触的形式,封闭增加了可以提供给系统的环境复杂性。"②当然,开放建立在封闭的基础上。外部事实只能作为系统内部所生产的信息而起作用,比如说法律能够接受来自道德或者其他社会领域的规范性前提,但是必须通过自身的系统进行明确的转换。③

法律要有效地解决社会矛盾,应该在诸多的实体问题上保持价值中立。法律对于自主的尊重彰显了它对个体生活方式的平等尊重,但这并不意味着法律在一切问题上都是价值中立的。作为一套社会系统,它保有自身独特的价值立场。这是形成法律思维和逻辑的基础,同时也是其可以对公共的观念产生独特影响的基础。如前文所述,法律虽然在一系列的实体伦理问题上具有中立性,但它并没有在关于人的理解上保持中立。在建构一切法律规范和做出一切法律决定时,事实上都以法律所预设的一个理想的人的主体形象为基础,这构成了法律形成自我判断的基本前提和立场。富勒把法律建立在这一前提基础上的内在立场称为"法律的内在道德",同时言明了这一内在道德得以形成的前提,这一前提也构成了法治得以开展的观念基础。富勒指出,法律的内在道德的生成,建立在这样一个假设的基础上:要开展使人的行为服从于规则之治的事业,必然需要信奉这样一种观念,即人是或者能

---

① Niklas Luhmann, *The Differenciation of Society*, Columbia University Press, 1982, p. 257.
② Niklas Luhmann, *Social System*, Standford University Press, 1995, p. 37.
③ 参见杜健荣:《自创生视域中的法律与社会——卢曼法律自创生理论研究》,《中山大学法律评论》2011年第2期。

够变成一个负责的理性行动主体,能够理解和遵循规则,并且能够对自己的过错负责。① 法律对自身所提出的一切伦理要求都建立在这一假设前提和基础之上。比如之所以会规定"法律必须公开"和"法不溯及既往"的原则,是因为根据未公开的或溯及既往的法律来判断个体的行为,是对个体理解规则能力、自我决定能力和自我负责能力的完全否认,理性的个体只能遵守行动之前就已经明确公布的规则。

正是法律系统这种建立在对于人本身理解基础上的内在道德的存在,一方面使得法律在实践过程中产生了自身独特的立场和逻辑,法律所代表的形式理性有可能超越诸多分歧,成为公共讨论、公共对话的常识,法律也因此成为促成社会共识形成的规范基础;另一方面使得法律能够超越具体的实体价值分歧,运用自身独特的系统逻辑解决生活矛盾,不受其他规范的支配和裹挟。比如前文所讨论的 20 世纪 60 年代英国社会围绕是否需要对私人领域的同性恋行为进行规范所产生的分歧,借助于任何实体层面的价值判断立场展开论述和判断,都有可能引发不同利益群体的立场对立和激烈分歧。基于此,直接引入展现法律系统独立性的内在道德原则——"法律不能要求不可能之事",围绕对私人领域的行为进行全面国家监控的不可实施性这一形式问题来展开讨论,比引入任何实质性价值讨论更能够减少分歧,凝聚共识。如果要达到对同性恋行为的规范效果,必然要求国家承担巨大的监控成本和压力,同时会导致私人之间的相互监控和揭发行为频发,这不仅会对私人领域的守护造成极大的威胁,还会对整个社会的信任度产生极为消极的影响,导致彼此分享隐私的温暖在极端的社会氛围下转变为刺向彼此心灵的尖刀,社会信任的基础因此被解构。除了权利保护,法律的

---

① 参见富勒:《法律的道德性》,郑戈译,商务印书馆 2005 年版,第 188 页。

内在道德运用于实践当中,可以在坚持法律系统独立性的基础上,促进公民理性和美德的形成。以法律的内在道德之一"官方行动与公布的规则应保持一致"为例,当官方行动与公布的法律规则保持一致时,其实是潜在地向公民宣布:国家权力尊重个体的能动性,尊重个体的主体选择。国家承认个体是一个能动者,并且有自己想要实现和守护的事业与目标。鉴于此,国家权力运行过程中对特定目标的追求只会通过制度化的形式进行,国家会在事前制订统一规范,主动公布这一规范,同时确保自身的行为与这一规范保持一致,从而为个体的行动提供一个具有可预测性的制度环境。① 换言之,尽管表面上是政府遵循规则行动,但实际上是在培育公民按照规则行动、遵守契约等规则意识和责任意识。同时这种尊重观念的传递也有利于法律权威的树立:既然政府以尊重民众目标的方式实现自己的目标,那么民众就不能仅仅因为不赞成法律内容而抛弃法律,而是应该如政府一般守法,应该以尊重政府、尊重法律的方式实现自己的目标和利益。

所有有关自由的概念都是从对不自由的感受中产生的,人类文明的进步历程很大程度上就是对何谓自由、如何实现自由的认识不断深入的过程。在一般性地讨论自主与法律之间的关系时,总是很难一以贯之地遵从某个单一的逻辑展开讨论,一个自主的个体的呈现,显然需要全方位地关注自由践行所可能面临的障碍和限制,并努力消除它们。但是,每一次对自由之障碍的消除,也意味着新的自主人格需求的觉醒,这就决定了对于自由的探索无法仅仅遵循单一的逻辑展开,也永远没有穷尽。多元社会中的自主实现,不仅仅要求法律承担起包容、尊重

---

① 相关讨论参见富勒:《法律的道德性》,郑戈译,商务印书馆 2005 年版,第 242—250 页。

和不予干涉的消极保护职能,更需要法律积极地承担起对自主人格的培育和成就责任。

四、公共人如何能够长成

讨论法律与自主的关系的目的是服务于公共理性的培育。对于个体而言,私人的一面作为自然的存在,天然就具备;公共人的一面作为教养的呈现,是不可能天然就具备的,公共人的身份和自我的直接经历、处境、需求是有距离的。理性的公共人要相信并承认一切生命都存在联系,受天下人类皆兄弟的情感支撑,将社会中的他者作为和自己一样平等的存在来对待。这种能力和情感不是凭空产生的,需要后天的培育。相信天下人类皆兄弟的理念是基于共同的社会生活而产生的。只有在现实的公共联系和公共生活的参与中,我们才能真正感受到自己与社会的联系,感受到"我为人人,人人为我"的关联。①

这种建立在相互信任基础之上的合作关系,本质就是一种自治,是公共自主的践行方式。②"自治"意味着倚赖社会成员自身去构建密切

---

① 2017年,爱彼迎(Airbnb)的创始人布莱恩·切斯基(Brian Chesky)在一场演讲中讲述了他创办爱彼迎的原因及之后的感受。他说他发现,创办爱彼迎这一行为不仅使得他有钱支付房租,同时还有更重要的事情发生了,这件更重要的事情就是他和他的很多租客之间、租客与租客之间建立了友谊。比如他与自己的第一个租客——一个印度人建立了友谊,这位租客甚至邀请切斯基去印度参加他的婚礼。2012年,他在伦敦见到另外一位爱彼迎上的房东,房东告诉他:在伦敦北部发生恐怖袭击后,在他的母亲问候他平安之前,是他的一位租客第一时间问候他是否平安。所以,在切斯基看来,爱彼迎作为一种共享经济的模式,提供了一种更为深刻的承诺,这个承诺就是构建人与人之间联系的承诺。通过这样的方式,人们不仅可以相互帮助,还可以相互了解,产生观念上的对话,最终产生友谊。共享经济的核心是对信任理念的信仰和创造。

② 相关讨论参见张晓燕:《公法视野中的自治理性》,复旦大学出版社2015年版,第四章。

的社会合作,在互帮互助的过程中形成信任,并最终相信可以依靠自身的力量共同创造良善的生活。法律作为一种典型的"他治"规范,并不意味着对这种情感的生成无能为力。法律如果能够意识到这种自治力量的根本性和不可替代性,通过制度设计创造出足够的公共交往空间,尊重并鼓励这种兄弟般的合作,就能够在"他治"规范的护卫下促成以"自治"为基础的公共人情感的生成和自觉。

伯纳德·曼德维尔在《蜜蜂的寓言》中阐述了一个重要的观点:个人为追求自身利益的行为可能会推进整个社会的福利。很多人将其总结为古典政治经济学的哲学基础"私人恶德即公众利益"。尽管历史的发展历程中有大量的事实可以否定曼德维尔的观点,但这里其实涉及如何理解"自利"这个概念。如果是狭义的自利,可以视为自私的同义词,是对个人利益的短视追求,不必然促进社会公共利益,反而可能会对公共利益构成不当的损害。但是,如果我们将自利视为对自身长远利益的考虑,那么曼德维尔的观点就值得我们认真对待。正如一个鞋店的老板始终将诚信作为追求自身利益的基础,这不仅能够给鞋店带来长久的声誉,更重要的是能够提升社区的社会信任度,让每一个在社区中生活的人都能够从中受益,这无形中也增强了鞋店的社会资本,让鞋店老板长久获益。因此,一个人如果对自我的利益有更为深刻、长远的理解,可能就不会为了自己眼前的利益不惜牺牲他人的利益,而是在追求自我利益的过程中,寻求公共利益与个人利益的平衡。今天的社会中,以完全圣人社会的"无私"标准来设定我们的秩序规范,这几乎是不可行的,必须承认个体利益存在的客观性和正当性。重要的问题不是要否认自利,而是应该如何引导自利,在保护个体自利动机基础上促成"公意"的达成。因此,现代的转型不只是制度与技术的转型,更重要的是文化的调适和道德情感的重建。桑内特对公共领域危机的反思,反对的不是个人人格的展现需求、个人诉求的展现需求。他所呼吁的是,当你带着私人利益进入公共领域的时候,需要将其转化为公共范式,呈现为公共空间能够代表和表述的内容,而非私人化和短视的个人情感诉求的表达。

法律应该承认个体的私人诉求,"私"不是一个需要被贬抑和压制的对象,而应该是一个被保护和引导的对象。例如,私有财产和公共财产看似是独立存在的两个方面,事实上都依赖对所有权的肯定和彰显。公共所有权的确认和肯定是个体对私人所有权认知的一种自然情感延伸。没有对私人所有权深刻的认知,就不可能产生任何有关公的所有权的理念和尊重。一个不尊重私域、任意侵夺私人财物的社会,是很难培养"爱护公共财物"等关注公益的公共人的品德的。要实现这一公共人角色的成功转型,除了承认和保护私人利益,法律还需要为启蒙狭隘的自利,将其引导至与公益协调的长远自利提供法律实践空间和权利保障。公共人只有经过实践才有可能长成,这个实践空间的营造很大程度上是以调整公共领域为己任的公法制度所创设和保障的。个人可能无法清楚地得知国家命运对他们自己产生多大影响,从而没有公共参与的热情,也就无法在任何实践意义上去培育自身的公共理性和美德。但是,如果提议在他自己的屋后修一条马路或者是建立特定的公共设施,他便能马上看到在微小的公共事务和对他来说重要的私人事务之间的关联。他将发现,在私人利益和公共利益之间也存在着紧密关联的纽带。围绕邻避运动(NIMBY)所展开的大量法社会学研究表明,通过一些微小但频繁的公共事务的参与,在与政府对话和协商的过程中,公民的公共理性和公共参与的技能会得到显著的提高,公共项目也在双方的对话过程中最终获得更为科学和合理的构想与实施。当然,公共参与和自我管理是要以具备一定的理性、技能和美德为条件的,没有充分的公共理性和美德,确实会导致公共实践面临诸多障碍和风险,但如果不迈出公共实践的第一步,这种美德和理性将永远不会出现,公共人永远不会成长。法律是否能创造一个制度环境以确保个体有足够的能力守护自己不该被打搅的私人领域,在公共领域展现其应有的道德勇气和力量,对于公共人成长的意义是重大的。

公共人的成长除了涉及具体的公共技能,最为重要的一个部分就是情感上自觉归属于特定政治共同体。没有共同关心的对象和事业,是不可能产生公共热情并自觉参与到公共生活、公共行动中的。宪法是政治共同体得以构建的规范条件,其本身也是政治共同体存续的现实呈现,因此,宪法对于公共人情感归属的生成尤为重要。充分理解和发掘宪法实践中蕴含的国家理性和国家伦理,通过宪法教育将这种理性和伦理共识传递给公民,是培育公民归属感和认同感非常重要的环节。在这个意义上,宪法教育不仅仅是一种规范教育,同时涵盖政治观、法治观和道德观的塑造。公民通过熟悉和理解宪法规范,对我国的基本政治制度、经济制度以及公民基本权利和义务有所了解,通过了解我国作为一个政治共同体得以建构的历史和发展的现实,把握宪法代表的国家精神和立国原则,在这个过程中以宪法文化为中介形成和塑造对国家的有效认同,同时通过宪法教育接受共同体伦理教导,成长和自我约束为一个真正具有自主能力以及公共德性的合格公民。

被拟制为社会契约的一国宪法,与因时制宜、不断变迁的普通法律制度相比,始终保持了其稳定性和不可随意变更性。"古老"的宪法,是一国最古老但也最活跃的记忆,记录着国家的过去,同时也被用来解释当下,并预测和指向未来。宪法教育既要把作为文本内容的宪法知识传递给受教育者,更要将宪法所代表的这个政治共同体独特的价值和精神传递给受教育者。作为一个国家最根本的法律文件,未经宪法时刻不能够随意变迁的"充满历史气息"的宪法规定背后,是一个国家的历史,是文化、政治生活等公民的共同记忆。因此,作为历史意识存在的宪法故事叙事是否足以彰显特定民族共同的过去,解释当下,从而在反思与批判中建立当下与未来的某种联系,是构建政治共同体意义世界,进而建立公民国家认同的关键问题。叙事首先会被认为是一个共同体的言语,它只为某个社群中的读者而存在。共同体需要特定的历史叙事来赋予其在特定时空中的意义。叙事能阐明边界与历史,通过叙事,我们可以认识自我与他者,会发现自己作为一个群体的一部分与他者的联系,叙事中的"我"因此有了过去,又对未来设限,从而找到了自己与共同体的联系,进而形成认同。政治阐释学的任务就在于,在实施了自我创造行为的社群中,解释我们到底是谁。现代民主政治修辞的对象是"我们人民"(古往今来),是归属于特定政治社群的叙事,核心是号召个体成为"人民主权者"这种超时间的国家统一体的组成部分,提醒着我们都是政治规划的参与者,同时也确认了我们在民族的生命中是不死的,构建了一个独特的个体可以为之付出有限生命但获得不朽的共同的意义世界。好的宪法叙事将宪法的发展历史转变为一次次人民出场宣誓主权、反思审议的生动画面,从而承载了一个共同体成员特殊的意义世界。它会提醒我们,每一次宪法的发展和解读建立在"我"作为其中一员的人民主导的公共商谈和公共行动基础上,脱胎于以公共舆论为基础的公共领域,从而彰显人民是政治规划的参与者。这不仅唤起人民对于自我参与塑造的政权的认同,更赋予每一个拥有有限生命的个体某种在国家发展历史中的不朽与永恒,赋予了个体特殊的意义世界。因此,将宪法作为政治叙事的一个部分对待,讲述一国的宪法历史,是借助这一从历史中走来、支撑当下并最终指向未来的根本法构建公民认同的关键。

公共人的成长离不开观念上的启蒙和行动中的实践尝试。作为现代社会非常重要的公共论坛之一,法律的运行成为现代社会最有效的观念启蒙中介。法律适用的过程,尤其是司法过程,本身就是社会围绕正义展开讨论和决策的过程。尤其考虑到个案的讨论与公民生活的直接相关性,司法判决最容易触动个体的感知,影响个体观念。因此,司法对于一个社会公共常识的塑造和传播,乃至公共理性的培育所产生的影响是举足轻重的。法律是自由的守护神,司法裁判过程中如何理解作为自由之核心的"自主"概念,尤其是在这一概念进入个体、社会和国家层面之后,与个人自主、城市自治等概念关联,转化为具体权利之后,司法应该如何理解这些概念,在裁决过程中应该如何传递这种理解,从而促成理性观念和社会常识的形成,是需要进一步认真讨论的问题。

第四章　公法中的人格权：个人自主的一般权利转化

"自主"作为与人格紧密相关联的概念，在法律权利中进行转化时，首先就会融入一般人格权当中。"人格权"在1949年的德国《基本法》中首次作为公法概念出现。① 我国人格权的立法渊源是《宪法》第三十八条，该条对人格尊严予以了确认，禁止对公民进行侮辱、诽谤和诬告陷害。② 根据宪法史，该条立法的动机与当时的历史语境紧密相关，这一立法语境的特殊性决定了我国宪法上人格权的内涵有待在立法和司法实践中进一步丰富和发展。③《民法典》制定过程中，私法围绕"人格权"的讨论是相对充分的，但是如何理解公法意义上的"人格权"，公法在人格权这个概念中所试图保护的法益是什么等公法视角的讨论，相较司法实践的现实需求而言略显不足。以2015年的"北雁云依案"为例，所涉及的姓名权属于具体人格权的范畴，按照法教义学的理论，司法审查的模式首先要确定所涉权利试图保护的利益，即"保护范围"

---

① 德国《基本法》第二条规定："一、人人有自由发展其人格之权利，但以不侵害他人之权利或不违反宪政秩序或道德规范者为限。二、人人有生命与身体之不可侵犯权。个人之自由不可侵犯。此等权利唯根据法律始得干预之。"

② 我国《宪法》第三十八条规定："中华人民共和国公民的人格尊严不受侵犯。禁止用任何方法对公民进行侮辱、诽谤和诬告陷害。"

③ "八二宪法"制定过程中两次提到人格权的问题：1981年2月11日宪法修改委员会秘书处第一次会议上提到"关于人格、尊严和荣誉不受侵犯，有点空泛，可以不写，把禁止侮辱、诽谤或者诬陷合并到人身自由一条中去规定"；1982年3月16日分组讨论中程思远建议将人身自由条款修改为"公民的人身自由、安全和尊严不受侵犯、个人财产应受保护"。

(Schutzbereich),在此基础上才会进一步涉及公权力对其构成"限制"的正当性,即合法性论证。然而,无论是"北雁云依案"的判决说理,还是围绕案件展开的公共讨论,都集中在国家试图规范姓名权背后追求的公共利益是什么,这一公共利益是否足以支持行政权行使的合法性等问题上,并没有涉及姓名权作为人格权的概念内涵,即保护法益,以及在此基础上所认定的国家公法责任。① 鉴于此,本章以"北雁云依案"为切入点,对人格权的内涵、保护法益以及基于人格权保护所提出的国家责任进行探讨,在为人格权的公法保护提供有益的理论探索的同时,推进对公法中的"自主"概念的深入理解。

一、公法与人格

依照民法上对权利能力和行为能力的区分,权利能力是一种追求利益的意志能力被承认的资格,是能够成为权利义务承担者的资格;行为能力则是这种资格在获得承认之后,真正凭借自身意志和行动承担义务、享有权利的能力。权利和意志紧密相关,德国公法理论指出,正是个人和被其自由意志所需求与意愿的某一事物之间的关系构成了所有创设权利的法律规范的内容。这种被意愿的事物促进或满足那些被法律认为必须或者应该予以承认的个人目的,这就是"益"(Gut)。客观上表现为益的事物,在主观上就成为"利益"(Interesse)。由此可见,益和利益其实就是从客观和主观两个角度理解的个人目的。主观上的利益寻求主张、利益寻求意志只有被法律所承认,才能成为"益",才具有

---

① 参见张翔主编:《德国宪法案例选释(第1辑):基本权利总论》,法律出版社2012年版,第3页。

法律上的意义和价值。因此,只有当针对某个利益的意志得到法律的承认时,相应的权利才能被个人化,这一权利才能与特定的权利主体发生关联,其权利内涵才真正能够得以确定,当权利行使被阻却时,才真正能够主张救济权。主观上的利益诉求是否获得法律承认是认定权利的根本标准,权利是法律承认和保护的针对利益的人之意志权力。法律以维护特定的正义秩序为旨归,尽管这种法秩序的建立与对特定权利的承认有关,但客观的法秩序并不以承认主观上的权利为必要条件,主观权利和客观法的区分由此产生。但是,即使客观法不承认个人的意志权力,利益在法律上也能为客观法所保护,此时个人利益的实现被称为客观法的反射效力。客观法承认的主观权利与反射效力是不一样的,只有当个人意志对利益的存在和范围之决定性得到客观法承认时,利益才转化为主观权利。意志权力为主观权利的形式要素,而利益则为实质要素。① 主观权利意味着权利主体可以凭借自由意志主张其利益,行使法律上的请求权,而基于反射效力获得承认的利益可以在客观法上得到实现,但并没有赋予个体针对该利益的法律上的主张权和救济权。法律上的请求权是否存在,即个人是否被赋予了依据公法规范获得主张和救济的能力,是区分个人权利规范和客观法规范的依据。

从这个角度来看,任何私法权利在被特定人行使之前,都必须以存在一个公法上的主观权利为前提,即只有其权利意志被国家所承认,其私法上的权利内涵才有可能真正在权利救济上得以落实。从这个角度看,私法制度绝不会为个人面对他人自由活动之可能性添加新的因素,即使国家创设了新的私法制度,也只是在公法法律已经承认的个人意

---

① 参见格奥尔格·耶里内克:《主观公法权利体系》,曾韬、赵天书译,商务印书馆2022年版,第48—49页。

志范围内允许个人从事新的特定行为，这就是"可为"的行为范围。私法不涉及对法律上所承认的自由范畴的"定性"问题，而是对"量"的拓展，在这个意义上，自由不仅仅要获得私法的保护，还必须是公法之下的自由，"法无明文禁止即可为"的内涵需要被进一步澄清。并非法律不禁止就穷尽了自由实现的充分条件，如果法律虽然没有禁止，但是也未承认主观权利的存在，那么个体只能被动地享有反射利益，并不能主动地主张和敦促个体自由的实现。缺乏法律和文化支持的自由看上去很美，但是不具备真正能够落实的力量。与私法不同，公法可以赋予个人要求承认其行为为合法行为，并据此获得国家保护的请求权，这就是由法律授权的"能为"的行为范围。"可为"行为与"能为"行为的区别在于，法律完全不禁止与"能为"的规定相悖的行为，只是否定了这些行为的法律效果，行为人不能有效地诉求司法及其他国家力量对这些行为加以保护，即这些行为在法律上并不存在，是一种不涉法的行为。正是在这个意义上，一个行为即使不为法律所禁止，如果其行为意志并不在法律所承认的范围之内，不存在任何法律调整的可能，那么这个"绝对意义上"的行为自由也不是法律意义上的自由。例如，法律没有禁止契约自由，但也没有规定任何对契约自由构成侵害的救济权、保障权，这个没有"公权力"背书的自主意志是不可能真正得以实现的。由此可见，主观权利、权利主体以及权利能力在自由意志的实现上是环环相扣、缺一不可的。尤其是没有客观法对主观权利的承认，没有公法上对国家的权利保护义务的创设，"法无明文禁止即可为"的个人权利是无法真正落实的。私法上许可个人从事自由的范围，即"可为"的行为，直接涉及的是个人与他人之间的关系，与"可为"的规定冲突的行为则必然是涉法的，能够引起法律后果。公法上授权的范围，即"能为"的行为，则直接涉及创设权利的整体即政治共同体与其成员之间的关系，主要是国家与个人之间的关系。

"能为"构成了个人的主观公权利内容,是对天然自由的承认和拓展。主观私法权利自身则如上文所指出的,必然包含一个"可为",也同时必然包含一个"能为","能为"是"可为"的前提。"能为"的总和就是人格,由于这种行使自我意志的资格在现代国家中都是通过法律予以承认的,因此,人格被认为是法律赋予的,而非源于自然。权利能力主要指向的是国家是否承认追求这一利益的意志,这是人格的基本表达,公法规范的发展会直接决定人格人"能为"的行动范围。私法权利不创设主体资格,总是指向与其他平等地位的人格人之间的关系,新的私法权利的产生或消灭不会增益或减损主体人格。人格独立于人格人所拥有的"可为"的行为数量,但是取决于其"能为"的行为范围。因此,从对人格的界定层面来看,公法具有"定性"的特征,而私法具有"定量"的特征,私法的空间在很大程度上取决于公法的给定。

国家通过向个人赋予能力,将个人提升为人格人和权利主体,使个人的自由意志能够自主地行使,能够有效地诉求法律保护,私法权利以人格人特定的公法属性为前提——作为私法行为的基础意味着主体拥有一种资格,能够在法律上有效地为自己的利益在特定方面向国家诉求法律保护,而国家则负有义务,为相关主体的个人利益做出特定行为或不作为。[①] 在这个意义上,公法围绕"人格"界定所设定的权利被称为"为确保权利得以落实的权利"(the right to have right)。人与国家的关系使得个人获得了一些涉法身份,主观公法权利正是从这些身份中产生的请求权。个人的人格不是一个常量,而是一个变量,它能够被法

[①] 参见格奥尔格·耶里内克:《主观公法权利体系》,曾韬、赵天书译,商务印书馆2022年版,第85—86页。

律或其他改变法律的国家行为扩展或缩减。按照现代宪法的表述,法律平等原则保障的既不是所有政治共同体内部成员享有同等数量的权利,也不是同等的权利能力,而只是保障在同等的主客观条件下,不得赋予某人比他人更优越的人格。[①] 平等不意味着平均,不是指所有人的权利相等,承认权利能力平等不是说所有人的权利一致,而是指法制营造了一个客观的秩序和环境,使得所有人在其中被平等地对待,有一个平等的权利实现条件。

国家承认人格的方式主要表现为积极和消极两种。消极意义上的承认与私法上的"法无明文禁止即可为"原则保持一致,基于"干涉是例外,不干涉是原则"的基本逻辑,通过明确国家权力可以干涉的领域,承认一个无关国家的、基本排除了国家统治的个人领域。由此可见,"法无明文禁止"不是一个绝对概念,法律不禁止的自由领域得以确定的前提是,法律已经通过明确的规范设定了一个国家权力可以禁止的领域。积极意义上的承认则是规定了应由国家积极实施的、服务于个人利益的行为范围,包括要求国家授予个人针对国家的,要求其给予、作为和承担责任的请求权,同时也包括要求国家最终赋予一定范围内的个人为国家利益而服务、开展活动的能力,这是一个积极公民形象所应该涵盖的范畴。因此,从公法上来看,国家承认人格的方式主要包括了四种对个人地位的确认(见表2):

[①] 参见格奥尔格·耶里内克:《主观公法权利体系》,曾韬、赵天书译,商务印书馆2022年版,第87页。

表 2 四种公民人格地位

公民人格地位	消极地位	被动地位	积极地位	主动地位
公民可以对国家提出的要求	排除国家干预,比如禁止国家对人身权和财产权的不当干预	向国家履行特定义务,比如公民的纳税义务和遵纪守法义务	请求国家履行特定义务和责任,比如要求国家履行福利照顾的责任	主动为国家承担特定责任,实施特定行为,比如作为国家公职人员代表国家行使职权的责任

除了个体的"可为"空间建立在国家承认基础上,如何理解个人意志与国家意志的关系成为公法上的一个关键问题。如上文对共同体、社会和国家这三类集体性人类联合的分析所指出的,国家建立在空间上有界线的一部分土地表层上,在这个有限的领土上生存的人们追求着共同的、持续的、统一的目的,即将彼此视为平等自由的主体,共同生活,这一目的将人们联结在一起。区别于其他的联合形式,这一目的只有通过持续的制度探索和建设才能实现,这是作为政治共同体最为显著的特征。① 从对主权概念的分析中可以看出,"人民主权"的理念使得国家基于其成员所具有的整体政治意识及其统一行动能力而拥有自己的意志机关,而以宪法为表征的法律制度体系可以归之为国家意志的表达,这些制度规范创造了国家的内部秩序以及其参与的国际社会的秩序。因此,创设自身秩序的国家也是权利主体,拥有自身的主权意志。任何一个公民或者是特定群体的公民意志不能被视为国家意志,甚至全体公民意志也不必然被视为国家意志,只有当全体公民的意志是指向政治共同体维系和归属,即作为一个政治民族的意志时,才能被

---

① 参见格奥尔格·耶里内克:《主观公法权利体系》,曾韬、赵天书译,商务印书馆2022年版,第32页。

视为国家意志。这就是不能简单地将作为国家意志表征的公共利益等同于共同体内部特定个体或者是特定群体的利益,也不能将其简单地等同于所有人利益的叠加,这也是卢梭所主张的"众意"不等于"公意"的原因。尽管公共利益总是与个人利益交融在一起,但公共利益不是当下个人利益的简单叠加,公共利益的核心在于如何确保这个介于过去与未来之间的享有不朽生命力的政治共同体维系下去。因此,公共利益不仅超越了当代人的利益,还涵盖了尚未出生的后辈人的利益,且延伸至遥远的未来。

国家意志一旦获得承认,就能够出于共同的安宁和共同的防御目的使用个人的力量和财产,公共利益因此具有了相对于个人利益的优先性。如上文所分析,公共利益是一个需要结合政治共同体首要原则及其运行的客观现实来确定的"客观法"概念,而非国家的"主观"意志,在这个意义上,代表公共利益的国家权力并非高于法律的存在,国家权力因此成为受到法律限制的权力。[①] 如果人们将国家权力视为法律之外或法律之上的存在,那么个人不会享有公法权利,因为这个权利完全不存在对应的义务对象。只有通过国家对其法律义务的承认,公民的主观公法权利才真正被承认——只有存在国家义务,才存在个人的法律请求权。同时,如果认为国家权力不受法律限制,那么也不会享有私法权利,因为如前所述,私法权利只能以公法权利为基础,所有脱离了这一基础的私法权利都会失去其实在法属性,而公法权利的存在就以国家义务存在为基础。尤其重要的是,只有在国家认为自己受到限制时,国家才是权利主体。宪法中存在大量对公民义务的设定,比如

[①] 参见格奥尔格·耶里内克:《主观公法权利体系》,曾韬、赵天书译,商务印书馆2022年版,第39页。

公民劳动的义务和受教育的义务,这些义务的主张主体显然是国家。因此,国家具有权利主体的一面,而不承担义务的行为主体是权力主体而非权利主体,权利的概念本身就已经包含了限制。国家在面对公民时要主张自己作为权利主体存在,就必须承认自己是义务主体,只有统治者和被统治者这两大成员同时承认自身是权利义务承担者时,事实上的统治关系才会变为法律关系,公法才有存在的必要。①

二、"北雁云依案":从裁判理由谈起

公民的人格实现与法律有着紧密的联系,无论是宪法还是《民法典》都对一般人格权予以确认。私法上的人格权保护由于司法裁判较多,讨论相对成熟。但是,公法上的人格权保护讨论非常有限。2009年的"北雁云依案"是从姓名权引入的在公法人格权保护领域比较有代表性的案例。1986年颁布的《民法通则》第九十九条和现行的《民法典》第一千零一十二条规定,公民享有姓名权,有权决定、使用和变更自己的姓名。2014年11月1日,第十二届全国人民代表大会常务委员会第十一次会议通过的立法解释指出,公民有下列情形之一的,可以在父姓和母姓之外选取姓氏:(一)选取其他直系长辈血亲的姓氏;(二)因由法定抚养人以外的人抚养而选取抚养人姓氏;(三)有不违反公序良俗的其他正当理由。少数民族公民的姓氏可以从本民族的文化传统和风俗习惯。鉴于以上规定,在"北雁云依案"中,审理法院认为,是否允许在父母姓氏之外选取其他姓氏涉及消极和积极两个角度的论证,消极

---

① 参见格奥尔格·耶里内克:《主观公法权利体系》,曾韬、赵天书译,商务印书馆2022年版,第16页。

角度要求"不违反公序良俗",积极角度要求"存在其他正当理由"。基于此,法院给出了其驳回原告诉讼请求的理由。①

(一) 本案语境中的公序良俗

"公序良俗"概念进入现代立法最主要的动机是考虑到这一原则性规范的存在,能够对法律的滞后性构成一种有效的补充。立法与现实的社会变迁以及由此所引发的规范需求之间总是不可避免地存在"缺口",除了不断地完善立法以接近这个缺口的结合处,同时也可以引入相关的原则性规范,借助于这些规范具有的开放性所呈现出来的适应现实变迁的强大生命力来回应现实的需求。正如判决书中所指出的,"所谓公序良俗,即指社会公共秩序和社会善良风俗"。这一原则的引入,通过要求公民在从事民事活动的过程中遵守公共秩序和善良风俗,从而有效地构建起沟通私人自主和公共体生活之间的桥梁,确保在保护个体自由的同时,有效维护公共秩序和公共利益。在本案中,"公共秩序"具体关联到户籍监管问题,基于蔡小雪法官对此已经有过明确的反驳和说明,即目前户籍管理更多依赖数字和生物信息展开,而非姓氏,因此,第三姓并不会引发监管混乱和增加监管成本。② 针对"善良风俗"部分的讨论,目前的讨论从不同的角度进行了回应,如"历代姓氏不是一成不变的,而是不断衍生和创新的"等。

追溯姓名的起源,传统上姓和名的渊源各异。"姓"更多地与家族血缘、采邑官职等身份符号关联在一起;"名"虽然也会与家族辈分相关联,但是更多地体现长辈对晚辈美好生活的期望。所以在这个意义上,

---

① 参见山东省济南市历下区人民法院行政判决书,(2010)历行初字第4号。
② 参见蔡小雪:《因公民起名引起立法解释之判案解析》,《中国法律评论》2015年第4期。

传统的主体身份是与"姓"紧密地关联在一起的,"姓"会直接影响主体的权利和义务,"姓"属于具有客观性的身份进而影响到有关身份权的界定和实现,"名"则更接近今天以"自由意志"为基础的人格和人格权。传统戏剧和文学作品中所表述的"行不更名,坐不改姓"就是将"连坐"这种身份刑与"姓"关联在一起,从而彰显了"姓"与身份的紧密关系。① 农业文明之下,以血缘为基础构建的家族不仅构成了个体最主要的生活世界和力量源泉,更重要的是,"家"在中国传统文化中是具有本体论地位的,以"亲亲"为基础衍生出了修身、齐家、治国、平天下的伦理纲常,构建了中国人生存的意义世界。② 因此,无论是从保存家族关联和支持,确保个体意义世界和现实发展的角度,还是从维系国家伦理和秩序的角度,"姓"在传统身份社会中的重要性都是不言而喻的。这基本与判决书中所陈述的"姓氏主要来源于客观上的承袭,系先祖所传,名字则源于主观创造,为父母所授"的判断相一致。但是,从上文的溯源中可以看到,"姓"在传统社会中所具有的价值和意义主要是与身份社会联系在一起的,其重要性是建立在以定居为基础、流动性不强的农业社会的社会关系和交往规则基础上的。当现代社会实现了从身份到契约的转变,在主体资质上,以原子化个体为基础的个体人格取代了以家庭为基础的集体人格在社会体系中的主导地位。个体的发展、个体的权利和义务不再主要由其以血缘为基础的身份来确定,这就在客观上淡化了血缘,进而淡化了表征血缘的"姓"作为法律保护利益的比重,即使是基于家庭而产生的身份权利和义务也不再以"姓"这个文化符号作为主要的判断依据,而是强调以科学上的血缘关联为连接点。当

---

① 参见元代无名氏《盆儿鬼》第一折以及施耐庵《水浒传》第二十七回。
② 参见孙向晨:《论家:个体与亲亲》,华东师范大学出版社2019年版,第3页。

"姓"作为确定主体资格,进而决定权利义务的价值被逐渐淡化乃至否定之后,"姓"本身其实就和"名"一样,成为服务于社会交往、体现个体差异的符号,即其身份和身份权的特征让位于人格和人格权的特征,这其实也符合现代立法统称"姓名权"为"人格权"的法律逻辑。当"姓"在确定主体资格上的功能逐渐被淡化后,即外部性减弱后,这其实也就削弱了在法律上为公民设定与"姓"相关的强制性义务的必要性。法律设定强制性义务的领域,原则上都具有明确的外部性,是那些能够直接和明确地影响公共秩序和公共利益的领域。显然,在告别了身份社会的现代语境下,"姓"并不属于这个领域。在现代社会,"姓"和"名"不再像在传统社会那样需要做明确的区分,二者都属于彰显个体差异性、与自由意志紧密相关的人格权领域。

虽然说"姓"在脱离了传统身份社会之后,由于不再直接决定个体的主体资格,从而影响个体权利和义务的判定,在一定程度上丧失了从秩序塑造角度的功利主义视野的"重要性",但是"姓"所体现和承载的对血缘的传承、对先祖的敬重、对家庭的热爱的文化重要性并不存在传统与现代的分野。对于家族姓氏的倡导和坚持,确实会有助于增强家族观念,在此基础上强化同根同源的私人和公共认同情感,这应该也是判决书中所努力维护的"善良风俗"。尽管我们认可"姓"所具有的这一文化意义,但是并不能因此就认同"必须随家族姓氏"的强制性法律义务的设定。首先,选择第三姓与不认可家庭,不认同血缘、先祖乃至国家之间不存在充分必要关系,因此无法得出选择第三姓就违背公序良俗的结论。其次,与上文的逻辑相一致,这也不属于会对国家的、集体的和他人的利益构成直接影响的领域,因此,法律调整不可以采取强制义务的方式。尤其重要的是,文化传统属于马克斯·韦伯对于权威分类的"传统型",即人们对于传统的服从源自长期的历史生活过程中对"好古"的生活方式和惯例的正当性与神圣性的自觉认可,是区别于法理型权威的。建立在对家族姓氏认同基础上对血缘、家族和先祖的认同作为传统型认同,是无法直接借助于法理型权威以法律强制义务的方式来培育的,传统型权威必须在日常生活的习惯、情感连接和感受中去培育。鉴于此,从法理上强制设定"必须随家族姓氏"的法律义务不仅不具有合法性,也无法达到规范设定的目标。

(二) 本案的"正当理由"

从上文的分析中可以得出,与本案争议的核心"姓氏"相关联的"公序"中的管理成本问题并不是真实的问题。有关"良俗"的讨论包括两个方面:一方面涉及对个体主体资格、个体权利义务构成直接影响的作为身份的"姓"传统,这显然在现代社会已经失去了解释力和说服力;另一方面涉及通过对"家族姓氏"的承认所实现的对血缘的传承、对先祖的敬重、对家庭的热爱这样一种文化伦理,但是,选择第三姓不必然就意味着否定这一文化伦理,同时这种传统的认可是无法借助于法理的方式,尤其是强制性法律义务设定的方式来培育的。因此,本案语境中的"公序良俗"无法为设定必须随父姓或者随母姓的法律强制性义务提供正当性支持。

依据第十二届全国人民代表大会常务委员会第十一次会议通过的立法解释,除了"不违背公序良俗",还需要"具备正当理由"。判决书中认为"仅凭个人喜好愿望,取四首著名中国古典诗词,寓意父母对于女儿的美好祝愿"不属于"正当理由",而是具有明显的随意性。针对如何判定取名过程中的"正当理由",判决书指出"除了不违背社会公德、不损害社会公共利益之外,还应当具有合目的性",即正当理由应该具有合目的性。"合目的性"从概念溯源上讲,是康德美学的核心概念,作为一个法律判决中使用的概念,从法教义学的视角出发,所谓的"合目的性"应该从行使权利的角度去定义,即是否具有正当理由,应该从行使姓名权所希望达到的目的的角度进行考虑,换言之,只有澄清法律确认姓名权所试图保护的利益和价值是什么,才能在此基础上结合当事人提供的具体理由判断是否有助于实现姓名权所试图保护的利益和价值。这就回到了前文所指出的,所有的讨论都应该首先建立在对姓名权及其背后的人格权所试图保护的法益的讨论基础上。鉴于此,有必要对人格的起源及人格权的内涵进行前提性的探究。

三、人格的起源与人格权

(一) 人格的起源

法律上的人格概念起源于罗马法。在罗马法中,人格(caput)表征的是人的身份,只有同时具备自由人、市民、自权人三种身份的人才具有完整的市民法人格,如果某人丧失其中一种或数种身份,将发生人格减等。① 立法者以人格为工具,"标记出法律舞台上的存在,标记出各种不同的角色与功能,并依据身份将此种角色和功能分配给现实中的人,同时,通过此种角色与功能将现实中的人与活着的物相区分"②。这里的"人格"关注的是一种主体资格——人在具备何种条件时可以登上法律的舞台,成为一个演员(法律上的人)。不同的人格决定了个体在社

---

① 参见杨代雄:《主体意义上的人格与客体意义上的人格》,《环球法律评论》2008年第4期。
② 罗尔夫·克尼佩尔:《法律与历史——论〈德国民法典〉的形成与变迁》,朱岩译,法律出版社2003年版,第59页。

会中所享有的主体资格——行动和责任范围的差异,法律在此基础上确认其约束和保护范围。罗马法中的"人格"概念所蕴含的"法律所确定的主体资格"内涵在不断地再概念的过程中被保留了下来,在后续的法律发展中,"人格"作为一个法律概念代表了法律调整主体的资格,即法律上肯认的"人"的形象及其构成要素。"人格"代表了法律上主体性要素的总称,[1]是法律给予那些具备一定条件的适格者承受法律上权利与义务的依据。作为"元概念"的法律人格是作为法律上权利行使、义务承担主体所应该具备的资格条件,是享有人格利益、构造人格权关系的逻辑前提。

　　罗马法上的"人格"概念与"身份"紧密相关,即获取人格的条件是基于血缘、家族或特定的权力架构所形成的身份,伴随着梅因(Henry Maine)所描述的"从身份到契约"的进步启蒙运动的发展,"人格"从一个等级身份概念向建立在平等基础上的现代伦理概念转变。[2] 现代的"人格"概念区别于罗马法时期的人格概念,将"自由意志"和基于此产生的"平等"两个要素纳入了其概念内涵中。"人格"的这两个要素的发展引领了现代人格尊严立法的第一次飞跃,以法国和德国《民法典》为代表,现代法律打破了人格差序格局,张扬人格平等,从主体资格的角度承认并确立了法律意义上的"人人平等",以人格作为确认现代法律主体资格的要件。但是,伴随着市场的发展,除了自然人,还有大量的组织团体活跃于市场交往中,"人格"概念中对意志自由这一自然人所独有的特征的强调,促使现代民法从以人格为核心转向以权利能力为核心构建主体制度。用"权利能力"概念取代"人格"概念构建法律

---

　　① 参见张俊浩主编:《民法学原理》,中国政法大学出版社2000年版,第10页。
　　② 参见马俊驹:《从身份人格到伦理人格——论个人法律人格基础的历史演变》,《湖南社会科学》2005年第6期。

主体制度,将不具有与自然人同等的意志自由的团体与组织纳入法律所肯认的主体范围中,从而扩大了法律所肯认和作为调整对象的"人"的范围。自此,"权利能力"被视为法律上"人"的本质属性,成为判断是否具备法律上主体资格的充分必要条件。结合上文对主观权利客观法的分析,"人格"代表了法律对人的自由意志的肯认,从而赋予其基于自由意志的行为以法律效力。尽管现代民法基本上都用"权利能力"替代了"人格"概念以构建主体制度,但是事实上依旧沿袭了"人格"的罗马法内涵,即将生物意义上的人与法律意义的人相互分离的立法观念。

(二) 从人格到人格权

尽管在法律主体资格规范体系中,"人格"概念被"权利能力"概念所替代,但是,与人格紧密相关的人格权作为现代法律权利体系的构成部分得以确立。我国 1987 年施行的《民法通则》基本上延续了这样的立法风格:一方面,以"权利能力"作为构建主体资格、主体制度的核心概念,承认自然人和法人的权利能力是其享有民事权利、承担民事义务的前提条件,自出生(成立)到死亡(终止)为法律上的主体平等享有;另一方面,"人格"概念则出现在"人身权"部分,将其作为一种"人生之为人"所应该获得客观承认与保护的存在和利益,构成了需要法律保护的权利对象。《民法通则》第一百零一条确认了"公民的人格尊严受法律保护"。与法国和德国《民法典》不同,我国 2020 年通过的《民法典》单列"人格权"编,通过构建人格权制度确保人的伦理存在和价值得到法律的保护,促进人格尊严的实现和发展,从而将作为主体资格的"人格"和作为权利的"人格权"做了区分。海因里希·胡伯曼(Heinrich Hubmann)于 1950 年出版的《人格权》一书中指出:"一般人格权和权利能力的概念或者法律人格的概念绝不是同义的。权利能力的意思是承认自然人作为法律上的人,具有在其生于自然而形成的社会关系中的独立与自治的精神……(一般人格权则意味着)人格在社会实践中以持续不断的自我发展,实现着一种人在寻求保持自己、发展自己并实现自己独特的自身意义,以符合人的本性方面的价值。对这一种价值信念以及人已经获得的价值,必须在人的共同生活中得到重视,并且应该予以保护,以防止他人的骚扰和损害。"[1]在这个意义上,人格是对一种具有普遍性的法律资格的承认,人格权则强调个体自主独特的发展要求。

作为现代私法立法先驱的法国和德国《民法典》之所以未对人格权做单独的规定,原因在于:首先,当时对于自由的理解主要是经济自由,在此基础上所形成的对人格的理解,主要是与财产处置的权利相关联的形象,这就使得脱离财产及财产关系的"人"的形象以及在此基础上形成的人格利益并未获得充分的认识和重视。在"对财产的尊重就是代表了对人格的尊重"思想的影响下,"财产法"占据了《民法典》的主要部分,"人法"没有获得充分的发展空间。[2] 在以经济自由为主导的时代中,实践层面的人格实现,从积极意义上看,更多地依赖契约自由的保障,从消极意义上看,更多地依靠国家对于侵权的救济。因此,对于《民法典》编撰而言,一个自由的"人"的形象只需要法律三个层面制度的支持就可以实现,即确认其地位平等的主体制度、尊重契约自由的保护制度,以及基于过错的侵权责任制度。[3] 所以,尽管《民法典》中没有涉及人格权的主要内容,但是对人格权的保护更多地依赖侵权规范

---

[1] 汉斯·哈腾鲍尔:《民法上的人》,孙宪忠译,《环球法律评论》2001年第4期。
[2] 参见奥托·基尔克:《私法的社会任务:基尔克法学文选》,刘志阳、张小丹译,中国法制出版社2017年版,第46—47页。
[3] 参见张翔:《民法人格权规范的宪法意涵》,《法制与社会发展》2020年第4期。

的发展获得了推进。① 其次,不同于财产权作为对"物"的权利,其权属范围较为确定,人格权以"人格"为权利对象,其中的法律利益会伴随着对"人"的理解的改变而不断地修正和拓展,因此对于人格权的理解需要保持开放性,这就使得给出明确的人格权定义和范畴变得非常困难。② 因此,从法律的确定性角度出发,法国和德国《民法典》,尤其是德国《民法典》,特别注意避免在其中涉及内涵不确定的人格权。

统观目前各国的人格权立法实践,一方面会基于已有实践,一般性地列举较为典型的人格权,包括生命健康权、姓名权、肖像权、荣誉权与名誉权等;另一方面对于人格权的确认和保护最主要的还是倚赖侵权规范的发展,构建系统的自然人人格权权利体系。以我国为例,最高人民法院 2001 年 2 月 26 日发布的《关于确定民事侵权精神损害赔偿责任若干问题的解释》第一条第一款第一项规定了生命权、健康权和身体权,第二项规定了姓名权、肖像权、名誉权和荣誉权,第三项规定了人格尊严权、人身自由权。该条第二款又规定,"违反社会公共利益、社会公德侵害他人隐私或者其他人格利益,受害人以侵权为由向人民法院起诉请求赔偿精神损害的,人民法院应当依法予以受理"。这不仅直接承认了作为人格权的隐私权,而且规定了兜底性的"其他人格利益",从而为人格权的开放性发展和保护奠定了规范基础。2020 年《民法典》"人格权"编的体系基本与该解释的体系保持了一致,在肯定一般人格权与具体人格权的基

---

① 正如德国民法学者所述:"在过去 50 年大量的判例中,已经构建了保护人格权不同方面的案例类型:名誉侵害、侵入私人领域、转发私人数据或信息、聚焦非公开言论、引言的曲解、在公开场合伪造生活照、未经授权的商业化使用姓名及照片。"周云涛:《论宪法人格权与民法人格权——以德国法为中心的考察》,中国人民大学出版社 2011 年版,第 111—112 页。

② 参见王泽鉴:《人格权法:法释义学、比较法、案例研究》,北京大学出版社 2013 年版,第 43 页。

础上,围绕侵权救济进一步地完善和发展了人格权相关内容。

四、公私法视野下的人格权

(一) 人格权发展路径:公法优先还是私法优先

基于以经济自由为核心展开的"人格"及"人格权"理解的民事立法主要涉及三个维度:主体资格制度、一般和列举式的人格权制度、建立在侵权责任基础上的人格权救济保护体系。建立在侵权责任基础上的人格权救济保护体系构成了我国民法人格权的核心内容,这与世界民法发展趋势基本一致。民法上的人格权立法渊源在宪法。一般而言,宪法作为根本法,在法律位阶上,其应该构成一切公私部门法立法的渊源,在立法内容上,其对基本权利的规定和理解将从根本上塑造和影响一般部门法的规范内容。人格权的立法和保护也不例外。

德国《基本法》中对于人格权的确认成为其公私部门法人格权保护得以发展的渊源和动力,有学者指出,"德国民法之所以回避对人格权作出赋权性规范而仅作出保护性规范,原因便在于人格权是一种应当由基本法(宪法)直接规定的权利,民法可以'分解'这种权利并加以具体保护,但民法不'创设'这种权利的上帝"[1]。在1957年的"艾尔弗斯案"[2]中,德国联邦宪法法院对"人格的自由发展"做了非常宽泛的理解,将其解释为"一般行为自由"(allgemeine Handlungsfreiheit)和"兜底性基本权利"(Auffangsgrundrecht),从而大大扩展了人格权保护的规范

---

[1] 尹田:《论人格权的本质——兼评我国民法草案关于人格权的规定》,《法学研究》2003年第4期,第8页。

[2] BverfGE6, 32, 1957.

领域,为公私法的人格权保护提供了充分的规范和法理支持。① 我国《宪法》中人格权立法的时代烙印较深,且目前《宪法》实施的基本体制还在探索当中,这就使得《宪法》中的人格权统领、拓展和型塑部门法的功能发挥受到了一定的限制。在《宪法》中的人格权尚无法通过其作为立法渊源的"客观法"效力影响部门法立法时,这就客观上促使私法上人格权保护问题需要通过诉诸在《民法典》中"尽善尽美"地还原人格权的体系和制度来解决。② 甚至有学者提出,希望通过民法上人格权立法和司法实践的发展反向促进宪法及公法上人格权内涵的拓展和保护的完善。③ 但是,实践的差异带给我们的真实问题是:公私法上的人格权所呈现出来的法理是否完全一致,从而使得二者在实践层面上具有可直接通约之处?

(二) 公法上的人格权与私法上的人格权

1. 人格权作为消极自由与积极自由

古典自由主义所强调的经济自由主要体现为消极自由,因此,在以经济自由为主导构建的私法权利体系中,对于权利的理解更多的是从密尔的极简原则出发,即权利的正当性基础在于其行为是否对他人造成了不当的损害,只要其行为没有对他人或者社会、国家的利益造成不当损害,其权利就会获得肯认。遵循这一理解消极自由的逻辑,国家在面对权利时,对于自身所要承担的义务和责任的定位也是相对消极的,国家是尊重还是限制权利的行使,取决于权利是否产生外部影响。如

---

① 参见周云涛:《论德国宪法人格权——以一般行为自由为参照》,《法学家》2010年第6期,第31页。
② 参见黎桦:《从宪法人格权到公法人格权》,《社会科学》2018年第1期。
③ 参见易继民:《人格权立法之历史评析》,《法学研究》2013年第1期。

果不产生外部影响,国家就消极地尊重权利的行使。"北雁云依案"直接从姓名权的行使是否对公序良俗构成影响的视角展开讨论,事实上遵循的就是这一逻辑。

以契约自由为代表的消极自由是现代法治得以建立的基础,当国家的角色和义务主要围绕市场的需要进行理解时,运用极简原则对个体人格权进行保护,基本上是可行的。但是,伴随着对"自由"理解的进一步深化,以及在此基础上公法对自身参与塑造的国家形象理解的更为深入和多元,仅从私法注重消极自由保护的视角理解公法上的人格权,会弱化该权利所具有的客观法的价值内涵及积极意义:首先,如果不明晰权利所试图保护的积极法律利益的内涵,就无法真正有效地对公法所主张的公共利益与特定权利背后试图保护的法益进行界定,进而在司法实践中适用比例原则对国家权力的合法性和合理性进行判断。其次,对于权利的公法保护而言,国家除了确保合法的权利行使不受不当干涉的消极义务,还需要回应权利的客观法效应,积极地为权利的实现创设条件,即私法中的国家义务更多体现为对个体的"尊重",而公法上的国家义务不仅体现为消极的"尊重",更需要积极的"成就"。这些积极的国家义务框架就不是从私法关注的消极自由视角出发构建的权利规范体系所能够囊括的。最后,私法关注的是"好社会"的塑造,而公法同时关注"好政府"的塑造,尽管这二者之间是相辅相成的,但是,这会使得公法和私法在面对社会自发形成的秩序规则时,呈现不同的态度。私法层面会最大限度地尊重社会本身的自主秩序,公法在运行的过程中,尽管也承担了敦促政府对社会进行价值引导的职能,但如果非必要,政府应该尽量在生活定义和价值选择中展现其中立的价值立场。比如"北雁云依案"中,案件讨论的核心集中于"在父姓和母姓之外选取姓氏是否违背公序良俗"这一问题。私法上希望倚赖主体的自治构建良好的社会秩序,因此民事主体之间的法律行为直接受到自发形成的"公序良俗"的约束,其正当性毋庸置疑,私法的核心功能在一定意义上就体现为对既有的商业及民众日常交往习惯的确认和维护。但是,国家需要避免对社会价值的简单复制和肯认,应该在多元的价值和生活方式中保持中立,必要时对既有社会规范进行反思和引领,而不是简单的确认、认同,这是公法需要考虑的问题。

2. 人格权保护中的行动维度与精神维度

公法上的人格权保护一定也会关注外部行动自由,德国宪法法院在"艾尔弗斯案"中非常清楚地指出了人格权发展所倚赖的行动维度,私法上侵权保护制度关注的是在具体经济交往和社会交往中与"特定目标指向"(task-specific)相关联的人格发展,这里的人格权保护与具体行动能力相关,一旦个体在经济和相关社会交往中的具体行动能力受到阻却,就有可能获得侵权规范的保护。也正是因为与"特定目标指向"相关,在私法的保护中,注重承认人格要素中存在商品化的部分,从而在人格权保护中设定财产化保护的范畴,比如私法中会涉及肖像权的商品价值维度。换言之,孕育和生长于商品交往过程的私法中的人的形象除了具有精神上的利益诉求,更多的是在社会交往中,与物质诉求相关联的具体行动主体。但是,现代人格概念从身份向伦理概念转变后,强调的不仅仅是行动层面、物质利益层面的权益,而且是基于精神特征而产生的主体资格。人格权所主张的"自由发展人格"强调的是保护人作为"精神—道德"主体的发展,即尊重个体自主的生命理解和选择,实现人作为精神、道德主体的本质。因此,在公法层面,由于公法关系中很少单纯涉及经济和财产交往(否则就会进入民法调整范畴),公法保护的人格权应该更多地聚焦于精神层面,即使是作为具体人格权保护对象的姓名、肖像在公法层面获得的保护也与财产性权益的联系有限,而是与个体作为精神、道德主体的本质相关。公法上理解与保护一般人格权和具体人格权时,应该将其与生命价值的关联性联系起来,考虑其相对于权利主体的精神价值,而非简单地将其视为一般的物质性权利。国家在这里不仅有保护、尊重个体自主选择和自由发展的责任,同时还需要积极地促进这种发展自由,促进人作为道德主体的生成,即促进完整呈现生命价值的行为能力。这种行为能力区别于具体的行动能力,是一种与自主选择和责任承担相关的精神能力。德国联邦宪法法院的判决非常清楚地指出了这种差异:"人格权的财产价值部分以及对该部分死后的保护不属于人的尊严保障和基本权位阶的人格保护范围,因为宪法人格权和民法人格权并不同一。"①

五、 公法上人格权的理论渊源:
康德理论中的人格与尊严

尽管我国《民法典》确立了独立的人格权保护体系,但是,基于公法上人格权与私法上人格权的非完全可通约性,不可能倚赖民法规范形成对公法上人格权内涵和保护法益的全面理解,依旧需要对公法上人格概念进行单独的探析。我国《民法典》中的"人格权"编存在大量围绕人格权的公法性规范,②要理解这些规范,也需要对公法上的人格权

---

① BVerfG NJW 2006,3409,转引自周云涛:《论宪法人格权与民法人格权——以德国法为中心的考察》,中国人民大学出版社 2010 年版,第 158 页。
② 例如,《民法典》第九百九十二条规定:"人格权不得放弃、转让或者继承。"第九百九十三条规定:"民事主体可以将自己的姓名、名称、肖像等许可他人使用,但是依照法律规定或者根据其性质不得许可的除外。"第一千零九条规定:"从事与人体基因、人体胚胎等有关的医学和科研活动的,应当遵守法律、行政法规和国家有关规定,不得危害人体健康,不得违背伦理道德,不得损害公共利益。"

概念有所把握。一般认为,人格权作为一项公法权利最早获得确认是在1949年的德国《基本法》中,尽管在此之前颁布的《世界人权宣言》已经宣誓了人格权的存在,①但是由于其无法对一国的立法、行政和司法构成直接的约束,因此德国《基本法》上的人格权成为一般概念研究的起点,而康德思想则构成德国《基本法》上尊严理论及在此基础上形成的人格权概念的主要理论渊源。要理解人格权,需要对支撑这一权利的哲学理念进行梳理。② 尤其重要的是,按照法教义学的理论,司法审查首先要确定所涉权利试图主张和保护的法益,在此基础上运用比例原则对公共利益和权利背后的法益进行权衡,从而对公权力行使的合法性进行判断。理解人格权概念,理解权利获得承认的伦理基础,是理解人格权法益的关键所在。

(一) 康德理论中的人格概念

康德在《纯粹理性批判》中通过批判对上帝存在的本体论论证揭示了人类的道德需要本质。康德指出,由于我们面临的经验世界中的一切都是合目的的,整个世界都是以上帝为目的的一种合目的的体系,具有合目的的秩序,所以我们趋向于把人的道德素质看作宇宙链条目的中最高的目的,这就迫使我们创造出一个全知、全能、全善的趋向于人的道德的上帝。"关于作为最高的善的上帝,我们从哪里得到他的概念呢? 惟有从理性先天地关于道德的完善性所制订的,且与一个自由的意志不可分割地联结在一起的那个理念中。"③基于道德神学的理解,康

---

① 《世界人权宣言》第六条规定:"人人在任何地方有权被承认在法律前的人格。"
② 参见 Guy E. Carmi, "Dignity versus Liberty: The Two Western Cultures of Free Speech", *Boston University International Law Journal*, Vol. 26, 2008。
③ 康德:《道德形而上学的奠基》,李秋零译,载《康德著作全集》第4卷,中国人民大学出版社2010年版,第415页。

德认为,人类始终以一种合乎目的性的眼光来看待世界,这就使得人作为和谐自然秩序的一个部分衍生出对自己生命完整性、和谐性或者说合目的性的天然诉求,这是其尊严和人格理论得以建构的根基。①

康德认为,从合目的性的角度思考"什么样的人生是值得过的",进而在此基础上形成的有关"人的形象"的理想想象,主要涉及三个维度:与感性相联系的经验世界中的幸福、与理性相联系的超验世界中的道德以及作为二者结合产物的宗教。首先,康德认为,获得幸福必然是每个有理性但理性有限的存在者的要求,人就其属于感官世界而言是一个有需求的存在者,在这个范围内,其理性当然有一个不可拒绝的感性方面的任务,要照顾到自己的利益,并给自己制定关于此生的幸福,并尽可能也是关于来生的幸福的实践准则。② 使幸福成为规定任意的最高根据的那个原则,就是自爱的原则。③ 但是,除此之外,人还是理性的存在,理性不只是用作满足自己作为感性存在物的需要的工具,而且要为自身立法,产生并服从让人作为目的而不是手段存在的普遍法则。区别于感性的存在,康德指出:"能远离感性的冲动而唯由理性所表现之动机决定者,名为自由意志。故理性提供成为无上命令之法则,即意志之客观的法则。"④属于感性世界的人追求幸福,他服从自然法则(他律);属于理性世界的人服从不依赖于自然的、并非经验性的、仅仅基于理性的法则——道德。

康德认为,幸福原则与德性原则并不对立,服从道德是义务,照顾

---

① 参见康德:《纯粹理性批判》,蓝公武译,商务印书馆1960年版,第548—578页。
② 参见康德:《实践理性批判》,邓晓芒译,杨祖陶校,人民出版社2003年版,第84页。
③ 参见康德:《实践理性批判》,邓晓芒译,杨祖陶校,人民出版社2003年版,第26页。
④ 康德:《纯粹理性批判》,蓝公武译,商务印书馆1960年版,第554页。

自己的幸福甚至也可以是义务。① 不同的地方在于,与幸福相联系的是作为手段的事物,而与道德相联系的是作为目的的人格。② 在康德看来,人作为属于感性世界和理性世界两个世界的人,由于理性世界使得人本身成为目的,所以"人格"是人的本质所在,人格中的道德律展示了一种人完全不依赖于动物性,甚至不依赖于整个感性世界的生活。而且由于追求普遍法则的义务使命不受此生条件和界限的局限,而是进向无限的,个体因此获得了宗教层面的生命永恒、灵魂不朽的体验。在此基础上,康德的"人格"概念得以产生。康德认为,理性存在者被称为人格,因为它们的本性已经使它们凸显为目的自身,亦即凸显为不可以仅仅当作手段来使用的东西,所以就此而言限制着一切任性(并且成为被敬重的对象)。③ 人格是人作为理性存在者的体现,区别于作为手段而存在的"事物"。康德认为,二者的主要区别在于:第一,存在是否依附其他的条件,基于其他行为、条件产生的结果就是事物,而不是独立的人格,人格是无须依附其他条件就客观存在的;第二,自然意志的产物还是理性意志的产物,在康德看来,如果是基于偏好的产物,那么本质上是自然意志的产物,不是人作为理性意志的产物,人格是理性意志的产物;第三,事物是可以被作为手段的,人格不能作为手段,只能是目的;第四,事物无力约束他人的任性、专断,人格要约束他人的任性,而且要获得敬重,必须作为目的被对待。相较于事物而言,人格体现出与

---

① 一方面是因为幸福(灵巧、健康、财富都属于此列)包含着实现自己义务的手段,另一方面也是因为幸福的缺乏(如贫穷)包含着践踏义务的诱惑。参见康德:《实践理性批判》,邓晓芒译,杨祖陶校,人民出版社2003年版,第127页。
② 参见康德:《道德形而上学的奠基》,李秋零译,载《康德著作全集》第4卷,中国人民大学出版社2010年版,第436—437页。
③ 参见康德:《道德形而上学的奠基》,李秋零译,载《康德著作全集》第4卷,中国人民大学出版社2010年版,第438页。

依附性相对的独立性、与工具性相对的目的性,这种独立性和目的性都是基于理性产生的。

(二) 康德理论中的尊严概念

如上文所指出,康德的人格理论中蕴含他对于理想的"人的形象"的想象,这种想象中,人作为自然秩序的一个部分,必然要将生命进行合目的性的思考,会认识到人类的生命是具有某种内在价值的,从而产生圆满地实现生命的使命感,这种使命感就是尊严的渊源。"如何活着才能配得上神圣的生命"①这一对生命价值的终极追问会"向人揭示出一种内部的、平时甚至都完全不为他自己所知的能力,即内心的自由",从而让他"摆脱爱好的剧烈纠缠",最终影响其选择和行动。② 康德指出:"履行一切义务的人格有种崇高和尊严,并不是就它服从道德法则而言,但却是就它对这法则来说同时是立法者,并只是因此才服从它而言的。就我们自己的意志仅仅在一种因其准则而可能的普遍立法的条件下才去行动而言,这个在理念中对我们来说可能的意志是敬重的真正对象,而人性的尊严正在于这种普遍地立法的能力,尽管是以它同时服从这种立法为条件。"③在"内心自由"的实现过程中,个体感受到与生命秩序、宇宙秩序的匹配,感受到自我作为"立法者"所体现的目的性存在的绝对价值,"尊严"因而得以形成和实现。康德指出:"超越一切价格,从而不容有等价物的东西,则具有一种尊严。……构成某物惟有

---

① 康德指出,一个人保持和尊重了其人性的尊严,他在他自己面前没有理由感到羞愧的原因就在于,当直面内心拷问自我的眼光时,自己并没有配不上这种生活。参见康德:《实践理性批判》,邓晓芒译,杨祖陶校,人民出版社 2003 年版,第 120 页。
② 康德:《实践理性批判》,邓晓芒译,杨祖陶校,人民出版社 2003 年版,第 218 页。
③ 康德:《道德形而上学的奠基》,李秋零译,载《康德著作全集》(第 4 卷),中国人民大学出版社 2010 年版,第 448 页。

第四章 公法中的人格权:个人自主的一般权利转化

在其下才能是目的自身的那个条件东西,这不仅具有一种相对的价值,亦即一种价格,而且具有一种内在的价值,亦即尊严。"①与人格所强调的目的性相呼应,这一对人的主体性确认的理论对于后续的德国人格尊严保护的司法实践产生了根本性的、深厚的影响。在确认是否对人格尊严构成损害时,联邦宪法法院基本接受了由杜里格(Dürig)教授首先提出的"客体公式",即认为如果"具体的个人不被视为目的,而是被视为客体、工具,降级至可替换的维度"②,则德国《基本法》所规定的人性尊严就会受到侵犯。

由于康德同时将尊严与"敬重"这一情感联系在一起,因此,"偶然存在"本身是一个与敬重无关、与人的尊严无关的状态,对这种"内心自由"的尊重和保护,不仅源自实质上对于客观生命秩序、宇宙秩序的实现,对人作为目的性存在的承认,还体现为对其形式上所呈现的整体性和一贯性的认可。主观一贯性则显示出一种稳定并且可以确立的自我承诺,即"视人生为整体"的承诺,无论是主体自身还是他者都应该尊重这种对于整体性的承诺。因此,"人的生命内在价值为何以及如何可能"这一问题不仅要被回答,而且还应该在个体的生命历程中呈现一种完整性、一贯性,这种完整性和一贯性是人格得以呈现、尊严获得尊重的形式要件。在这个意义上,是否具有完整性和一贯性,成为判断一个行为是否可以被纳入人格权保护范围中的重要标准,这一标准后来深刻地影响了美国最高法院对于"良知自觉"的解释。③

通过对康德人格和尊严理论的梳理可以看到,人总是以一种合乎

---

① 康德:《道德形而上学的奠基》,李秋零译,载《康德著作全集》(第4卷),中国人民大学出版社2010年版,第443页。
② BverfGE 9, 89(95).
③ 参见下文对"南宾夕法尼亚州计划生育协会诉凯西案"的介绍。

目的性的眼光来看待自我和世界,进而产生了对自己生命完整性、合目的性的天然诉求,这是尊严和人格理论得以产生和建构的前提。个人尊严的信念建立在这样一种理想的"人的形象"基础上:人的主体性,或者说其作为目的的存在,体现为拥有道德权利以及道德责任,以回答对他们自己生命和价值来说最为根本的问题,他们得凭借他们自己的自由意志,凭借良心和信念来回答"生之为人,应该如何活着"这一根本性问题,同时凭借对这一问题的回答和实现获取自我认同。

六、公法上人格权的具体内涵:理论和实践的双重维度

(一)作为一种精神性权益的内涵及其实现:保护领域的划分

与启蒙相伴的"人格"概念,是以市场交往中的原子化个体的形象构建的,这其实会与我国传统家国文化之下建立在集体化人格基础上的人的形象之间存在一定的张力,从而造成两种文化语境中的人格权理解的差异。"北雁云依案"中,法官认为"任由公民仅凭个人意愿喜好,随意选取姓氏甚至自创姓氏,则会造成对文化传统和伦理观念的冲击,既违背社会善良风俗和一般道德要求,也不利于维护社会秩序和实现社会的良性管控"[1],这一对"公序良俗"内涵的理解,以及在此基础上形成的对作为人格权的姓名权的理解,其实在一定程度上就是建立在对具有集体性人格特征的人的形象的理解基础上,而不是建立在原子化的人格形象基础上。这种文化差异对法律实践的影响,应该在实

---

[1] 参见北雁云依与济南市公安局历下区分局公安户口行政登记一审行政判决书。

践中被清楚地察觉，进而在具体的现实语境中审慎选择法律试图保护和实现的理想人格。

人格尊严的思想源于对生命价值、生命完整性的思考。与生命的内在、普遍和神圣价值相关的议题中，最核心的是如下有关人类处境的谜题："人是什么？人类生命的意义和目的是什么？"对于这个问题的追问区别于如何能够活得更富有、更愉快、更安全等现实境遇的讨论，这是一种关于生命内在重要性的信仰问题。这也与一般的道德、公平和正义的世俗信念不同，后者更多的是在衡量和平衡人与人之间的利益，不涉及对于个体自主的生命之终极意义的看法，两种议题不必然有联系和可通约性，即使对生命之终极意义有不同看法的人，也可能会对正义有相同的看法，反之亦然。正如罗尔斯所言，良知的拒绝（良知自觉）不是必然建立在政治原则基础上的，正义的政治理论并未预设人类生命为何或怎样才是本质上的重要，虽然关于正义的理论当然能和许多这类意见兼容并蓄。① 政治原则可以交给公共讨论，但是良知自觉是不依附任何外在认可的独立存在，是个体所保有的自觉领域。按照康德的理论，这个关于生命内在重要性的信仰问题的追问自主权应该留给个体，人作为一个伦理主体，拥有道德权利和道德责任来回答对自己生命意义和价值来说最根本的问题。因此，尊严的实现和人格权的保护就是对精神领域自决权的保护，这不是一个交给公共协商的领域，公法上围绕人格权展开的对自由和平等的诠释，最终需要落脚到为实现生命内在价值这一根本的精神性事务的良知自觉提供一个不受打搅的空间。

---

① 参见 John Rawls, "Justice as Fairness, Political not Metaphysical", *Philosophy and Public Affairs*, Vol. 14, No. 3, 1985, p. 223。

基于对于人格权作为精神性权益及其关涉议题本质的理解,德国公法在对人格权进行保护时,一般实践是根据行动范围与生命价值理解和实现的关联程度,以及行为外部影响的差异,划定不同的保护空间,进而决定对其的公法保护和调整规范。德国公法将私密领域区分为三个领域:(intimsphare)、隐私领域(sphare der privatheit)和公共领域(offentlicheitssphare)。其中私密领域是人格得以形成的核心领域,这个领域中的选择从根本上涉及对生命价值的理解和实现的良知自觉,涉及个体个性的实现,是生命过程中自我满足的关键,而且这个领域的社会关联极为有限,在一定程度上是一个非社会化的空间。一般情况下,这个领域受到绝对的尊重,不受干涉,但是涉及刑事犯罪等特别重大的公共利益除外。隐私领域强调的是个体可以决定独处的空间,这个空间虽然存在一定的社会联系,但是个体依旧享有将个人生活、偏好暴露于公众的地点、规则和程度等的自我决定权。[①] 这个自我决定权同时具有积极权利和消极权利的特征,既包括了"拒绝觊觎、拒绝干涉"的"关上门"的消极权利,同时也包括了自主决定偏好,自主处置,支配这个空间中的信息的积极权利。这个空间的行动所涉及的对生命价值的追问虽然不像私密领域那么本质,具有一定的距离,但是依旧存在受保护的隐私和个性。不过,国家权力在以"公共利益"为特定前提时有权侵入该领域,同时受制于"法律优先"和"法律保留"原则,在比例原则之下可以对其进行约束,如通信的自由、信息的自由等。公共领域不仅仅涉及对一般空间交往领域的界定,同时也指代那些与私密领域行为相对的、与良知自觉追问的根本生命议题不存在直接关联的、行为具有较为

---

① 参见周云涛:《论宪法人格权与民法人格权——以德国法为中心的考察》,中国人民大学出版社 2010 年版,第 58 页。

明显的外部影响的行动领域,这个领域中的行动与一般权利视野中的行动所受到的法律保护和约束调整基本上是一致的,不存在特殊保护。①

德国法中除了这种基于领域划分来决定法律保护和调整规范的方式,还通过一系列判例进一步澄清了对以上三个保护领域予以界分的标准。在药店判决②中,德国联邦宪法法院非常明确地区分了选择职业和从事职业的行为,并指出限制职业选择的自由必须出于更重大的公共利益理由。在选择职业和从事职业这两个阶段,立法者的规范权限以及规范强度是不同的,越涉及选择职业的自由,则立法者受到的限制就越大。对职业的选择,是个人自我决定的行为中与主体对生命理想状态的思考较近的议题,作为个人意志的体现,必须尽量使其不受公权力的干预。此外,在磁带判决③中,司法部门进一步强调"社会关联性"并不仅仅取决于交往本身,还涉及交往的内容,应该以交往内容与人格形成和实现的关系决定其保护程度。这一司法保护的运行逻辑在美国的司法实践中也获得了一定的呼应,尽管美国法上没有明确的人格尊严概念,但是在其"自由"概念中蕴含了对人格权的理解和保护。美国1965年的"美国政府诉席格案"(United States v. Seeger)和1971年的"吉列特诉美国政府案"(Gillette v. United State)的判决在一定程度上清楚地诠释了对受到绝对保护的精神空间的理解,与德国法中的保护空间划分理论形成呼应。在"美国政府诉席格案"中,美国最高法院首先肯定了对生命终极价值予以根本性理解的"信念"与宗教信仰具有同

---

① 参见莱因哈德·盖尔:《德国民法和宪法对人格的保护》,载谢立斌、仁恺主编:《权利救济与人格权的宪法保障——中德比较》,中国政法大学出版社2018年版。
② 参见 BVerfGE 7, 377, 1958。
③ 参见 BVerfGE 34, 248,转引自王锴:《论宪法上的一般人格权及其对民法的影响》,《中国法学》2017年第3期。

样重要的价值,这在一定程度上为理解一般性人格权的内涵提供了重要参考。美国最高法院认为,如果一个有关生命价值的信念被具有这个信念的人热切拥抱,这个人对此事的顾虑和对上帝抱有正统信仰的人一样,这个信念对其的价值就和宗教信仰自由一样具有同等重要性。在"吉列特诉美国政府案"中,最高法院区分了这种客观而固有的"信念"与有关政治公义或经济和其他资源的公平分配的种种"意见":如果是基于政治或者公义方面产生的具体反对意见,这就不同于与宗教信仰一样的信念,后者应该是出于良心的异议,是对人类生命神圣性的根本性和终极性理解。因此,以反对战争为例,持续地、一以贯之地反对所有战争,这可以被视为涉及受到绝对保护的私密领域,属于人格权法益主张的对生命意义的本质理解和实现,而仅仅基于具体的意见同意某些状况下可以有战争,可以杀戮,在其他状况下则不可杀戮,即使有宗教团体愿意为这样的观点背书,这也和基于生命神圣价值、生命完整性的精神性权益无关,不受绝对的保护,需要进入公共领域,受到公共利益的约束和规范。[①]

(二) 人格的双重维度: 作为伦理共同体的国家义务

作为一种精神性权利,除了从空间划定的视角界定一个不受打搅的空间,人格权本质上是强调对自主性予以尊重的积极权利。"人类生命是神圣的"这一人格权内涵强调对良知自觉的保护,但是这种良知自觉是什么意义上的自主? 面对这一自主,国家作为一个伦理共同体,应该承担什么样的限制责任和伦理守护义务?

---

① 参见罗纳德·M.德沃金:《生命的自主权——堕胎、安乐死与个人自由的论辩》,郭贞伶、陈雅汝译,中国政法大学出版社 2013 年版,第 205 页。

1. 生命价值的双重维度与国家责任

人格是与生命价值相联系的,生命价值是人格得以存续和发展的基础。西方对于人格的理解,基本上遵循宗教和自然主义两条线索展开,二者都认为生命价值具有客观性。对于有宗教信仰的人而言,人类生命所具有的内在价值一个非常重要的维度就在于,这些价值来自神的创造力和爱。上帝是创造自然的作者,因此,随意让人的生命消逝或者不尊重其完整性,就是摧毁了上帝这一最受称赞的艺术家的艺术创造。除了宗教的维度,在无神论占据主导的现代世界中,生命价值的这种客观性依旧有其存立基础。即使是不受宗教信仰影响的人,虽然不认为自然万物是神圣的设计,但是接受自然主义的观念,认为以人为代表的万物不只是自然的创造物,还接受了自然的化育之恩。[1] 无论是对神创力量还是对自然力量的肯定,都赋予了生命价值一种客观性。让这种生命价值存续并且发展完整,成为人格权客观性内涵的要义。基于生命固有的客观价值,人格权的保护意味着应该确保生命具备延续下去并逐渐发展出趋向于完整性的能力和可能。鉴于此,国家有责任确保个体生命不受不当侵害、侮辱、践踏,反对任何将生命作为手段对待的侵害行为。德国联邦宪法法院在第一次堕胎判决[2]中,着重强调了生命权属于德国宪法保护的最高法益。与此同时,国家还需要为实现生命的客观价值提供必要的条件支持——为生命延续和发展的"得体性"(decency)提供支持,这是公法上国家"生存照顾"的责任来源。既然生命本身就是有其客观价值存在的,国家的任务就是为这种价值的存续和发展创造外部条件与经济社会基础,通过福利国家直接、积极的

---

[1] 参见罗纳德·M. 德沃金:《生命的自主权——堕胎、安乐死与个人自由的论辩》,郭贞伶、陈雅汝译,中国政法大学出版社2013年版,第94页。

[2] 参见 BverfGE 39,1(67)。

国家干预,减轻甚至是努力消除社会和经济的不平等,从物质的层面为生命维系和成长提供支持。

生命价值除了具有客观性的一面,同时还具有主观性的一面。这种主观性源自生命的神圣价值和完整性,不仅来自上帝或者自然力的创造力本身,与此同时,每一个生命之所以展现出来独特的完整性与卓越之姿,是因为赋予了个体自主选择的能力,这建立在对其创造力予以尊重的基础上。生命的完整性和神圣性不仅源自生命的客观创造力量,还源自对个体自主选择力和创造力:当人的自主心智和精神力量得以发展并茁壮成长时,人的内在创造与判断过程将会塑造和重塑自我。让个体来主导生命的进行,是对生命价值进行肯定的根本,这就是生命价值的主观维度。

基于此,从生命价值的角度可以看到,生命的神圣性和完整性的重要性事实上是具有双重维度的。一个维度是其固有重要性,这种固有的、客观的重要性源自对神创力或者自然创造力的肯定。确保生命能够存续并呈现一个完整的发展过程,构成了一个国家客观的责任。另一个维度是对于个人的、主观的重要性,即生命价值的主观性体现为对具有差异的、多元的生命呈现形式的肯定,这是对人的自主选择力和创造力的肯定。让这种自主选择力、创造力得以发挥和实现,是国家在面对生命价值的主观性时的责任。在涉及对自我生命价值的理解和实现的选择上,如果没有对现有秩序、他人权利构成不当的影响,国家应该最大程度地尊重这种选择。除此之外,国家还需要为个体理解生命本身,以及个体在生活方式的选择上提供尽可能多的精神资源和可能性,从而促进其完整生命能力的发展。通过建制促进一个更为多元和包容的社会环境,不仅使社群能够接受和赞同个体的生活选择,还为其理解生命本身、向生命完整性发展提供了不同的生活样本和可能性,从而为生命的存续提供支持,为尊严的实现提供必要的条件。

当下基因技术的发展给人格权保护提出的新议题就与生命价值的双重维度的理解有关:生命价值的客观维度与主观维度之间是什么样的关系?生命价值的客观维度是否能够对其主观维度构成约束和限制?围绕生殖细胞干预(包括人类增强技术)的伦理争议,主要可区分为两大"主义":"超人类主义"(transhumanism)以及与之对立的"生物保守主义"(bioconservatism)。超人类主义主张,人们可以自由地利用基因技术来改变自己,这是理性个体的必然选择。生物保守主义认为,不应该对生物学意义上的人或人的本质(human nature)进行实质性的改变,人类增强技术的应用将带来影响不可预测(脱靶误伤、基因效果可能要数代之后才能显现)、社会正义受到损害("治疗"和"预防"边界一旦被打开,从"预防"到"改善"之间基本没有界限)[1]以及人的自主性受到否定等一系列严重的现实和伦理后果,因此,这类技术不应被使用,甚至相关研发也要加以管控。[2] 这两种观点的分歧可以总结为:前者认为生命价值的主观维度具有优先性,后者则将生命价值的客观维度——无论是神还是自然的创造力融入了对人的本质理解,客观维度构成对人个体乃至人类整体的主观选择的限制。

围绕这一系列的伦理争论,美国当下的监管体系一方面设定了允

---

[1] 刘慈欣在2005年发表了一篇涉及移植知识和提高智慧的技术的小说《赡养人类》。小说中描述了技术对于社会阶层流动、社会正义所带来的消极影响:完成超等教育的人的智力比普通人高出一个层次,他们与未接受超等教育的人之间的智力差异,就像后者与狗之间的差异一样大。同样的差异还表现在许多其他方面,比如艺术感受能力等。

[2] 参见计海庆:《人类增强伦理中的伦理自然主义批判》,《学术月刊》2020年第9期。

许采取可遗传基因编辑的条件,①此外规定了严格的听证和确保公众知情的程序,同时指出,在人类基因编辑的监管方面应该遵循以下原则:促进幸福原则,透明原则,用心看护原则,科学严谨、负责原则和尊重人的原则。② 希望通过这些原则的设定,在尊重人的自主选择的同时,能够最大化地避免消极生物后果的出现。事实上,作为现代化组成部分的技术进步在一定程度上是一个客观的发展过程,但是,如何使用技术本身是需要被讨论的,所以围绕基因编辑展开的讨论不是"要不要这些技术",而是"在使用这些技术时,应该有哪些伦理考量"。在这个意义上,面对技术的发展,我们对自我生命的理解和美好生活的期待应该是什么? 这不是简单地对自然科学发展规律的客观遵循,而是需要被主动创造和回答的意义。当下的法律实践中,基因编辑技术的法律规范基本归属于"人格权"编,围绕康德的人格理论,可以从人格权出发,为讨论这一议题提供以下视角:

首先,关于人的生命的合目的性。康德人格和尊严的理论均是建立在"人作为和谐自然秩序的一个部分衍生出对自己生命完整性、和谐性或者说合目的性的天然诉求"这一前提基础上的,因此,尊重自然秩

---

① 只有在包括以下标准和结构的监管框架内进行可遗传基因组编辑的临床试验才应被允许:缺乏合理的替代方案;限制、预防严重疾病或状况;限制编辑已被令人信服地证明导致或极易导致疾病或状况的基因;限制将这些基因转化为人群中普遍存在的、已知与普通健康相关且几乎没有不良影响证据的基因;关于程序的风险和潜在健康益处的可靠临床前和/或临床数据的可用性;在临床试验期间,持续、严格地监督该程序对研究参与者健康和安全的影响;长期、多代随访的全面计划,仍然尊重个人自主性;与患者隐私一致的最大透明度;在公众广泛参与和投入的情况下,继续重新评估健康和社会效益和风险;建立可靠的监督机制,防止推广到预防严重疾病或疾病以外的用途。对于那些认为这些好处足够令人信服的人来说,上述标准代表了在应有的谨慎和负责任的科学框架内促进幸福的承诺。

② 以上原则的内涵参见 National Academies of Sciences Engineering Medicine, *Human Gene Editing: Scientific, Medical and Ethical Considerations*, 2017。

序、尊重客观秩序成了理解人格权的伦理基础。大自然的平衡是由生物之间、生物与自然环境之间的关系实现的,人类生命与其生存的自然环境之间有着特殊的联系——人类基因与其生活的自然环境之间就存在着复杂联系,①人类作为一个特殊的种群的独特性不是完全主观决定的,而是有一定的生物基础、自然基础。基因传递的无限性使得任何一点改变都可能会导致对基因库的改变,客观上改变人类作为一个种属的本质,改变这种人类作为一个种群与其生存的自然环境之间的天然联系,这是否会构成对人类独特性和人的生命"合目的性"的损害?福山反对生殖基因编辑的最主要理由建立在将人的本质定义为自然主义的基础上,强调一种基于整体论的绝对差别,以此证明任何去差别化的尝试都是对"自然"(即本质)的违背,应加以杜绝。

除了从自然秩序的角度需要对技术使用进行现实风险评估和伦理思考,从规范客观秩序的角度也需要予以审慎的考量。在生殖基因编辑技术的适用中,改善与增强之间的界限很容易被打破。传统的自我完善和提高的途径,需要不断付出时间和精力才能获得一定成效。人类增强则是通过外在的医学治疗或生物技术的干预,直接获得传统的方法希望达到的效果。"人类增强技术"对客观秩序的挑战在于,传统的增强是通过外在的努力激发原有的潜力,但是基因技术创造出原本不具备的能力,这是否构成对客观规范秩序的彻底改变,从而增加社会不平等的风险?增强技术如何确保社会阶层流动的正常化?目前财富状况将直接决定基因编辑的使用状况是这一讨论的核心,但是,即使这一问题可以通过国家获取和公平分配公共资源能力的不断提升而得到

---

① 比如镰状细胞贫血是一种常染色体显性遗传血红蛋白(Hb)病,但镰状基因是克服疟疾的重要条件,而这一基因也主要存在于疟疾严重的地区。

解决,这里还涉及另外一个问题,即掌控基因编辑技术的群体是否可能通过不断地改变人的状况从而频繁影响乃至主宰社会的分配正义的规则和状况。

其次,关于将人作为目的对待的人格权法益。康德的人格和尊严理论的核心在于人应该作为目的存在,而不是作为手段。人们对待那些没生命的无机物的态度是可以把它们作为工具、手段或原料来实现自己的目的,但当对待生命体时,即使其尚未出生,尚未成长为成熟的生命体,也必须尊重生命体的主观意愿。这一人格理论不仅拒斥以促进科学知识的增长和科学的进步这个外在的目的来修改基因或牺牲胚胎,而且反对具有种族歧视的优生学理论,反对将人通过改变基因服务于特定的社会目的,无论这个社会目的是从社会分工的角度还是从战争这种极端境遇的角度设定的,所有这样的目标设定背后,都有将人作为手段而不是目的的伦理嫌疑。在这个意义上,即使父母出于良好愿望对胚胎进行基因干预,都有物化和异化主体的嫌疑,生命选择权应该留给作为主体的人本身。每一个个体对于自我的实现、对于美好生活都有其独特理解,这个独特理解是其基于自身的自然生命历程而自主地产生的,是在自然赋予的生命要素基础上行使自主的意愿,从而使其生命历程变得独一无二。在这个意义上,作为"我"的组成部分应该是自然的,是由我来决定而不是被他人所决定的。否则,对于自我的理解、自我的思想就失去了自主性,失去了自然性、独特性,生命价值本身获得尊重,进而产生自我认同和自我尊严的基础也就由此丧失了。

如果说技术进步是客观的、不可否定、不可阻挡的,那么人类必须作为一个成熟的种群来面对技术的发展,需要对人格内涵中的人的生命本质有更为透彻的理解,在此基础上,在制度层面尽到最大的审慎义务,实现对人的主体性的保护和尊重的基本承诺。

2. 自主的双重维度：国家作为伦理共同体的责任

人格权除了涉及生命价值，还与"自主"紧密关联。康德认为，一个完整人格的实现，首先要实现个体幸福，在此基础上运用自己的自由意志为自己立法，产生和服从普遍法则——道德，幸福与道德相结合的至善构成完满的人格。所以无论是对感性世界的幸福的满足，还是对理性世界的道德的强调，都强调对自由意志、自主选择的尊重，只有在自主得以实现时，个体的尊严才得以实现，这就将对自主的尊重纳入人格权的内涵中。但是，如前文所指出的，康德作为一个客观唯心主义者，他所说的自主不是完全主观意义上的自主。如果说与幸福相关联的自主选择是具有主观性的（康德强调，理性也必须为幸福负责），那么与道德立法相关联的自由意志是具有客观性的，是与一般理性存在都普遍具备的对道德的设定和服从意志相关联的。所以，这里与道德的人性相联系的自由意志本身具有了客观性，进而决定了人格中的客观内涵。鉴于此，与人格核心领域相关、涉及人格权保护核心内涵的自主，必须在"双重维度"下予以理解：一是人格内在的、自由的发展之维度，它关注的是个人选择的结果对于人格健康、个人幸福的作用；二是人格发展的道德维度和责任维度，它聚焦于个人选择须承担的道德义务与社会责任，强调人格发展与社会共同体关系的协调。① 良心自由不仅强调个体对于生命价值的自主理解，同时预设了个人的自省责任，每个人都将自己负责任的程度视为自己人生的内在价值、人格不可或缺的部分。从自主的角度来看，人格存在着内在、自由的发展维度和道德、责任维度。这种双重维度衍生出了不同的国家责任。

德国《基本法》第二条规定，人人有自由发展其人格的权利，但是以

---

① 参见余军：《论宪法中的"人的形象"》，《浙江学刊》2011年第6期。

不得侵害他人之权利或者不违反宪法秩序或道德规范者为限。德国宪法实践一方面肯定自由的人格与尊严是合宪秩序中的最高法价值,指出"人必须永远保持为目的自身,不能被贬损至客体,成为纯粹的工具,降低为可替代的维度"这一定律应该毫无限制地适用于所有法律领域,人之为人的不可丧失的尊严就在于人的自治品格应该持续受到承认;①另一方面强调德国《基本法》理解的自由不是一个完全主观的、孤立的个体自由,而是生活在共同体中的、和共同体休戚与共的个体自由,是受到约束的自由。② 德国《基本法》设定了三个方面的限制,即权利限制、宪法限制和道德限制。权利限制和宪法限制都有明确的规范依据,前者要求个人的自主意志的行使以不对他人的权利构成不当损害为获得承认和尊重的条件,后者则要求个体以宪法规范为行动依据,三方面的限制中只有道德限制缺乏明确的规范基础,在一个尊重多元的社会中,这里指代的是"谁之道德"? 国家作为一个伦理共同体,在面对个体自主与共同体伦理规范要求之间的根本张力时,应该如何理解自身的伦理责任?

　　国家无论是作为一个政治共同体还是作为一个文化共同体,都有维护特定公共伦理的责任,尤其是当对人格的理解本身强调其道德维度和责任维度时,这就使得国家这种伦理责任具有了客观性,即政府有责任看护公共的道德空间。但是,如何理解这种责任? 德国《基本法》的立法背景为理解这一责任提供了非常重要的视角。如前文对于康德人格理论的分析所指出的,德国公法中的"人"被赋予了与感性世界相关联的自主选择主体、与理性世界相关联的道德和责任主体的双重性,

---

① 参见张翔主编:《德国宪法案例选释(第1辑):基本权利总论》,法律出版社2012年版,第191页。
② 参见 BverfGE 33, 303(334)。

所以作为人格权保护的主体,应该是处于社会整体性关系中的理性的行动者,体现出自由意志与责任并重的双重维度,因此,德国法上对于处理共同体与个体之间张力的理想状态的设定,首先是否定绝对的自主,排斥极端个人主义。鲁道夫·斯门德(Rudolf Smend)在其1928年出版的著作《宪法与实在宪法》中提出了基本权利"整合理论"(Integrationslehre),该理论指出:基本权利是现实生活的表达,具有整合国家、消减社会紧张关系的作用,是法律上的价值体系;这些价值应该填充到宪法中,成为施加于政府的积极义务。宪法作为国家的法律秩序,不仅是由法院予以适用的法律规范,同时也构成一个价值系统。在基本权利的基础上,公民得以融合进国家生活。"整合理论"认为,个人不能免除其对共同体的责任,要按照宪法的精神,积极参与共同体的生活,依照神意自觉担负责任,不断努力将自我整合于共同体中,[①]这就为国家从伦理视角培育公民认同和责任提供了规范依据。

与此同时,基于对纳粹历史的反思,尤其是将康德"人在任何时候都应该被作为目的而不是手段对待"的人格尊严理论融入这种反思中,在思考人格保护中对伦理共同体的建构和守护问题时,是拒斥纳粹式的团体主义的。这种拒斥就体现为在理解国家的伦理责任时,不是简单地、任意地将当下某种盛行的道德规范作为约束个体人格权的正当理由。《基本法》创立的伦理动机决定了其人格理论排斥用某个特定的、未加审慎选择的集体目标简单地否定个体选择,这也是公法调整与私法调整的区别。私法调整的对象是社会交往中的平等主体,尊重个体意志自由,尊重社会自发形成的秩序本身,这里就包括对获得普遍认

---

① 参见鲁道夫·斯门德:《宪法与实在宪法》,曾韬译,商务印书馆2019年版,附录"鲁道夫·斯门德(1882—1975)"。

同的社会道德规范的认可。但是,公法调整的是国家与公民之间的关系,当公权力介入时,现代国家在一般情况下是伦理中立的,尤其是对"不涉及社会底线秩序、对于共同体凝聚力非必要的道德规范是否要借助于国家权力来确认和推行"这一问题的回答要极其谨慎。因此,法治国的比例原则需要国家对手段的选择进行慎思——除了采取强制力,有没有其他倡导、推行社会道德规范的更好方式。鉴于此,德国法院自1957年同性恋案中引用过道德规范作为人格自由的限制之后,基本上排除了这项限制,现在的《基本法》解释认为一般的道德规范不能作为人格自由的限制。①

　　消极层面上对运用道德规范的克制并没有回答这一基本问题:人格概念中所蕴含的服从共同体建构需求和对理性的客观性的强调,要求国家承担必要的道德责任,那么,当个体不具有对自己道德责任的天然的洞察力和理性时,国家作为一个伦理主体应该如何唤起这种理性?伯林在《两种自由概念》中指出,积极自由对自主的强调,使其清晰地认识到自我的分裂,自我可能是欲望、本能、非理性的意识的奴隶,当这个自我被欲望与激情所左右时,如果要达到"真实"本性的充分高度,就必须受到严格的纪律约束。但是,无论是国家还是相关的社会组织,如果这种伦理责任行使得不恰当,就可能对人格权所试图保护的良知自由构成根本性的侵害和剥夺,最终将个体视为手段来对待,以某种目标的名义,例如正义或大众利益的名义,宣称"我比他们自己更明白他们真正需要的是什么",从而以某种不正义的集体目标、特殊利益团体的目标对人们施以强制。这里就出现了"二战"期间德国纳粹所展现的一个悖论:对于自由的要求会演变为对于集体控制和强制的要求,从而导致

---

① 参见林来梵、骆正言:《宪法上的人格权》,《法学家》2008年第5期。

根本地否定人格。正如伯林所指出的:试图操纵人类,怂恿他们去追求那些社会改革者所看到而他们自己可能不会看到的目标,实际上否定了他们的人性本质,将他们当作没有自我意志的物体看待,因此,也就等于贬抑了他们的人格。①

鉴于此,面对人格权的保护,国家作为一个伦理主体的责任,首先要体现为一种消极义务,即不任意以当下主导性的道德规范否定个人选择。当个体的选择没有对他人或者社会利益构成不当的干涉,是审慎理性的选择行为时,国家不应该任意地干涉,否则就构成对个体尊严的冒犯。人格权保护背后蕴含了一种深刻的政治哲学:个人的自我责任意识、自我认同是在与他有紧密关系的社群中养成和实现的,它要求他所在的社群能够接受和赞同他的生活方式与选择。② 例如,在美国的"南宾夕法尼亚州计划生育协会诉凯西案"(Planned Parenthood of Southeastern Pannsylvania v. Casey)中,法院判决指出:"这些问题,涉及一个人一生之中需要做的最为私密、个人化的选择,这个选择对于个人尊严和自治具有核心的意义。自由的核心就在于(个体)有权去提供存在、意义、宇宙以及人类生活奥妙的自我观念。如果有关这些问题的信仰是通过国家强制给予的,那么这就不构成人格特征的组成部分。"③

在首先确认消极义务的基础上,进一步从积极的视角思考国家在个人自主实现过程中的积极伦理责任是什么,这一讨论具体会关切到两个维度,一个是前文所提到的直接要求公民服从具体的道德目标,另一个是可以致力于让其公民一般性地发展出责任意识和道德能力,国

---

① 参见伯林:《两种自由概念》,转引自以赛亚·伯林:《自由论》,胡传胜译,译林出版社2003年版。
② 参见 C. Taylor, *Sources of the Self: The Making of the Modern Identity*, Harvard University Press, 1989, p.44。
③ Planned Parenthood of S. E. Pa. v. Casey 505 U.S. 833 (1992).

家更多的是要为公民意识到并有能力"负责任地面对对自己生命意义和价值来说最根本的问题"提供发展支持。这两个维度——责任能力(行为能力)的培育和具体伦理目标的服从,不仅是不一样的,而且是相互对立的,因为要让个体具有责任感和道德选择能力,国家就首先要放手让公民自主做出选择,让其自主地寻找生命的根本目标和动力,这就是道德责任感所要求的。只是要求公民服从具体的生命目标,会阻止而不是鼓励公民个体发展自我的道德能力,从而导致他们无力负责任地思考和选择生命在何时及为什么是神圣的、完整的和合目的性的。因此,国家对个体伦理责任感的培育义务,一方面是消极的尊重义务,另一方面是要采取一些积极的措施鼓励个体意识到并承担责任。后者尤其要注意的是这种规则和措施的设立不能违背国家所承担的"尊重"的消极义务,即一切意在促成个体审慎选择、负责行动的规范设定不能对个体的自主选择施加不当的实际障碍,造成选择的过重负担。德国法基于其社会民主原则,衍生出了国家对于公共领域的伦理风尚予以积极维护的责任,当然,这种责任的维护本身是以不对公民的自由选择构成不当否定和限制为前提的。比如德国在言论自由的保护上就非常强调国家对于友善、积极的公共对话环境的营造,但前提是不对公民的言论自由本身构成实质性的限制。[①] 总之,基于各国立宪之基本原则的差异,会衍生出不同的伦理责任,但是基于对人格尊严的保护,国家作为一个伦理共同体所承担的责任需要共同聚焦到自由的个体如何更好地依靠自我的理性展示自我生命历程上。

　　理论与实践的连接,一个基本的方向就是从实际问题着手,追问在

[①] 参见 Guy E. Carmi, "Dignity Verus Liberty: The Two Western Cultures Of Free Speech", *Boston University International Law Journal*, Vol. 26, No. 2, 2008, p. 362。

这样的境遇中,要解决这些实际问题会遇到哪些一般性的哲学或者理论议题,这事实上就构成了本章写作最为初始的动机并始终影响着全章的写作。在面对"北雁云依案"的诸多技术性问题的探讨时,如何理解作为公法权利的"人格权"构成了所有讨论得以展开的基础,这是我们回到概念史、回到人格权背后的哲学议题的原因。黑格尔在《法哲学原理》中指出,法的命令是"成为一个人,并尊敬他人为人"[1],围绕"人格权"展开有关理想的"人的形象"的想象并努力使得这种想象得以实现,是现代公法建构作为客观秩序的国家责任的基本逻辑。因此,每一次对于理想的"人的形象的"想象都是重要的,需要具体的规范和实践尊重并落实这种想象。但是,与此同时也必须认识到,每一次的想象都不是终点,生命意义的理解会随着时代、语境的变迁而不断丰富、发展,对"什么样的人生才是完满的人生"的想象和原则,我们无法保证其有效持续,在当下不断捍卫这个理想形象的同时也必须对此保持开放的心态。正如伯林所言:"文明人之所以不同于野蛮人,在于文明人既了解他的信念之'真确性'是相对的,而又能够果敢地维护那些信念。"[2]

---

[1] 黑格尔:《法哲学原理》,范扬、张企泰译,商务印书馆2013年版,第46页。
[2] 以赛亚·伯林:《自由及其背叛》,赵国新译,译林出版社2019年版,第315页。

第五章　教育法治中的公法权利保护：
学术自主概念研究

自中世纪博洛尼亚大学、巴黎大学先后取得自治权开始，高校所享有的自主权就逐渐获得了欧洲各国法律体系的承认，大学自治作为高等教育体系的核心规范原则之一，成为自主概念在公法层面非常重要的实践领域之一。高校的自主办学权是一个涵盖人事管理、内部治理和教学科研管理等多层次的权利范畴，尤其是在学术议题上所享有的自主治理权限被认为是高校自主办学权最为核心的议题和表达，也是实践中争议颇多的领域。如何正确理解大学自治权与学术自主权的内涵及其关系，进而为保护二者提供有效的法律保障，在自由与约束的动态平衡中促成学术共同体的自我革新能力，服务于人类知识的进步和文明的发展，是重要的公法议题。

一、 大学自治与学术自主：历史溯源及其内涵

（一）大学自治：欧洲起源及其内涵

大学办学自主权在法理上一般表述为"大学自治权"。"谋求自己处理自己事务的权利"的近代城市的复兴和自治联盟的出现，成为现代大学自治得以产生的社会基础所在。10—11世纪，随着商业的发展，自

治城市和城市中自治联盟逐渐兴起,"自治权"的主张使得城市或者是以行会为代表的自治联盟能够开展自主性管理或者经营活动。① 城市和行会自治的权利主张是一种建立在社会自主意识的觉醒基础上的国家与社会的分权表现,自治的诉求主要是针对那些对经济运行和财产权利构成不当干涉的他治行为而提出的,自主权的主张更多具有消极性,强调免于干涉基础上的"自己的事务自己处理"。除了诉诸"自主"本身的伦理正当性,"自治权"基本不存在其他独立的理性基础。当然,行会自治为此提供了一个相对独立的理性基础——"专业性",行业技能作为一种"技艺"理性,必须经过专门的训练和实践,无法依靠日常的生活常识和逻辑掌握,因此,对行业的日常事务的处理本身也需要倚赖具有专业能力的共同体成员自我管理。

城市和行会在提出自治主张的同时,并不否定传统的封建建制,只是要求在传统的统治权之外,为自身作为一个共同体组织,基于自身的特殊需求(如城市主要涉及经济领域的自我管理,行会主要涉及行业的自我管理)主张一定范围内排斥外在干涉的某种"特权"。正是因此,这种自主权需要建立在特定外部权威的认可与授权基础上,授予自治权的权威机构可能是城市政府、教会、贵族领主或者国王,授权的中介就是特许状。特许状本身既构成对外部的封建力量不当干涉的约束,本身也是对自治权的规范,防止其异化为解构性、破坏性和离心性力量。从这个意义上看,"特许状"这一独特的政治法律文件,构成了理解自治城市、行会与传统封建组织之间权利义务关系的关键。② 这就决定了在今天理解任何意义上的自治权时,授权规范作为特许状的现代法治化

---

① 参见康宁:《中世纪行会视域下的英格兰法律会馆》,《世界历史》2021年第6期。
② 参见雷勇:《西欧中世纪的城市自治——西方法治传统形成因素的社会学分析》,《现代法学》2006年第1期。

表达,本身成为对相关法律关系进行理解和界定的核心。

城市和行会自治的发展奠定了大学主张自治权的观念和现实背景。恩格斯指出:"中世纪完全是从野蛮状态发展而来的。它把古代文明、古代哲学、政治和法律一扫而光,以便一切都从头做起。它从没落的古代世界接受的唯一事物就是基督教和一切残破不全而且失掉文明的城市。其结果正如一切原始发展阶段中的情形一样,僧侣们获得了知识教育的垄断地位,因而教育本身也渗透了神学的性质。"[1]中世纪的大学主要由神职人员构成,核心的使命在于通过对传统资源的激活,为基督教教义的解读提供正当性支持,在此基础上展开的科学研究都要按照神学原则和教条处理,这种成员身份的特殊性以及所从事研究事业的专业性,为其主张自治,在教权与世俗政权的矛盾冲突缝隙中寻求自治权,提供了正当性基础。尤其是教廷也想要利用大学加强教权,大学也愿意在与外部力量(城市、地方教会或世俗王权)发生冲突时,向罗马教廷求助或寻求庇护。在这个过程中,大学获得了种种特许权,逐步实现内部自我管理,树立起社会权威。大学主张自治的初始动机源于中世纪时期大学与城市之间(Town and Gown)微妙的关系。一方面,城市支持学校发展,为学校提供校址和就业发展机会,学校的存在也促进了城市的繁荣发展,二者是合作促进关系;另一方面,学生和教师群体与市民的冲突频发,国王和教皇不得不频繁地通过颁布敕令来平息相关矛盾和冲突。1158 年,腓特烈一世颁布了《完全居住法》(Authentica Habita),通过赋予学生(尤其是学习民法和宗教法的学生)一系列居住和自由活动的权利,如免受世俗司法程序的管辖等权利,首次确立了博

---

[1] 恩格斯:《德国农民战争》,载《马克思恩格斯文集》第二卷,人民出版社 2009 年版,第 235 页。

洛尼亚大学的自治地位。① 随后,巴黎教师和学生于1170年效仿基尔特(Gilds)组成巴黎教师和学生行会,主张自我管理的权利。1200年,菲利普二世授予巴黎大学特许状,赋予了其一定的自治权。该特许状规定,如果巴黎大学学生触犯了律条,他们不接受世俗法庭的审判,只能由教会法庭审判。1229年,巴黎大学学生同城市当局再次发生流血冲突,由于国王圣路易九世的母亲卡蒂利亚的布兰奇作为执政人,态度强硬地拒绝了巴黎大学教师和学生的自治要求,曾经一度导致巴黎大学迁离巴黎。后来教皇支持了巴黎大学的教师和学生的相关诉求,于1231年颁布了《知识之源》特许状,该特许状赋予巴黎大学如下自我治理的特许权:司法自治权、罢教权、通行执教资格授予权、招募成员的权利、制定大学内部章程的权利、选举官员的权利和持有印章权等。② 自此,大学自治权的基本框架逐渐形成,并在欧洲的大学中逐渐获得承认和实现。

从"大学自治"产生的历史溯源中可以把握其概念起源中一些非常关键的特质:首先,大学自治得以产生的背景是教权和世俗政治权力的斗争,是大学在这个过程中对免受干涉的权利的主张,因此,大学自治基本不涉及个体性权利,是大学作为一个整体相对于他治所提出的自治的组织权力,自其产生起,其核心主张是组织的整体独立性以及在此基础上生成的管理自主权。当查理二世在1684年完全不顾基督教会学院(Christ Church)院长的反对,取消了约翰·洛克在该学院的研修资格,以及詹姆斯二世在1688年强制任命了莫德林学院的主席,牛津大

---

① 参见张斌贤、孙益:《西欧中世纪大学的特权》,《北京师范大学学报(社会科学版)》2004年第4期。
② 参见高露、王云龙:《行会视角下西欧中世纪大学起源——以巴黎大学为例》,《外国问题研究》2021年第2期。

学主张享有自主的校友选择权以及有关管理人员的任命权时,[1]这事实上是在主张一种相对于皇室控制的机构组织独立性和管理自主权。这与学术自主权不同,学术自主权则会涉及作为教学科研者个人的权利。其次,从历史的溯源可以看到,大学自治的实现直接受益于皇权与教权之间的博弈,这本身就是现代分权理论得以产生的基础。从其观念渊源来看,大学自治的出现与城市、行会自治的发展紧密关联,他们都产生于对过度集中的封建权力的消极防卫的过程中,是对社会多元利益和价值的保护,这种主张"自己的事务自己管理"的自治诉求一定程度上具有消极防御的特质,彰显了政治多元化发展的趋势。如上文所指出的,除对自主作为本体性价值的主张之外,大学自治不存在其他的理性基础,这种"分权"主张本身具有其独特的价值,但这种价值本身是区别于学术自主的价值的。

尽管城市和行会自治本身是大学自治得以出现的历史基础,但是对于大学自治的理解不能完全与以行会自治为代表的社会自治等同起来。行会自治属于社会自治,建立在"每一个人/群体是自我利益最正当且最有效的关切者和实现者"的伦理判断基础上,社会自治尊重其成员的意志,在成员意志基础上所形成的合意——内部章程构成了自我管理的规范来源,作为一种社会权利,行会自治等社会自治的行为受到"法无明文禁止即合法"的私法规则的调整。尽管大学自治出现初始也是以肯定国家—社会二元划分基础上的分权及其多元价值为前提,主要也表现为通过内部组织机制的建立,确保其成员有效参与到管理决策中,也强调通过章程的设置实现自我管理;但是,从现代国家的视角

---

[1] 参见 R. O. Berdahl, *British Universities and the State*, Cambridge University Press, 1959, chs 2 and 3。

来看,由于"教育"本身的准公共产品性质,教育事业本身具有明确的公益性,尤其是福利国家出现之后,教育事业的公务性质得到进一步确认。因此,从分权的视角理解大学自治,尽管在初始时期,其具有一般社会分权的特质,但是伴随着现代民族国家的出现,以及"教育"所拥有的公共属性的确定,大学自治被界定为属于公务分权的范围。当然,在承认教育的准公共产品的属性基础上,公立大学和私立大学在自治权的享有上还需要进一步加以区分。

公务分权是当特定公务的实施和管理具有一定的独立性时,依法在国家传统的权力结构(包括纵向的中央与地方分权和横向的行政分权)之外构建一个独立的实体,将特定的公务授予其承担,以其名义享受权利、负担义务和承担责任。公务分权构成行政上自治的形式之一。公务分权得以证成的正当性基础在于,特定的公共事务由与之关系密切的人员以自我管理的方式进行管理,这不仅可以缩短规范制订方和接受方之间的距离,有效实现权利保护,[①]而且由于这些事务与他们密切相关,他们可以在熟悉的领域对这些事务给予内行的评价,并负起特别的责任,能够实现公务管理的效益最优。[②] 作为公务实施的一种方式,这个被创设的、从事特定公务的实体的行为不能和公务的整体利益相互冲突,接受授权规范的约束,因此,其行为应该纳入公法的调整范围,受到其创设机关的监督。[③] 这一实体一般被称为公务法人,公务法人的自治权主要依据"自治规章"予以实现。所谓"自治规章"、是由公务法人依据所享有的自治权制定和颁布,用以调整其内部事务的法规

[①] 参见美浓部达吉:《宪法学原理》,欧宗祐、何作霖译,中国政法大学出版社2003年版,第34—40页。
[②] 参见姚荣:《德国大学自治公法规制的经典内涵与现代诠释》,《高等教育研究》2017年第10期。
[③] 参见王名扬:《法国行政法》,北京大学出版社2016年版,第36页。

范,构成了自治团体内部自律性的规则,自治规章"属于行政的组织和作用,但是它所体现的是自主和不依附于国家的政治决定能力"①。大学作为"公务法人",行使的是借助于"法律法规授权"所获得的、国家委托的对高等教育进行公共管理的行政职能。德国、法国等大陆法系国家就依据这一法理将公立大学视为"公营造物"。依循公务分权的一般法理,为了确保研究和教育事业的公益性,大学的自主管理除特别规定,一般应该受到公法规范的调整。不同于一般的自治,其内部的集体契约意志并不理所当然地具有相对于其他授权规范的优先性,而且必须受到法治原则的约束,尤其是公立高等学校不得以大学自治为由排斥立法规制。

作为公法上的机构,对于严格归属公务范畴、属于传统高权行政的国家授权行为,除有特殊规定,应该遵循传统行政权的调整方式,受行政法规范和原理的支配,在权力范围界定上遵循法律保留、法律优先原则,权力行使过程要接受比例原则、正当程序原则等公法规范的合法性约束。② 除授权公务行为之外的内部管理事务,则应该接受一般法律和设立机关的内部监督。但是,尽管大学要接受其设立主体的"上级"监督,考虑到大学自治权的特殊性以及现代大学的内部管理权与其享有的学术自主权之间的紧密关联,上级主管部门和高校之间的关系不能简单等同于行政官僚体系内部的上下级关系,在此基础上产生的"监督"关系也不能与行政指令关系相提并论,监督权的行使需要将前文所提到的大学自治和学术自主之间所呈现的手段与目的关系模式纳入考

---

① 于安编著:《德国行政法》,清华大学出版社 1999 年版,第 77 页。
② 参见王名扬:《法国行政法》,北京大学出版社 2016 年版,第 390 页。

量,需要对大学的自治权予以充分尊重,防止不当地干涉学术自主。①此外,无论是授权事项还是内部管理专属事项,大学基于秩序维护所进行的管理行为,如果与其成员的基本权利产生关联,一般性的司法实践都认为,自治权的行使需符合"重要性保留"原则,基于法治统一和权利平等保护的理念,受到公法规范的实体和程序约束。

(二)学术自主:欧洲起源及其内涵

欧洲现代社会对于大学自治权的主张,主要是为了保障大学校园内正常研究、教学和学习等活动顺利进行,将维护大学校园内部安全和秩序的责任交由大学自行负责,这也更符合现代民主原则和效益原则。这个意义上的大学自主办学权主要关注大学治理的组织上的独立性,主要强调的是相对于国家权力而言的自主管理权体系的构建。尽管"大学自治"的自主管理诉求源自其组成人员和从事的研究事业的特殊性,但是正如前文所述,最开始提出大学自治,主要是为了表达建立在政教冲突基础上的政治多元化诉求,鉴于当时处于罗马教会的一元化体系支配之下,中世纪大学的核心使命是证成基督教教义的正当性,这就意味着当时大学的研究会受到正统教义的约束和规训,并不存在对自身所从事研究的思想自主性和方法科学性的独立主张,是否能够自主地理解和发展专业,探索真理本身,这一在现代学术自主概念中最为核心的内涵,并没有包含在当时大学自治的主张中。正如学者所指出的,"在所谓排他的救济原理作为根基之宗教不宽容下,人类的理性在

---

① 例如,英国政府对大学的监督很大程度上就倚赖1889年在财政部中成立的一个小型特设委员会,这种监督具有明确的原则性和外部性。委员会会提前公布未来五年的教育拨款规划,使大学能够提前规划自身的内部建设,通过确保自身发展规划原则上与国家发展规划保持一致的方式获得拨款支持,而且委员会在运行的过程中也逐渐确立了"公共的资金支持不代表国家可以因此干涉大学的自主权"的原则。

此受到压制和压迫,在大学内的学术研究活动也受到莫大的限制"①。在这个意义上,大学自治的初始主张,其核心是处理好外部的国家权力与大学所主张的对于大学事务的自我管理权之间的关系,中世纪的大学虽然具有以社团行动为核心的自主管辖权,当时的大学自治包括通过选举等方式产生校长或者是自主地设立涉及大学内部管理的各个方面的具体规范,这些规范同时涉及学位的授予、职位晋升、任教资格、处罚裁判,甚至包括衣着服饰、演讲和辩论的主题与方法等,但这些机构组织层面和管理层面的自主权并没有与真正意义上的学术自主联系起来。

伴随着现代科学的出现和发展,以及实证科学研究对经院哲学方法论的挑战,研究人员本身在真理探索上越来越要求摆脱不当的外在限制,同时大学对自身所从事的"专业"——学术研究对于共同体进步所具有的特殊价值逐渐有了清晰的定位,在此基础上产生了为确保研究专业性的独立性诉求。从历史的溯源角度看,学术自主首先是在德国的大学中被提出的,这与德国作为虔敬主义运动的发源地紧密相关。虔敬主义运动追求内心虔诚和圣洁的生活,注重行善,反对刻板地奉行教义和信条,强调自主地探索道德的方向。受益于虔敬主义运动对正统路德宗的教义统制的冲破,1694 年建立的哈勒大学,作为普鲁士王国虔敬主义运动的中心,首次倡导哲学自由。1711 年,冈德林(N. Gundling)教授在一次演讲中对哈勒大学的办学理念进行了阐述,他指出:"大学的任务是把人们引向智慧,即引向分辨真理与谬误的能力。但是,如果对大学的研究有任何限制的话,这一任务就不可能实现。"②

---

① 周志宏:《学术自由与大学法》,蔚理法律出版社 1988 年版,第 2 页。
② S. E. 佛罗斯特:《西方教育的历史和哲学基础》,吴元训等译,华夏出版社 1987 年版,第 334 页。

1737年哥廷根大学创立,其创建者倡导思想宽容和研究自由作为大学的根本原则,主张削弱神学院对其他学院的干涉,试图营造一种宽容的自由学术氛围。1737年哲学院颁布的章程规定:所有的教授只要不涉及损害宗教、国家和道德的学说,都应享有教学和思想自由这种责任攸关的权利;关于课程中使用的教材及讨论的各家学说,应由他们自己选择决定。① 自此,学术自主开始逐渐获得清晰和系统的表述与主张。

从历史溯源来看,学术自主起初是作为机构的权利而产生的,并不涉及个人权利。② 德国宪法学家鲁道夫·斯门德在对《魏玛宪法》第四章规定的科学自由的条款进行解读时指出,这是明确授予大学的权利,是一种机构权利,而不是个人的权利,即使承认该权利的双重性,当二者冲突的时候,应该是机构权利占据主导。③ 之所以强调学术自主权的机构性质,是因为尽管科学研究的主体是作为个体的研究者,但研究者无法孤立地实现自己的天职,其所归属的科学团体和学术组织对学术研究和传播的影响是非常深刻的。④ 个人只能通过最彻底的专业化,通过一整套有着严整的确定性的研究方法,才有可能和具备信心在知识领域取得一些真正的成就,而只有组织机构才有可能提供这样的系统研究方法、专业训练和评价体系。真理性观念的产生和发展需要建立在一个共同体的讨论、评价和支持基础上,这不仅是确保学术标准、力图实现研究科学性的要求,也是确保成员能够凭借组织所构建的专业

---

① 参见陈洪捷:《德国古典大学观及其对中国大学的影响》,北京大学出版社2006年版,第16页。
② 参见J. Thorens, "Liberties, Freedom and Autonomy: A Few Reflections on Academia's Estate", *Higher Education Policy*, Vol. 19, No. 1, 2006, pp. 87, 92 – 94。
③ 第142条规定:艺术、科学及其学理为自由,国家应予以保护及培植。
④ 参见迈克尔·博兰尼:《自由的逻辑》,冯银江、李雪茹译,吉林人民出版社2002年版,第57页。

标准和组织支持,抵御外部力量的不当干涉的重要保障,在这个意义上,学术自由的实现必须有赖一个学术组织的存在。因此,学术繁荣的背后,组织条件的支持是非常重要的。默顿(R. K. Merton)非常明确地指出,对学术活动(教学与研究)的规范约束机制(如学术规范)、成果奖励机制和资源配置机制,乃至研究和教学机制构成了大学学术管理的内在机制,正是这些机制维系着知识生产和再生产的秩序,不断激励着学术的积累与创新。① 鉴于此,大学在决定学术研究的方向、所应该遵循的学术标准以及与之相关联的教学管理等方面被赋予了充分的自主权。在"斯威齐诉新罕布什尔案"(Sweezy v. New Hampshire)中,大法官法兰克福特(Frankfurter)确认了大学所享有的四个方面的基本自由:谁来教授;教授什么样的内容;怎么教;录取谁。1963 年英国高等教育委员会出具的高等教育报告("Robbins Report", Cm2154, 1963)强调了个体和机构层面的学术自由具有同等的重要性,进一步明确了学术自主权的范围。② 目前在规范体系中获得承认的作为机构权利的学术自主权包括但不限于:自主设置和调整学科、专业和研究方向的权利;自主设定科研评价和教学评价标准的权利;自主制定教学方案的权利,包括教学计划、教材选编、教学活动等;自主制定招生方案的权利;自主设立学术评定组织机制,展开教学和科研评定,处理学术纠纷和学术不端行为的权利。

作为机构权利的学术自主权,对外更多的是处理大学与包括政府在内的外部组织之间的相互关系,对内主要涉及与其成员之间的关系,包括与研究人员、教师和学生的关系。这就涉及作为个体权利的学术

---

① 参见 R. K. 默顿:《科学社会学》,鲁旭东、林聚任译,商务印书馆 2003 年版,前言。
② 报告中确认了大学所享有的以下学术自主权:专业人事任免权、课程及其课程标准的设定、教学管理、建立在平衡教学和研究基础上的对于发展的决策权。

自主权。作为个体权利的学术自主权一般是作为大学成员的教师和研究者的权利,主要体现在学术研究和教学两个领域。一般认为,在个体层面上的学术自主权主要赋予了学者质疑和重新评估既有智识结论的自由,以及推进创新理念、提出具有争议性的学术观点的自由。作为个体权利的学术自主权一般包括:首先,教师在充分履行其学术职责的前提下,有权在研究和发表成果方面享有充分的自由;其次,教师有权在课堂上自由讨论自己的主题,但应该注意不要在教学中引入与主题无关的争议性问题;再次,大学教师拥有自由传播自己学术观点的权利;最后,大学教师拥有身份保障权以帮助教师抵御来自学术研究和教学的压力。[1]

一般情况下,机构学术自主和个人学术自主之间呈现出内部一致性,正如上文所论述的,机构自主是个人自主得以保障的条件,只有机构有自由,才能为个体的学术发展提供组织保障和学术环境,确保个人不受政府或者其他机构的外部不当干涉。大学内部组织机制的设立,尤其是与学术决策相关的组织机制建设是连接机构权利和个体权利的关键。机构自治权中包括了自主设立组织架构的权利,组织架构的设立能够确保作为内部成员的学者在涉及学术的问题上有决定性的声音,能够有效且富有意义地参与到对研究和教学评估的标准设定与相关判定中,这不仅是机构学术权利的保障——这将直接影响大学是否能够真正产生符合学术标准、具有突破性学术价值的成果,也是学者学

---

[1] 1940年,美国大学教授联合会(American Association of University Professors)与美国学院委员会(the Association of American Colleges)围绕针对学术自由和身份保障权达成了协议(a Statement of Principles on Academic Freedom and Tenure),这份协议本身构成了讨论专业学术自由的基本标准。以上个人权利范围主要参照这一协议的规定进行梳理。参见 W. P. Metzger, "The 1940 Statement of Principles on Academic Freedom and Tenure", *Law and Contemporary Problems*, Vol. 53, No. 1, 1990, p. 3。

术权利的保障——只有专业人士参与到学术决策中,参与到对学术研究人员权利义务有影响的相关决策过程中,才能确保学者获得其应有的对待。① 当然,"教授治校"的疆域不是无限制拓展的,在超越学术自主范畴的大学自治领域,尤其是对于公务行政事项,则应该交由更擅长的行政人员去负责,确保大学的内部治理符合行政管理的专业逻辑和高效的原则。从当下大学治理改革的趋势来看,其内部的组织机制建设都区分了学术事务和公务管理。大学通过设立由在商业、产业和艺术领域都有杰出贡献的人物占据主导的咨询委员会介入大学的公务管理,不仅能够提升大学内部的治理效能,也能够帮助大学更好地与社会连接,承担社会责任。

但是,无论理论上二者具有怎样的一致性,实践中如何通过组织架构最大程度地将二者衔接起来,是个难题,机构的学术自主权与个人的自主权之间的冲突还是在所难免。② 在梳理比较法的过程中,美国的司法实践中多有涉及机构和个人的学术自主权冲突。如果仅仅关注个案,会认为美国最高法院在历年的判决中更强调对机构学术自主权的保护,但是如果深入地分析相关个案的历史背景,就会发现这一结论的有效性必须限定在特定的历史语境中。之所以在司法裁判过程中更强调对机构学术自主权的保护,一方面是因为与学术自主权相关的宪法判例主要出现在20世纪50年代,由于麦卡锡主义的出现,大学受到很多国家行动的干涉,机构的权利受到更多的影响,个体性权利不是没有受到影响,而是这一背景之下,个体权利是与机构权利联系在一起的,

---

① 参见 J. Areen, "Government as Educator: A New Understanding of First Amendment Protection of Academic Freedom and Governance", *Georgetown Law Journal*, Vol. 97, No. 1, 2009, p. 945。

② 19世纪英国和美国很多高校通过主张学术自主权,拒绝让新的学科进入课程,从而导致了从事这些学科研究的学者权益受到极大的损害。

需要通过主张机构权利获得有效保护;另一方面是因为个体权利(主要是与机构权利之间的冲突)基本已经系统地通过美国教授联合会(AAUP)个案报告的行业自治制度获得了有效保护,[①]从而没有更多地依靠司法系统获得救济,因此,并不能简单地从司法判例中得出机构权利具有优先性的结论。基于上文对两种权利内涵的理解,在处理二者关系时,可以围绕以下视角进行考量:

首先,机构权利不仅仅是一种手段性权利,而且具有和个体性权利同等重要的本位价值。以大学为代表的研究机构本身就构成了知识生产和再生产以及确保学术积累与创新秩序得以实现的主体,学术组织本身对于学术观点的产生和发展,其重要性并不亚于个体,是个体智识探索活动能够顺利展开的必要条件。因此,对于机构学术自主权的确认,不仅仅是为了保护个体的学术自主权,而且其本身就构成了法律需要保护的利益。因此,在处理二者之间的冲突时,除了关注个体权利保护,还需要在个体无法替代的组织性价值上对机构权利予以充分的尊重和保护。例如,在确保教师本身应该有权决定课程的具体大纲以及具体讲授的内容、教学方法的权利的同时,需要认识到学校在对教学秩序的整体规划和管理上所享有的优势,应该尊重、承认和保护大学决定课程设置、知识层次设定和进阶计划的设定等权利。此外,教学自由要求大学教师必须在履行其教学义务时保持其应有的教学水平的责任,但是并没有给予他们绝对地选择教学群体和教学规模的自由,学校基

---

① 一旦教师认为学校侵害了其自由权,而且与学校的前期协商失败,就可以请 AAUP 组成委员会对其纠纷进行调查,在调查的基础上出具报告。包含不利结论的报告在一定程度上构成了对大学的谴责,这种谴责可能会持续数年,直到大学管理部门改变其违规政策为止。协会和社会都会联合起来抵制不尊重学术自由的高校。因此,这一报告对学校是具有一定影响力的,学校面对不利的报告结论一般都会主动做出相关的政策和决策调整,在一定程度上就构成了与学术自由相关的非正式的判例渊源。

于整体学术发展和管理的需要,对教学的组织性权利应该获得充分的尊重。① 总体而言,对于个体权利的尊重和保护需要在学校权利获得承认的框架内寻求合理的方案。

其次,研究机构在行使学术自主权时,应该给予学者在研究和教学上充分的尊重、信任和保护。如上文所述,机构所享有的学术权利本质上不是一种管理权利,而是以构建一个个体能够从中获得充分的学术保护与学术成长的学术共同体为目标的组织权利。因此,机构自主权利的实现不能脱离个体权利,需要建立在其对个体权利的充分尊重和信任基础上。实践当中,在组织建制、学术评价的标准设立及其程序展开、判定,以及相关的教学管理中,不能机械地适用相关规范,行使相关权力,需要考虑学术机构是否给予了研究个体充分的信任和信心,是否给予了研究者足够的学术思考和发展空间,是否确保其学术研究的成果能够在学术共同体中充分获得严肃、认真的对待。在"保罗·巴克兰诉伯恩茅斯高等教育公司案"(Paul Buckland v. Bournemouth Higher Education Corporation)②中,英国法院支持了一名教授提出的推定不公平解雇的主张,该教授给出的学业判定成绩被考试委员会接受后,学生的试卷在未经其同意的情况下被学校重新评分,学校在此基础做出了解雇教授的决定。法院的判决指出,未告知和未经其同意的重新评分的决定损害了大学和教授之间的相互信任与信心,这一决定其实也是对学校应该遵守的根本合同义务的违背,它损害了教授评估自己学生的学术自主权。1977 年德国联邦行政法院围绕大学对其成员的学术批判方式做出的一项裁决指出,大学有权设立调查委员会对教授的研究

---

① 参见 BVerfGE 55, 37。
② 参见[2010] EWCA Civ 121。

是否完全落在严肃的研究范畴内进行调查和判定,但是对研究结果的强烈分歧必须在学术共同体内部通过学术讨论来解决,而非以向社会公开结论的方式来解决,委员会仅仅因为不同意教授的研究结论就公开发表和传播一份报告,这是对教授的科学自由的侵犯,缺乏对其的基本尊重和信任。[1]

二、自主办学权与学术自主权的比较:司法审查的视野

伴随学术自主在大学运行体系中逐渐占据越来越核心的位置,尽管如历史溯源所呈现的,大学自治的初始内涵并不涉及学术自主的主张,但是,今天在广义上界定大学自治时,一般会将学术自主同时纳入到了大学自治的范畴当中,认为除了传统上获得的组织管理权,基于学术研究和传播的学术自主权成为大学自治重要的组成部分。[2] 如欧洲大学协会(European University Association, EUA)在2011年实施的"自主性评估计分卡项目"(the Autonomy Scorecard Project)中,非常明确地将大学自治界定为四个维度:组织自治、财务自治、人事自治和学术自治。除了学术自治,前三个维度的自治权属于传统上基于分权产生的组织管理权,即自主办学权的范畴。

作为大学自治初始内涵的管理自主权,体现的只是作为学术组织所提出的要求实现民主化和多元化的分权诉求,并没有考虑大学作为

---

[1] 参见 BVerwGE 104, 304。
[2] 许育典指出,大学自治的内涵大致上可以分为人事自治、财政自治、学术行政自治与管理自治四个层面。高校作出的行政执法通常涉及大学自治两方面的内容,即学术行政自治与管理自治。参见《法治国与教育行政》,高等教育文化事业有限公司2002年版。笔者认为,人事和财政本身可以纳入管理范畴,在这个意义上,大学自治主要涉及传统公务的自我管理和学术自主两个方面。

学术机构的特殊性所可能产生的特殊权利诉求。尽管当时作为大学自治产生背景的行会自治很重要的一个功能就是对专业的传承和保护,大学本身也承担了知识传承的责任,但是,今天的大学职能显然超越了一般的专业传承和保护范围。现代学术自主权之所以被提出,很大程度上就是因为要求大学作为一个学术组织在合格地传承和呈现现有知识体系的基础上,必须实现知识创新,在拓展学科边界的基础上,带领人类拓展认知边界,不断实现文明进步。这就意味着需要赋予大学更多的与创新相关联的自由,这个创新的过程意味着大学会面临触碰乃至打破更多当下"禁忌"的风险,需要大学有更多的勇气和探险精神。在这个意义上,大学及其成员对自主权的诉求,无论从其本质还是程度上都要超越一般基于专业性设定的行业成员,如医生和律师等。今天的学术自主虽然作为大学自治的内涵之一,但区别于基于分权观念产生的大学自主管理权,强调的是在学术研究事务上享有的自主权,一旦确认特定事项属于学术事项,针对这一事项的自主权会受到大学设立机关和法律更大的尊重,赋予其更为广泛的裁量空间,以确保创新的可能。司法审查也不例外,需要尊重这种自主权,对大学的学术判断及其建立在此基础上的行动予以完全的尊重。

尽管理论层面上可以在自主管理权和学术自主权之间进行区分,但实践层面上两者很多时候是交错在一起的,现实中很多情况下无法完全清晰地将学术自主与自主管理区分开来,比如在招生计划的设定上,既涉及大学对于招生秩序的管理,同时也涉及大学对学科发展的学术规划。公务分权意义上的大学自治权,在欧洲大陆被赋予了类似于"家宅权"的性质,①旨在维护特定身份组织内部的安全和秩序,在这个

---

① 参见董保城:《大学校长之家宅权与秩序权》,《军法专刊》1991年第6期。

意义上,大学行使自治权所管辖的事项与确保组织内部秩序有效运行有关,核心体现为对成员进行一般性的道德和纪律规范,①在这一权力的行使过程中,并不需要介入与学术相关联的专业判断,而是基于秩序维护和成员管辖的一般性事实判断和规范适用。这也就意味着在涉及与传统大学自治相关联的组织管理事项的司法审查时,法院本身是有能力对相关行为的事实性和合法性进行判断的,因此,这一部分的行为不仅在司法审查的范围之内,而且受到行政法治原则的约束。

与基于一般性秩序维护和成员管辖的自治行为不同,如果大学行使的决策权尽管表现为对其成员的管理行为,但是这一行为需要介入专业的学术判断,其管辖动机也主要是从学术规范和学术发展角度考虑的,而不是一般性的秩序维护和成员品德建设考虑,那么这一行动就属于学术行动,其自主性应该获得司法审查充分的尊重,司法审查只能在尊重学校学术判断的基础上围绕合法性展开和推进。比如高校纪律惩戒条例中常常会出现的"舞弊作伪行为"的表述,如果该行为表现为"考试作弊"这种无论从事实认定还是规范适用,仅需要一般性事实判断就可以做出处理的行为,那么就属于大学维系内部秩序的自治管理行为,法院就具有充分的审查权,可以适用行政法相关规范对其进行实质性审查。但是,如果涉及违反学术规范,学术造假、抄袭等学术不端行为,需要适用学术标准和相关的专业学术考量进行认定,即不是一般性的违纪和失德行为,而是属于对学术活动及整体学术环境造成伤害,进而危及学术自由与学术伦理的行为,②那么对其的监管就属于学术自

---

① 参见倪洪涛:《论法律保留对"校规"的适用边界——从发表论文等与学位"挂钩"谈起》,《现代法学》2008年第9期。

② 参见伏创宇:《高校校规合法性审查的逻辑与路径——以最高人民法院的两则指导案例为切入点》,《法学家》2015年第6期。

主的范畴,学校对该行为的定性就应该获得司法权充分的尊重,在此基础上才涉及结合授权规范讨论学校惩戒行为的合法性。因此,在判定是属于公务分权意义上的自主管理权还是属于学术自主权时,不能简单地从相关事项是否涉及学术事项做出判断,而是需要对该行为的管理是否与相关的学术考量相关,是否需要介入专业的学术判断角度进行判定。

三、"学术自治尊让"原则的适用:学术自主权的法益澄清

涉及学术自主的范围,目前欧洲的司法审查,基本都会遵循"学术自治尊让"原则,承认并最大程度地尊重大学在学术研究和传播上所享有的自由。正如英国上诉法院塞德利法官所指出的:"对于纯粹的学术决定而言,正义并不需要给出明确的理由。一所大学有能力进行深度的学术或牧灵的判断(尤其是关于学生),法院对这些问题做出裁决是不合适的。"[①]也就是说,在纯粹的学术判断上,大学享有受到普遍尊重的权利,但是,什么样的问题可以被主张属于"学术自主"的范围,从而获得司法的尊重,如果没有得到进一步讨论和澄清,"学术自主权"的主张有可能会被滥用,这不仅会导致司法适用中的诸多问题,也会成为戕害大学成员基本权利和大学规避相关义务以及责任的借口。

人类行动包括两个必要的属性——目标(即意图)和手段,界定行动本身也主要围绕这两个维度展开,正如前文所指出的,由于大学的自主管理行为和学术自主行为很多时候是交错在一起的,从手段的角度

[①] Clark v. University of Lincolnshire and Humberside [2000] 3 All ER 752, 756, CA.

很难准确界定"学术自主"行为。因此,从学理上界定学术自主,可以尝试聚焦其目标来实现,对于赋予学术自主权目的的探索就是对法律框架内设定"学术自主权"所试图保护的法益的探索,对其的理解和把握能够有效支撑司法实践中对学术自主权的认定和识别,以及在此基础上进行利益权衡和权利平衡,本身构成了在面对复杂的司法实践时有效的理论工具。事实上,由于现实中高校所承担学术任务的价值多重性,司法实践中对于其行为的分析也因此会涉及多个维度的法益。关于学术自主权所试图保护的法益,目前主要有知识说、教育说和自主说三个有代表性的维度。

（一）知识说

雅斯贝尔斯说:"大学是一个由学者与学生组成的、致力于寻求真理之事业的共同体,人们出于寻求真理的唯一目的而群居于此。"[1]如前文所述,大学产生的历史是与以教义阐释为主要手段的宇宙真理的探索任务紧密关联的,现代大学从创立起就被认为承担了特殊的使命——大学应该通过确保教授、讲师和研究者们享有发现和传播知识的自由,从而承担起有条理地发现和教育与严肃和重要的事物有关的真理的职责。对于真理的追寻不仅是人类改善自我生存境遇最为重要的手段,而且真理探索本身就可以被视为是一种不证自明的善(a self-evident good),是人类在自我突破、自我实现上最为重要的理想,一切以知识的探索为目标的科学行动都应该获得充分的尊重和保护。与这一真理探索和传播的责任相关联,现代民主社会还将确保"民主胜任"的责任也赋予了大学——现代社会要让公众能够理解一些复杂的公共决

---

[1] 卡尔·雅斯贝尔斯:《大学之理念》,邱立波译,上海世纪出版集团2007年版,第20页。

定,能够有能力自主地参与公共生活,主导自己的私人生活。从纯粹的民智启蒙这个角度,这个启蒙责任不能由媒体、政治家或者是政党来完成,而是应该由大学来完成,这种期待的背后是对大学在真理探索上的专业性和纯粹性的信任。这一系列对大学的期待就要求大学应该与社会的功利目标隔离开,知识探索和传播构成了大学唯一的使命,正如约翰·亨利·纽曼(John Henry Newman)在其著作《大学理念:定义与说明》(*The Idea of a University : Defined and Illustrated*)中指出的,现代社会对于大学的期待在于,大学的使命就是教授普遍的知识(universal knowledge),因为知识本身就是目的。

  大学的使命在于真理探索,要求大学应该也只需要服膺于纯科学的观念,①强调"为了知识而知识"的纯学理研究。那么,在决定什么样的事项属于学术事项,什么样的研究和行动属于学术探索和传递,从而应该获得尊重时,就不应考虑知识本身从功利主义视角而言的社会功用。司法审查的首要问题,同时也是核心的问题,就是要回答,什么样的行为从本质上可以被认为是与知识相关联的"科学行动"。尽管从常识意义上来说,不应该由法庭或者司法审查机构来判断什么是"科学",而只能依靠学术共同体来回答,法庭既无能力也不应该来回答这个问题,否则就有不当干涉学术自由的风险。但事实上,法官在面对围绕学术自主提出的诉讼请求时,必须对什么属于探索知识的"科学行动"做出解释,否则无法确定司法审查的疆域。但是也必须认识到,司法审查基于个案所提出的判断标准并不具有普遍效力,从司法审查的角度所提出的标准和理解仅仅服务于法律监督的目标,这些理解并不改变科

---

① 参见别敦荣、李连梅:《柏林大学的发展历程、教育理念及其启示》,《复旦教育论坛》2010年第6期。

学共同体的一般认知。

一般司法实践中,司法审查本着对学术审查的谦抑态度对于"科学"的定义是非常广泛的,所提供的判断标准也更多是形式意义的。一般认为,只要客观上具备一些形式特质,从而可以将特定行动视为对真理发现的严肃和系统的探索与投入,就可以认定其为科学探索的学术行为,从而尊重研究主体的自主权,不再进行实质性审查。以德国的"二战"书籍审查案为例,①原告出版的书籍主张"二战"是由其敌人强加给德国的,该书因此被认为是缺乏历史反思、有害于年轻一代的。该书被禁止宣传和出售,原告为此主张自己的学术自主权受到了侵犯。宪法法院在判决中通过给出相关的"科学"定义,驳回了原告的诉求。法院认为,从书的内容来看,这并不是严肃地想要确认某种真理的尝试,作者并没有进行严密的论证,整个书写的过程只是彰显了作者的偏见,对于一般研究中必然涉及的与战争相关的文献和其他证据,尤其是希特勒积极追求战争并应该为其负责的证据并没有做相关的处理。法院指出,并不是作者自己认为这是学术性写作,这就属于学术性写作,作者在这个过程中系统性地排除了与其观点对立的、对其观点构成挑战的事实和资源,这本身就不属于科学的精神。法院谨慎地强调,他们不能确定真理的标准,但是法律上的科学自由承诺保护少数群体的观点,即使这些观点可能是错误的研究成果,鉴于对于真理标准所秉持的人类应有的谦逊和开放态度,只要它们是在认真探索真理的过程中得出的符合科学标准的结论,就可以被认为是学术行为,从而获得必要的尊重。这里法院其实为判断什么样的行为属于受学术自主权保护的"科学行为"提供了标准:首先,是否经过严密的论证和具有系统的证据

———————

① 参见 BVerfGE 90, 1。

支持,这是一个形式标准,并不需要证成这个论证是否客观成立;其次,有没有充分地考虑与之相对立的证据,从而使科学的态度得以展示。[①]

大学的首要任务是传播和发现真理,但是正如该判决所指出的,人类历史本身在面对"真理"及与之相联系的"科学"这对范畴时,应该秉持谦逊和开放的态度。历史的不断发展让我们认识到,对任何科学结论的正确性和适用性都应该有所保留,因此不能秉持"绝对正确"的自信轻易建构衡量"真理"的标准。正如密尔所言,即使是错误的观点本身,也是正确的观点本身得以萌芽和发展的基础。在这个意义上,无论是司法机构还是社会,都应该对实质性的学术观点秉持开放和包容的态度。但是,这一知识探索行为本身要受到已经确立的学术规范、科学准则的约束,学术自主所捍卫的是基于严谨的科学态度而产生的研究结论,保护的是依靠长期深入的钻研和系统的论证而得出的审慎思想与探索。

(二) 教育说

除了真理探索,大学进行学术探索,另一个很重要的使命是服务教育,学术研究与教育使命紧密关联。从前文的历史追溯中可以看出,德国大学制度对于学术自主概念的诠释做出了非常重要的贡献,其中洪堡有关大学的论述被视为是学术自主概念的起源。洪堡对于学术自主的理解是与其追求的大学教育使命和理想关联在一起的。洪堡认为,学术自主之所以获得保障,主要是因为其对教育的影响举足轻重,在教育层面上,学术自由不仅仅是赋予学术研究主体一种自由,同时也是对其所提出的义务和责任。

[①] 参见 E. M. Barendt, *Academic Freedom and the Law: A Comparative Study*, Portland, 2010.

除了在《国家行为的限度》中有对大学与国家关系的理解,在以《论柏林高等学术机构的内外组织》为代表的系列文章中,洪堡从各个角度阐述了其对于大学研究和教育职责的理解,这些立场构成了其倡导学术自主的动机。在《论公共国家教育》中,洪堡认为,作为政治共同体的公民身份和作为自主的个体的身份在现代国家中是一对基本矛盾,[1]要协调好这两者的关系,应该具有"既认识到个体特征的尊严,又认识到伟大国家和整体群众无所争辩的好处,因此不会让任何一方作出牺牲"[2]的智慧。洪堡认为,一个民族的性格应该是多样性和统一性的结合——原则上它们是一个整体,但每一个个别的、美丽的、有差异的性格特征也应该获得保留和充分的发展。然而,在这两者中,使得个体的个性特征获得充分和匀称的发展应该是最为本位的。洪堡认为,理想社会的建构取决于"各种性格特征的和谐和张力",教育的目标应该是培育不同特质的性格,因为"每种特定性格的形成是有能力纵情自我发展并发生蜕变的,如果一个民族只保持一种特定的性格,就会缺少一切反作用力,因此就会失去平衡"[3]。

在洪堡看来,学术研究是服务于教育本身的,教育的前提是承认人的多元个性,因此,大学的学术发展应该与人的多元个性的发展联系在一起,大学的组织建设和知识生产应该与多元个性的发展联系起来,在这个基础上协调好共同体需求和个体个性发展之间的关系。洪堡指出:"人类思想精神的作用是共同整体性的发展,并不是为了让一个替

---

[1] 参见洪堡:《论公共国家教育》,载安德烈亚斯·弗利特纳编著:《洪堡人类学和教育理论论文集》,胡嘉荔、崔延强译,重庆大学出版社2013年版,第3页。
[2] 洪堡:《比较人类学计划》,载安德烈亚斯·弗利特纳编著:《洪堡人类学和教育理论论文集》,胡嘉荔、崔延强译,重庆大学出版社2013年版,第34页。
[3] 洪堡:《论公共国家教育》,载安德烈亚斯·弗利特纳编著:《洪堡人类学和教育理论论文集》,胡嘉荔、崔延强译,重庆大学出版社2013年版,第5页。

代另一个,而是为了让他们彼此激发,让每一个都看到普遍的、原始的在每个人身上出现的力量,因此高等学术机构的内在组织需要创造并维护这个连续的、自身不断活跃的,但是毫无拘束并且非刻意的共同作用。"①这使得大学与其他层次的教育组织之间区分开来,大学成为维护这种多元个性的使命承担者,同时也使得"学术自主"的必要性和正当性得以证成。"学术自主"就意味着应该允许学术研究具有某种打破陈规的"独创性",而非被禁锢在千篇一律的思考模式中。这种"独创性"能够激发出不同研究者和受教育者个体身上有差异性的力量,带来多样性,从而在最为自由和活跃的性格交互中获得整个民族的发展和平衡。教育的任务应该在于"赋予人性的概念尽可能丰富的内容",对于这一教育目标的尊重就要求政府不得把大学当作高级中学、专科学校,不能把科学院当作技术团体,即"政府不能要求大学和科学院给他任何直接涉及他的东西,而是要坚信,保有了个体独特、自由的个性,一切的目标都有可能实现"②。鉴于此,"自由"和"寂寞"成为大学主张学术自主时所应该包含的两项基本原则。③ "自由"意味着学术研究可以打破陈规,提出多元的观点,意味着批判是研究的常态。若认为大学仅是传播无可置疑的、确定的真理而绝不能对其进行修正、更改的机构,那么必然会使学者们的研究束手束脚,并将他们仅仅限定在对现有知识的重复传播上,也就不可能有新的观点、新的生活方式出现,这将从根本上解构多元个性得以生存的环境。事实上,反思、批判、重估和不断突

---

① 洪堡:《比较人类学计划》,载安德烈亚斯·弗利特纳编著:《洪堡人类学和教育理论论文集》,胡嘉荔、崔延强译,重庆大学出版社2013年版,第36页。
② 洪堡:《论柏林高等学术机构的内外组织》,载安德烈亚斯·弗利特纳编著:《洪堡人类学和教育理论论文集》,胡嘉荔、崔延强译,重庆大学出版社2013年版,第93页。
③ 参见洪堡:《立陶宛学校教育》,载安德烈亚斯·弗利特纳编著:《洪堡人类学和教育理论论文集》,胡嘉荔、崔延强译,重庆大学出版社2013年版,第85页。

破、完善才是学者的使命所在。① 在这意义上,学术自由意味着学者有质疑和重新评估既有智识结论的自由,推进创新理念、提出具有争议性和不受大众接受的观点的自由。"寂寞"意味着大学研究应该与外部的功利目标之间保持距离,或者说其所从事的研究和教育事业与直接的社会政治经济目标之间,不必然产生直接的联系。这就为政府尊重消极意义上的学术自主权提出了要求,即政府不能要求大学直接服务于与治理的功利需求相关联的目标,即使大学服务于这一目标,那也是其在追求纯粹的科学和教育目标之外,自然而然产生的附带结果,而非刻意为之。

从纯知识探索的角度理解学术本身,对学术自由采取的就是义务论角度的理解,即大学和学者对于真理和知识发展的追求,根本不应该考虑这些知识的潜在现实效应。简而言之,大学和学者对于真理追求的承诺,是其绝对的责任,就像对于医生而言,拯救生命和捍卫健康是其根本的责任。但是,大学作为一个社会性的存在,不可能对其所承担的社会理想没有任何期待,这也是将学术自主与教育理想联系起来最为直接的原因。然而,如果对这一理想的期待导向了功利主义,即将大学的研究探索和传播与现实的政治经济目标过于紧密地结合起来,也可能会极大地制约其真理探索的空间:这不仅会对真理探索所要求的勇气和纯粹构成根本性的束缚和损耗,而且必然会引发对学术自主构成消极影响的现实问题——研究者的研究主题似乎应该由一些与现实紧密关联的外在机构来决定,因为从现实的角度考虑,这些外在机构比学术机构更清楚,什么是对公共福利而言更具现实紧迫性的重要研究

---

① 参见爱德华·希尔斯:《论学术自由》,林杰译,《北京大学教育评论》2005 年第 1 期。

内容,什么是对学生而言有用的知识。当然,这不是否定以政府为代表的外在机构对大学的指导和监管责任,但是如果将学术研究和教育的目标简单地对接社会功利目标,将极大地拓展外部机构干涉大学的疆域,导致学术的自主空间受到极大的挤压。正是在这个意义上,洪堡在论述学术自主时将其与教育目标联系起来的论述意义是重大的。洪堡将教育的使命与人的培育联系在一起,尤其是与尊重个性的多样性关联在一起,从而导出"自由"和"寂寞"这两项学术自主应该遵循的基本原则,这不仅维护了消极意义上的学术自主权,能够避免将教育目标简单地等同于社会政治经济目标,从而导致学术研究和传播被功利的现实目标所绑架,与此同时,这也创造了更为广阔的学术空间,为学术研究中的"异见"提供了一个更具包容性的外部环境,只有知识探索和传播的多元性才能为个性的多元性提供可能。"寂寞"原则也构成了学术自主所提出的"同行评议"要求的正当性基础。"寂寞"原则意味着研究者可以纯粹为了追求真理而展开自己的学术活动,为了学术而学术,哪怕在现行的机制中,没有任何评估标准可以证明自己研究的价值,仍旧可以继续学术活动。① 鉴于知识产品的特殊性——不必然可以在短期内被彻底证成或者是带来可见的社会效益,学者和研究者们在大学里生产的知识和思想尽管对人类长期发展可能是重要的,但在短期内则不一定能够被理解和看到。当学术研究的价值无法通过市场机制进行定价时,只有通过同行评价,才有可能基于学术标准和对人类真理探索和文明进步使命的理解,对其价值做出客观的评判。

此外,正如上文所言,教育与学术研究的关联使得学术自主不仅仅

---

① 参见"Does Academic Freedom Have Philosophical Presuppositions?", in L. Menand (ed.), *The Future of Academic Freedom*, University of Chicago Press, 1996, p. 27。

是作为一种权利存在,更为其内涵注入了义务和责任的部分。"寂寞"原则拒绝将功利的社会目标作为学术评估标准,并不意味着拒绝学术的伦理判断。对于"个性多样性的尊重"的教育目标的追求,要求大学所供给的知识需要建立在对人的个性的平等尊重基础上,从教育角度理解的知识生产从根本上要服务于人的事业,因此,任何背离人文精神和社会伦理的学术行动都会被排斥在应该受到尊重的学术自主的范围之外。正如费希特所认为的,只有两种技能可以被称为"文化":一为给予的技能,即把别人作为自由的个体而加以影响和平等对待的技能;二为获取的技能,即从别人对我们的影响中获取最大益处的技能。[1] 大学作为文化承载和传播的主体,也必须将一切的学术和教育行动纳入伦理的考量中,与人文发展和文明进步联系起来,一切研究和教育活动应该建立在人与人之间彼此尊重、沟通和成就的基础上。如果一些研究所导出的结论违背了那些应当受到普遍尊重与保障的伦理规范,从而对个性和尊严构成挤压和否定,这样的研究结论及其传播是需要被我们所审慎批判乃至拒绝的,而不是简单地以学术自主为由放弃对其所可能引发的教育后果和社会影响的慎思。

后现代对于科学主义进行反思时就曾提出,真理不是简单地通过理性的探究和论证来确定或发现的,而是要放置在现实社会中被慎思和建构的。[2] 前文所提到的德国对涉及"二战"书籍的审查案,除了该书形式上不符合学术的标准这一原因,德国法官正是敏锐地感知到这样的"研究结论"一旦推向社会,将对整个民族的历史反思能力和伦理

---

[1] 参见费希特:《论学者的使命 人的使命》,梁志学、沈真译,商务印书馆1984年版,第23页。

[2] 参见"Does Academic Freedom Have Philosophical Presuppositions?", in L. Menand (ed.), *The Future of Academic Freedom*, University of Chicago Press, 1996, p.27。

责任能力产生消极的影响,从而将其排除在应该受到保护的学术自主范围之外。当然,将社会伦理判断纳入对学术自主的理解,还是需要将最大程度地保护学术思想的多元性和尊重其创造性作为最重要的目标,因此,在这个意义上,伦理判断的纳入更多的应该是一个消极标准,即不是以"研究是否符合和有助于实现特定的伦理图景",而是以"研究是否明显地违背了必须获得尊重的人文伦理标准"来对学术行为进行考量。如果只是没有可见地促进某个特定的伦理目标的实现,但是不存在任何可见的伦理风险和危机,相关的研究依旧是需要考虑被尊重和保留的。

(三) 自主说

无论是知识说还是教育说,其实都将学术自主的法益放置在社会价值层面去考虑。事实上,学术自主对于个体而言也非常重要。对于选择学术作为志业的学者而言,正如韦伯所言,"他灵魂的命运就取决于他在眼前这份草稿的这一段里所做的这个推断是否正确"[1]。学术的研究和传播与学者、研究者的生命意义关联之紧密,对于真理的追求与发现是他/她与生俱来的使命的内在和不可分割的一部分,构成了其身份认同和尊严实现非常重要的一个维度,从而使得学术自由本身的享有对其而言是一种道德权利。德沃金是这一观点的主要倡导者,在他看来,学术自由与伦理意义上的个人自主之间紧密关联,伦理意义上的个人自主要求所有的个体都应该享有自行决定过什么样的生活的权利,这里就包括了在研究中实现这种对生活的理解的权利。[2] 一个人可

---

[1] 马克斯·韦伯:《学术与政治》,冯克利译,生活·读书·新知三联书店2005年版,第24页。
[2] 参见 R. M. Dworkin, "We Need a New Interpretation of Academic Freedom", in L. Menand (ed.), *The Future of Academic Freedom*, University of Chicago Press, 1996, p.190。

以自主地展开研究,能够向社会去自由地传播其基于研究所产生的结论和观点,是其生命意义得以呈现、人格尊严得以实现的重要维度。在司法审查过程中,不能忽略学术行动在这一个人维度所具有的价值。与此同时,作为一种道德权利,要被转化为可实现、可被承认的法律权利,就必须将其对共同体的影响、其与公益实现之间的平衡纳入考虑范围。在自主意义上,法益要受到知识探索和教育使命承担的法益的约束。

从自主的角度考虑学术自主权包括了"向社会自由传播研究结论和观点"的自由,当研究者向公众公开地传播自己的学术观点,将对学术自主的追求和实现拓展到公共领域时,其实会引出对学术自主和言论自由之间关系的讨论。因为尽管对于学者个体而言,可能只是在行使自主的道德权利,但是对于公共而言,会产生观念和行动上的外部影响,这种影响是学者以"言论"的方式引发的。由于言论与现代民主之间的关联,这同时也进一步引出了另外一个与公共自主紧密相关的观点,即学术自主很重要的一个价值是服务于民主胜任。主体性的呈现倚赖知识的供给,没有知识的人民是没有主权或权力的人民。要保持人民的自治,我们必须保证他们能够掌握知识。我们必须确认人民能够胜任民主。波斯特(Robert Post)认为,"知识,与智慧和信息都不是同义词,专业知识既不是实践理性,也不是原子式事实的集合。专业知识源自以可靠和可用的方式安排经验的能力,它源自对复杂学科实践的适用"[①]。

从公共层面来理解学术自主,就为这一权利的行使提出了更多的

[①] 罗伯特·波斯特:《民主、专业知识与学术自由——现代国家的第一修正案理论》,左亦鲁译,中国政法大学出版社2014年版,第91页。

要求。如果学术自主仅仅是作为个体自主的呈现，那么学术自主主要服务的法益就是个体人格的自我展示与自我认同，是服务于权利人自我的利益，从而是一种纯粹的主观权利，"我是否通过这样的研究和研究成果的表达呈现了我对生活的理解"这一法益得以实现的判断主体是权利人本身。但是，如果学术自主通过言说传播的方式衍生到了公共领域，那么是否要尊重这一自主权就不再是仅仅从作为表达者的权利人本身角度出发进行考虑的问题，而要结合接收其学术观点的听众的角度进行判断——一般情况下，基于权利人的表达，听众会接收到什么样的信息，从而进一步会引发什么样的公共影响，导致什么样的公共行动，这样的信息对于民主发展而言是否有益。这就会为学术自主权的行使提出更高的要求和限制：鉴于公众对学者具有一种天然的信赖，当学者表述的观点与其专业身份紧密相关，尤其是在表述相关专业观点时没有声明其与所属学术机构之间是否有联系时，基于对其所具有的专业性和对其所属的学术机构的信任，公众对其观点的表述会有更多的信赖，会更多地依靠学者的观点做出公共判断乃至行动。鉴于公众对此所秉持的信赖利益，对于学者在公共领域中表述其学术观点，无论是从形式上还是从实质上，都应该提出更高的要求。[1] 因此，当学术研究本身延伸到公共领域时，不仅仅要求学者与在学术共同体中进行的观点陈述保持一致，遵循严格的学术标准，更重要的是，需要学者对自己表述的观点所可能产生的公共影响进行审慎的评估，应该尽量确保其观点陈述能够为专业所支撑和覆盖，避免仓促、过度和夸张的陈述，并在此基础上基于自己表达可能引发的公共影响对表达内容和表

---

[1] 参见罗伯特·波斯特：《民主、专业知识与学术自由——现代国家的第一修正案理论》，左亦鲁译，中国政法大学出版社2014年版，第45页。

达方式进行理性的选择。这在一定程度上能够解释为什么在《德国基本法》中科学自由与教学自由没有出现在同一条款表述中,而是被分开表述的,而且强调了教学自由对宪法的忠诚义务。这其实意味着相较之研究而言,教学是科学研究衍生到公共领域非常重要的一个方面,基于其所可能产生的公共影响,教育会受到更多的约束,需要教育者承担更为审慎的注意义务。①

从学术自主权所试图保护的法益分析中可以看出,学术自主权的行使关切到社会对真理的探索、教育使命的承担和个人及其公共自主的实现。因此,学术自主不仅仅是一种自由,同时也是一种义务和责任。这就使得这一公法权利不仅仅要被作为一般意义上的消极防御性权利来对待,也使得这一权利具有了客观法的性质,不仅要求权利主体在行使权利的过程中承担更多审慎的责任,国家也需要为此承担积极的公法义务,为学术自主的实现提供有利的条件,确保学术自由具有组织性、制度性和程序性的保障。德国1973年的"大学判决案"(Hochschulurteil)将国家所应该承担的这种积极义务概括为:首先,国家必须确保科学自由的繁荣,为其提供足够的结构性的和财务上的支持,如果没有这些支持,独立的研究和教学就无法展开,特别是对自然科学而言;其次,国家需要构造一系列的组织措施,确保科学研究的权利不受不当侵犯。学术自主作为一种具有宪法维度的原则,事实上会影响到对大学功能、权力以及运行程序进行规范的法律的制定和解释,不仅仅构成了个人的权利,而且是对整个大学或者研究机构产生组织

---

① 《德国基本法》第5条规定:一、人人有以语言、文字及图画自由表示及传布其意见之权利,并得自一般公开之来源接受知识而不受阻碍之权利。出版自由及广播与电影之报导自由应保障之。检查制度不得设置。二、此等权利,得依一般法律之规定、保护少年之法规及因个人名誉之权利,加以限制。三、艺术与科学、研究与讲学均属自由,讲学自由不得免除对宪法之忠诚。

性影响的法律原则。

在一个世界已经祛魅的时代,科学和理性成为主导生活的主要动力。如何理解学术行动及其与之相伴而生的议题,对于人类的发展和幸福举足轻重。现代科学的产生和发展以自然科学为基础,自然科学因此成为"新哲学"非常重要的方法论渊源,但是,科学本身不等于自然科学,从自然科学中衍生出的一切客观标准固然重要,但是并不足以穷尽我们理解自我和周围世界的"专业标准"。当从复杂的社会关系中展开对于学术行动及与之相关的议题的理解时,事实上都在敦促我们采取比受客观主导的自然科学标准更为丰富和开放的态度去理解相关议题。也正是在这个意义上,面对"大学自治""学术自主"这些与科学和真理紧密关联的议题时,法学研究的范围要超越司法,超越一般规范,回到"人"的解放和进步本身,在与哲学的对话中获取一个更广泛的视野。

第六章　城市治理中的公法权利保护：
自治的视角

　　在卡尔维诺的笔下，城市是多元、梦幻和灵动的，城市承载着生活于其中的个体的希望与畏惧、欲望与情绪，是个人安置灵魂的地方，是情感归属的社区。但是，在马克思主义的理论中，城市发展成为吸收剩余资本最为主要的方式之一。① 随着资本逻辑的扩张，城市急剧地变化，城市作为空间(space)、土地(land)的一面，即作为经济形态的一面，与其作为地方(place)、社区(community/neighborhood)的一面形成了极大的张力。② 作为现代性所呈现出来的共有内在矛盾，这种变化也成为对中国变迁经验的阐释以及对中国问题的分析中非常重要的维度。对于个体而言，市场化的过程其实会弱化以单位人、公社人为代表的集体身份，但同时越来越强化其作为居民、市民的身份，城市无论是作为经济空间还是作为生活社区，对于个体都举足轻重，这就使得城市发展中的正义问题越来越突出，也越来越重要。在现代城市发展中，政府专业部门在对土地、空间、道路、住房等的规划及分配中享有普遍的主导权和决策权，但由于官僚体系的考核和评价机制更关注城市经济发展效

---

① 参见戴维·哈维：《叛逆的城市：从城市权利到城市革命》，叶齐茂、倪晓晖译，商务印书馆2014年版。
② 参见陈映芳：《城市中国的逻辑》，生活·读书·新知三联书店2012年版，第17页。

益,而对城市作为生活社区的价值关注有限,对城市规划、城市开发过程中以市民权呈现的公民权利理解存在狭窄化和保护不足的问题,导致城市治理成为公法矛盾和冲突发生的主要场域。城市作为安放集体生活的空间,是公共自主的重要场域,城市对个体生活影响的重要性和根本性使得"人民城市"的运行状况在深刻地影响着"我们人民"的现实生活状态和精神归属。将自主这个概念放置到城市空间中,如何从观念层面去理解城市空间中的公法权利的内涵及本质,从而在此基础上以城市为依托,直面共同体的维系和人的自主性之间的公法基础矛盾,是本章试图讨论和澄清的核心议题。

关于观念的讨论必然是围绕现实的矛盾展开的,这是观念讨论的基本线索。城市建设的管理一般包括了前期对城市空间和土地资源的规划编制,在此基础上以城市建筑建设为核心的发展环节,以及事后围绕相邻权所可能产生的问题和矛盾的解决。从司法的角度关注城市治理,主要是聚焦事后处理城市规划与建设中的矛盾和利益协调问题。从各省市公布的近五年的行政审判白皮书中可以看到,土地、林地等资源类案件和拆迁、规划等城建类案件,相较于治安、消防、道路等公安类以及劳动和社会保障类案件而言,始终处于行政诉讼涉诉相对集中领域。[①] 尽管这些矛盾多与相邻权纠纷有关,属于民事纠纷,但城市规划和建设关涉到城市空间的公共性分配,因此,建立在原子化个体基础上的传统私权冲突和相邻关系理论显然无法有效涵盖和从根本上有效处理现代城市中极为多元复杂的利益冲突。尽管司法专注于事后矛盾的解决,但相关利益冲突显然不是在建筑建成之后才发生的,而是由一个始于规划阶段的多层级矛盾逐渐积累形成的矛盾,城市问题的提前规

---

① 参见 2020—2023 年湖南省高院、云南省高院、福建省高院等发布的行政审判"白皮书"。

制和疏导以及事前的应对机制建设就变得极为迫切和重要。司法裁判本身借助于法律适用所传递出来的观念不仅会对社会公共常识产生根本性的影响,同时这种观念上的变化和发展会"倒逼"政府机关改变其行动的逻辑,从而促成积极城市治理模式的形成。因此,围绕司法审判中常见的争议,反思和发展背后的公法观念,以此为基础引导司法审判的发展方向,以司法裁判敦促治理模式的发展,成为推动城市治理现代化的抓手。现代城市的建筑自由建立在行政机关的行政许可基础上,所有第三人构成私法上对空间权益的侵犯行为都是将行政机关以许可为代表的空间权益处分行为作为前提。因此,大多数相邻权侵权纠纷的解决需要以城市规划许可的合法性判定为前提,私权救济最终取决于公法上对社会成员空间权利的理解。

以"S市某有限公司诉S市规划和国土资源管理局建设工程规划行政许可行为违法案"为例。2016年11月1日,被告于其官网上对特定单元地块控制性详细规划进行公示。根据公示内容,某公益建筑项目将落户于原告公司大厦西北角,两个项目仅隔一条马路。被告批准了该公益建筑项目的规划,并分别为该项目的地上建筑和地下桩基部分颁发了建设工程规划许可证,诉讼发生时该项目已经完成了地下桩基部分的建设,地上部分正在建设当中。原告认为,该公益建筑的选址和建设将会对其公司大厦的采光、通风产生诸多不利的影响,因此,原告基于其相邻权的享有,属于该规划许可项目的利害关系人。原告认为被告在该项目规划许可过程中违反了《行政许可法》和《城乡规划法》相关程序规定,未履行其程序义务,未告知其享有听证的权利,未听取作为利害关系人的原告的意见。该项目所涉的规划设计方案明显违反《城乡规划法》和《上海市城市规划管理技术规定》(以下简称《技术规定》)等法律法规有关具体设计要求的规定。鉴于以上实体和程序问题,被告在规划设计过程中未充分考虑原告作为相邻权人的权益,导致原告的相邻权受到影响和侵害,根据《行政诉讼法》相关规定,原告要求判决撤销被告就该项目地上部分所做出的建设规划许可。被告则认为其在实施规划许可过程中进行了公示,因此,已经履行了相关告知的程序性义务,且严格遵循相关规划管理技术规定,不存在违背管理技术规定的情形。针对被告提出的抗辩,原告认为公示和听证属于两种不同的程序要求,符合技术标准与否无法成为判定侵权行为是否存在的依据。本案的争议焦点可以总结为两点:规划许可机关的公示义务与行政许可法上的听证权告知和组织义务是什么关系?是否存在相互可替代性?对于规划管理技术规定的遵循是否可以成为判定行政许可机关尽到了审查义务的依据?后者涉及技术标准对司法审判的影响,在行政法中有诸多的讨论;[1]前者则涉及对规划中程序权利的理解,尽管程序具有其独立的价值,但是程序权利的设定还是以实体上法律关系的界定为基础,因此,正确理解程序权利的前提是正确理解法律关系实质及各主体法律地位。正确理解城市规划和建设中的法律关系,需要以对城市治理所涉及的相关法治概念和观念进行梳理和探索为条件。

一、城市治理中的基础概念:城市权与城市秩序

(一)作为集体性权利的城市权的出现

以市民身份为基础的城市权的产生与中世纪城市的出现紧密相

---

[1] 参见陈越峰:《城市空间利益的正当分配——从规划行政许可侵犯相邻权益案切入》,《法学研究》2015年第1期;宋华琳:《论行政规则对司法的规范效应——以技术标准为中心的初步观察》,《中国法学》2006年第6期。

关。现代城市是伴随着商品经济的发展而出现的,马克斯·韦伯指出,在西方,中世纪的城市,中世纪的罗马教廷和正在形成的国家都是财政理性化、货币经济以及政治性很强的资本主义的体现。① 为了捍卫契约自由,防御封建权力对财产自由的不当干涉,作为商品交换主要参与者的手工业者和商人通过自愿的方式定居在用石头或木栅栏建立起围墙的区域内,同时自主创设通行于该区域的规范和纠纷解决机制,这些围墙设定的定居点通常被称为"堡"(burg),生活其间的居民被称为"堡民"(burgenses),这就是现代城市和市民的起源,这就是英语中"资产阶级"与"市民""自由"是同一词源的历史原因。区别于传统的封建城堡,现代城市是作为商品经济参与者的"堡民"自主创建的适应新兴社会经济生活的市镇机构。按照韦伯的描述,中世纪所出现的现代城市具有以下特征:(1)自主创设的共同体;(2)存在一个独立的市场;(3)服务于自治的需求,一般具备自主解决纠纷的法庭和部分自治的法律,由经市民参与的选举所产生的权力机构来管理。②

中世纪的城市最为显著的特质是由"自由人"构成的"自愿团体",这是当时唯一没有特权阶层存在的社会空间,从而激励着一切在封建体制之下寻求摆脱依附关系的手工业者、领主官吏、下级教士、自耕农民、逃亡奴隶以及其他渴望自由的人们聚集于此,争取建立创新型的生活共同体。由于它是在世俗权力和宗教权力纷争的夹缝中努力生发出来的生活空间,因此,城市本身是作为政治权力发展多元化的产物而出现的,作为一个在世俗政权与宗教体系之间为市民争取权利的整体而

---

① 参见马克斯·韦伯:《经济与社会》(第二卷·上册),阎克文译,上海世纪出版集团2014年版,第1375—1384、1413—1416页。
② 参见马克斯·韦伯:《经济与社会》(第二卷·上册),阎克文译,上海世纪出版集团2014年版,第1375—1450页。

存在。无论城市的本质是一个诉求构建自由人联合的新型共同体,还是其作为政治权力多元化的产物,从历史起源来看,其实都意味着一切与城市相关的权利诉求均起源于一种集体性权利,而非个体性权利,服务于一群自由人为构建一个共同生活空间的需求,而非仅仅服务于原子化个体的需求。正是在这个意义上,有学者指出,不同于建立在单一罗马城中心基础上的罗马共和国,作为中世纪代表的意大利城市共和国才真正体现了"共和"的内涵,"共和"从形式上看存在一个以公共利益为旨归的公共事务领域,这与民主的内涵更为接近,但之所以存在这样的形式特征,是因为认识到争取个体的自由必须以集体的自由为基础,因此,处于共和这一社会模式中的共同体内部成员将争取自由的事业视为共同的事业,从而通过一个多层级的等级体系,作为整体共同参与到争取所属共同体的自主性的共同行动当中。这种社会模式将个体自由与集体自由关联起来,一定程度上被认为受到基督教关于"社会成员的有机区分和相互依赖"的教义的启发。因此,从起源上看,城市权本质上是一种集体性权利,这种以共和为旨归的集体性权利在承认个人自由和平等的同时,也关注合作对公共利益的促进与服从,正如克里斯托弗·道森(Christopher Dawson)所指出的:"自治城市生活反映的中世纪关于自由的思想并不是个人按照自己的意愿去行为的权利,而是参与具有自身的自治制度和权利的高度有机化的团体生活的权利。"[①]

从城市权的起源可以看出,当统一的政治体(封建政权)无法保障个体的权利和自由时,个体借助于城市这一独特的生活共同体从中世纪的社会体制中获取个体自由和权利,因此,一切与城市相关的权利本

[①] 克里斯托弗·道森:《宗教与西方文化的兴起》,长川某译,四川人民出版社1989年版,第196页。

质上服务于构建一个独特的生活空间,城市权利本质上是一种以产生特定集体联合为目标的权利。这一集体性权利意在通过构建一种不同于统一政治体成员的身份,确保个体获得自由。这一集体性权利所要保护的法益是构建和维护一个有助于自由实现的独特的生活空间。列斐伏尔(Henri Lefebvre)在给"城市权利"下定义的过程中指出:"讨论谁拥有城市,这里的拥有不是个人直接拥有一份物理意义上的拥有,而是每一个群体集体意义上是否能够获得就业和文化,居住在一个合适的住宅里,拥有适当的生活环境,获得满意的教育,获得个人的社会保险,参与城市管理。"① 这首先意味着以建立在原子化个体假设基础上的消极防御为主要特质的自由权无法帮助我们更好地理解与城市相关的权利。作为一种服务于特定共同体构建的权利,其所关涉的利益诉求是多元和复杂的。作为一种集体性权利,防御不是本质,合作和参与构成了这一权利的核心内涵。同时,与一切以人的联合和团结为目标的政治性权利的实现要求一致,与城市相关的决策应该服务于公共利益的产生,城市权的设定要确保其成员充分的参与性和沟通性,确保城市治理权向全体社会成员开放,由全体社会成员共同享有。

尤其重要的是,这一集体性权利特质彰显了公民权与市民权的差异,当现代民族国家越来越强大时,市民权很容易被对公民权的主张所忽略。从城市权的起源可以看到,与现代民族国家相关联的公民权无法涵盖和替代与城市相关联的市民权。市民的身份最终要服务于一个独特的城市生活空间的创造,从而与作为现代政治国家构建基础的公民的身份有一定的差异。城市空间的创造同时包括了城市化和市民化

---

① 转引自戴维·哈维:《叛逆的城市:从城市权利到城市革命》,叶齐茂、倪晓晖译,商务印书馆2014年版,第3页。

的历程,前者是空间格局上的创设,后者是人的归属感的塑造。正如有学者所指出的,城市化是市民化的必然前提,但是市民化的历程不必然伴随城市化的历程而产生。① 主权国家的发展和市场经济的主导性必然带来城市化的进展,但是市民化的进程则不必然,市民化的发展还有赖于城市化以外的诸多因素的成就。市民化其实涉及两个基本问题:第一,城市化进程中个体的权利是否获得充分的保障;第二,在社区建设的过程中,市民身份的核心不仅仅包括个体权利意识的觉醒,同时还意味着彼此能够形成一个相互关联、相互支持的共同体,涉及社区的建设问题。社区建设应该以尊重其成员对美好生活的理解为前提,应该是集体性格的多元呈现,但是,当民族国家的城市化进程是由统一的官僚体系所主导时,城市在经济、社会、文化等多维度的关联中所形成的多元生态很有可能无法获得充分的关注和呈现,"千城一面"的城市化进程会导致市民化发展的过程被忽视,市民权、市民身份没有获得正确且充分的保护和实现。② 现代公民权以平等为核心,主要包括不被干涉的消极防御权和要求国家对个体进行生存照顾的福利性权利。与市民身份相关的城市权利则更多的是一种积极的集体性权利,是服务于一个集体的独特城市空间创造的权利,由于没有对公民权和市民权进行区分,当下对个体的城市权利的阐释中,经济性、物质性和防御性、救济性的内涵被不断强调,公法上关于城市权利的相关研究中,与规划和建设相关的权利主张更多地被阐述为一种经济利益的博弈行动,而非市民对生活需求、心理感受以及认同需求的主

---

① 参见陈映芳:《"市民化"与"国民化":审视中国城市化困局》,《文化纵横》2018年第2期。陈映芳的《城市中国的逻辑》(生活·读书·新知三联书店2012年版)一书中也有相关讨论。

② 参见陈映芳:《城市中国的逻辑》,生活·读书·新知三联书店2012年版,第107页。

张,后者较少被建构为社会公平价值需求的内容。但是,城市中的人除了这些物质性诉求外,还具有大量对于城市维系和个性彰显而言具有特殊意义的精神诉求,这些权利诉求在这个阐释过程没有获得充分的重视。

一个成熟社会中的成员,不仅关注自身的物质诉求,同时关注自身的精神需求以及主体性身份归属和实现。现代社会中,伴随着个体不断从各种各样的集体身份的束缚中解放出来,除国家公民外,城市市民是非常重要的与平等主体相关联的公共集体身份,这个身份中所包含的物质和精神诉求都应该获得同等的重视。从上文的概念溯源中可以看到,与市民身份紧密相关的城市权利区别于原子化个体的权利,尽管其也强调对个人自由的保护,但是其本质上应该是一种集体性权利,服务于一个自由的城市空间的建构。在对城市权利进行理解和落实时,不仅应该关注个人自由,还应该关注这一集体性权利所强调的对城市共同体的维系所需的各种制度环境。事实上,在看到市民身份和公民身份各自具有独立性的同时,也要看到二者之间复杂的内在关联,"公民身份"这个概念包括了权利和身份认同两个组成要素,权利涉及法律地位层面,身份认同涉及感受和心理层面。国家层面上的公民权问题与城市层面上的市民权问题、国家归属与城市归属之间有着紧密的关联,因此,意识到城市权的独特性,对于构建真正的"人民城市"、塑造"我们人民"的认同而言意义重大。

(二) 现代城市权的发展

与中世纪的城市规模相比,现代城市极速地扩张,其规模已经远远超越了个体直接的感受能力,城市建设所带来的完善的基础设施和公共服务极大地成就了城市中个体的发展。正如伊塔洛·卡尔维诺(Italo Calvino)在《看不见的城市》中所描述的,一方面城市是郁积负罪感的源泉,另一方面其真正魅力在于它是柔软的,它吸纳众多,无所不包,始终是希望的体现。① 如前文所述,中世纪城市出现时,其更多是一个由"堡民"自主建构的独特的生活共同体。城市发展的核心要素是制度及其自治机构,而这些制度和机构主要服务于人的自由发展,城市的本质是自由人的集合,人这个要素是在城市概念中不断被强调和彰显的。城市对"人"的成就主要是借助于制度和空间建构来创造一个有差异的自由主体能够在其中自主生存的生活空间。但是,伴随着现代工业和商业的高度发展,对于经济发展的强调及其所带来的土地、空间稀缺性的逐渐彰显,城市的构成要素越来越多地集中在其物质性构成要素上,城市土地与矿藏、水流、森林、山岭、草原、荒地、滩涂等自然资源一样被视为服务民生和发展的资源。当土地、空间被视为经济资源而非与人的自由相联系的资源时,一方面,城市的本质和功能就同经济发展紧密关联起来,城市作为"人的集合"的本质逐渐被"物的集合"的认知所掩盖和遗忘,人作为构成要素之一也逐渐被简化为统计学上的"人口"概念,最终落实为与福利相关的各项物质权利。这就使得一切与城市关联的、无论是权利还是权力的功能都被还原为保护物质性的利益,人的精神要素、人的物质之外的需求在这个过程中则逐渐被忽视。另一方面,鉴于现代公共资源的本质就是实现共有和共享,而代议制的发展将这种确保共有和共享的职能主导性地赋予了行政机关,因此,一旦土地被划归为公共资源,就使得行政的力量在法理上具有了主导城市治理的正当性,这种主导在一定程度上忽略了市民作为城市发展主导

---

① 参见伊塔洛·卡尔维诺:《看不见的城市》,张密译,译林出版社2012年版。

力量所应该具有的主体性地位和作用。正如德国联邦法院在一份判决中所指出的:"在土地面积不可能增加而土地对每个人来说又具有绝对重要性的情况下,将土地使用交由市场机制来调整是必须予以禁止的。为了确保宝贵的公共自然资源为公共所用,国会有义务制定法律并授予行政机关管理和分配公共资源的权力,并限制个体对自然资源无限制的使用。"①

当城市作为人的集合的一面被逐渐淡化,而其作为公共资源的集合的一面不断被强调,必然会带来对城市权利理解的变化。以城市规划为例,尽管今天依旧可以窥见"与城市相关的权利本质上都是一种集体权利"这一从城市起源中所揭示的概念内涵对城市规划的影响,我国《城乡规划法》在将城市的规划编制权赋予行政机关的同时,要求规划审批前要报人大机构审议,同时要求对规划实施情况进行评估,征求公众意见。② 这在一定程度上彰显了规划不仅是关涉专业判断的行政决策,而且是涉及市民普遍利益的具有一定政治性的决策。但是,城市规划作为城市治理和发展中非常重要的一个权力和权利对话的场域,目前包括公法在内的公共语境中,都主要将其视为一种对物质空间进行功能分工的活动,属于经济发展过程中的一个环节和工具。既然是对物质空间的划分,服务于经济发展的目标,这就属于"科学"判断的专业领域,应该倚赖以专业能力见长的行政主导,规划领域更多地涉及行政权力的行使而非公民权利的实现。因此,城市开发运动催生了城市学科,城市政府也表现出了整合专业知识分子的突出能力——大量规划标准的出现,构成了规划权力行使的基础和依据,政府及其专业部门在

---

① 转引自陈国栋:《公法权利视角下的城市空间利益争端及其解决》,《行政法学研究》2018年第2期。
② 参见《中华人民共和国城乡规划法》(2019年修正)第十六条、第四十六条的规定。

对土地、空间、道路、住房等的规划与分配中普遍地拥有主导权以及决策权。这种以经济学意义上的功利主义目标为指引、将重心放在城市人口的统筹安排,关注物质要素与城市用地规模扩展的"科学"规划理念,由于没有给城市中市民足够的表达空间,对城市利益的界定维度趋于狭窄化,聚焦经济维护,忽略了城市在社会、文化等多维度的关联中所可能发展出来的更为多元化和人性化的生态可能,从而导致城市现代化工作呈现出一种脱离人的需求本身的盲目和失序。

  对经济效率和专业性的强调,使得当下对规划的理解更多属于一种政府权力,市民自由、平等地进入资源分配体系,通过公平的程序来参与资源分配过程的城市权利被忽略了,这在一定程度上能够确保公民高效获得生存所需的物质资源,却忽略了城市规划背后对多元利益平衡、市民身份塑造的影响。这不仅导致城市规划和建设中市民的权利更多地被理解为一种物质性权利,物质诉求之外的精神诉求和主体性诉求都很难获得充分的表达和实现,而且导致与城市相关的权利基本被限缩为事后救济权,事前和事中的利益表达权、参与权未获得充分的表达和实现。尽管现代城市的发展使得空间分配越来越具有专业特质,需要获得科学知识的支持,但是,这不能掩盖城市空间和土地分配的背后是对城市中多元主体利益的充分考量和平衡的事实。尤其是城市作为重要的公共空间,其空间划分和布局将从根本上对城市中个体的自我实现、身份归属、精神成长产生根本且重要的影响,在这个意义上,单纯地以经济增长目标和技术标准为指导的统筹安排与规划是有其局限性的,城市中作为市民的声音应该被更充分地考虑,同时能够获得更为审慎的对待。"人"的因素的丢失会导致城市规划与城市发展所需的实质性要素脱节,而没有作为城市主体的市民承担充分的公共参与和合作义务,要克服这种局限性也是几乎不可能的。

（三）城市秩序的再理解

当城市被作为自由人的生活空间来对待时,除了个体的物质需求,个体在精神上的需求与归属、对主体性的诉求也会受到充分的关注。同时,城市权作为一种集体性权利,强调的是这样一个成就自由人的生活空间应该由这个共同体中的成员共同参与创造。区别于以防御性为核心的个体权利,城市权的内涵中对参与性、合作性的强调是首位的。但是,在商品经济高速发展的推动下,关注最大多数人幸福的功利主义的正义观对政府行动逻辑产生了根本的影响,对于经济利益及在此基础上的物质性权益的关注,使得城市越来越多地被视为以空间和土地资源为基础的"物的集合",这就使得城市中"人"的因素在一定程度上被忽视,对作为集体性权利的城市权利的理解在这个过程中也逐渐发生了变化。当城市被作为"物的集合"来对待时,城市权利基本上被对城市的管理权所取代,行政官僚所制定的专业标准取代参与性的程序,成为决定城市空间分配和发展的核心力量,个体的城市权基本上缩减为事后消极的司法救济权,相关权利诉求基本上被理解为物质利益的请求权,城市权利的理解呈现物质化、原子化趋势。法律上对城市权利的理解与其所构想的理想城市秩序紧密相关,尤其是公法上的主观权利必须建立在与客观法一致的基础上。因此,要正确理解城市权利,就需要对城市秩序有超越当下的物质性、经济性秩序的更为丰富的理解和想象,这也是理解城市权利背后法益的关键所在。城市秩序不仅仅是一种建立在经济发展和当下规划科学基础上对有序空间加以界定的"物质秩序",还应该从人本性、公共性和多样性三个角度展开相关的理解。

1. 城市秩序的人本性

城市的出现源于试图通过构建一种以商品交换为主导的制度秩序

成就个体对自由的追求,但是,伴随着人的自由发展需求的时代变迁,对于城市秩序的理解不能仅仅聚焦经济发展和有序的空间布局,而是需要回归城市的主人——市民对理想秩序的期待。"千城一面"不必然与财富的积累和有序的社会秩序的建构相违背,但是未必能够符合城市中的市民对理想生活空间的期待。个体只有在所属社群关系中才能更好地理解"我"的构成因素,"我"的角色、"我"之认同和归属感都与所属社群紧密相关,"我"的内涵是由"我"参与创造、维护并存在于其中的社群所决定的。城市是现代社会个体归属的重要社群之一,在一定程度上构成了个人自我认同的重要来源。与城市同步出现的人本主义主张人是一切的目的,人本主义社会的价值取向应该建立在对人的个性的关怀基础上,强调维护人性尊严,关注个体对自我主体性、个体存在感和归属感、价值感的追求与实现,满足个体直觉和情感体验的需求。如果城市无法让个体感受到自身与城市独特但紧密的关联,无法在身份认同上为个体提供特殊的线索,那么城市与个体之间的联系就是极为薄弱的。城市作为一个社群要获得真正的维系,就必须让个体生命与所属社群发生真正的关联。当城市回归人的集合而非物的集合的本质后,城市秩序除了考虑物质需求的满足,还需要最大限度地满足个体对归属感和主体感的寻求,满足个体对理想生活的期待。

行政主导的城市秩序塑造,通常会将城市中每一个生动的市民转码为统计数字。统计数字意义上的人是虚构的人,他们永远是可以互相替换的,因此,人和其他的城市构成要素一样,被作为一个"类"来处理。规划专家更关注那些在统计数据中表现得更为显著,因此也被认为更为重要的信息,至于城市居民更为敏锐地真实感知到的那些问题,则可能并没有被倾听和考虑。个体在城市空间中对自我的归属感、安放自我的个性和对理想生活的期待,很大程度上都被可以类型化处理的物质需求和空间格局设计标准所替代。事实上,真实生活中的人是单个独特的人,而不是统计数据所呈现的"类",他们花去生命中的很多时间来和城市中其他单个人建立重要的联系,这些联系是城市秩序和活力真正的渊源。① 因此,城市在满足个体衣食住行的物质性需求的同时,应该为其自由个性提供一个安放的空间,促进其与他人构建一种充满活力且良性的联系,让其在城市这个联合体中找到主体感和归属感。同时,对于城市秩序的理解需要回归人本身,将其拓展到对个体精神世界和意义世界的回应。而只有当城市成员是城市秩序的创造者时,城市才能听到他们真实的需求,并在他们的帮助下真正为所有人提供物质和精神所需。这也是城市权作为一种集体性权利的彰显,所有与城市相关的权利都应该服务于构建一个生活空间和一种交往秩序,只有满足了生活在其中的成员对理想生活的期待,城市才真正获得了存续的动力。生活者要的是什么样的社会这一问题的真正答案,应该也只能由生活者自身来给出,这就引出了城市秩序的第二个特质,即城市秩序的公共性。

2. 城市秩序的公共性

借助于哈贝马斯的研究,对"公共性"最为常规的理解是存在一个向所有人开放的交往空间,人们通过公平、公开、公正的程序共同参与公共议题的讨论和行动,并达成共识。② 但是,从城市秩序的角度理解公共性,则更多的是从功能性的角度来理解,公共性是一种融秩序、团结和活力为一体的社会整合状态。③ 这里的"公共性"指涉的是个体对

---

① 参见简·雅各布斯:《美国大城市的死与生》,金衡山译,译林出版社2015年版,第121页。
② 参见哈贝马斯:《公共领域的结构转型》,曹卫东等译,学林出版社1999年版。
③ 参见李蔚:《公共性:概念辨析、理论演进与研究进展》,《上海行政学院学报》2023年第2期。

彼此之间存在关联性的承认,是个体在其生活空间和观念认知中将"他人"纳入了考虑,是以认识到自我与社会的连接为基础的秩序考虑。当城市呈现出一种具有公共性的秩序时,市民在观念上认可彼此在客观生存状态和利益实现上是存在紧密关联的,在情感上是彼此关注、关心和依恋的,在此基础上生发出对彼此的认同、热爱和责任感,从而主动地参与到对公共秩序、公共产品的供给以及彼此的帮助和支持当中。相较于一般城市秩序理解中所提出的"干净、整洁、有序、安全"的基本要求,从公共性角度理解的城市秩序更具积极意义,不仅强调一种不对个人生活造成不便和障碍的城市环境与秩序的营造,更强调个体主动对城市秩序进行塑造,主动与城市中其他成员发生关联的公共自觉。对秩序的公共性的强调建立在这一观念基础之上:城市的秩序是无法仅仅依靠政府及其专业官僚塑造的,还必须依靠城市成员彼此的关心和合作。这一从观念、情感和行动角度界定的秩序状态与哈贝马斯对公共性的论述存在内在的关联。只有通过对城市生活的共同参与和实践,才能够孕育"彼此存在兄弟关联"的观念和意识,才能生发出对城市中其他成员的认同和关心,也才能产生合作分享和彼此关怀的行动自觉。

很显然,城市的有序仅仅依靠政府的力量是很难维持的。要实现消极和积极双重意义上的城市秩序的塑造,城市中的人与人之间必须有关爱感和信任感。只有彼此相信"我们彼此依存,我怎样对待别人,别人也会以同样的方式对待我",彼此相互支持,相互依赖,积极的城市秩序才有可能产生。这种信任感不通过公共的接触和连接是无法产生的。简·雅各布斯(Jane Jacobs)在讨论安全的城市秩序如何产生时就指出了城市规划过程中关注城市秩序的公共性的意义:"城市互相关联的人行道用途,这为它带来了一个又一个驻足的目光,正是这种目光构成了城市人行道上安全的监视系统。除非(市民彼此的)眼睛真的在看,除非眼睛后面的脑子里装着一种几乎是无意识的对维护街道文明的支持的信念,否则再好的照明也起不到什么作用。一旦有效的监视眼睛缺失,即使在灯火通明的地铁站里,骇人的犯罪也会发生。"①城市化进程带来的最显著的变化之一就是陌生人化,人与人之间有意义的和深度的接触都只能限制在私人接触中,个体自愿产生的公共接触在逐渐减少,这与市民化趋势背道而驰。如果缺乏超越私人联系的公共接触和联系,就无法产生建立在公共尊重和信任基础上的社会网络,城市发展也就缺乏了非常重要的秩序资源,城市会失去它的活力,变得迟钝。

　　城市规划过程中,设计者如果没有意识通过人行道、街道等公共设施的设计促进市民之间的公共连接与相互关注;城市治理过程中,管理者如果没有意识为市民创造公共参与和公共接触的机会,借助于一些微小但持续的公共接触、公共生活培育城市中的社会网络和信任度,那么一种具有公共性的积极的城市秩序是无法产生的。以城市秩序的公共性来反观当下我国城市治理,就会对一些通行的做法产生更加深入的思考。以网格化管理为例,网格化管理是一种通过网格划分,以网格为单元进行信息搜集,为基层治理问题提供动态的研判,并由基层网格一线人员承担相应事项管理责任的社区管理机制。② 网格化管理的一个突出特质就是通过网格化信息采集,以问题为导向,由一线网格员迅速发现问题,发挥"小网格"的大优势,激活基层治理"神经末梢",争取到先机,将问题解决在萌芽状态,从而推动社区治理更加精细、精准和高效。网格化管理的治理优势是非常明显的,能够对相关问题及时作出反馈,促

---

① 简·雅各布斯:《美国大城市的死与生》,金衡山译,译林出版社2015年版,第39页。
② 参见张文龙:《城市社区治理模式选择:谁的治理,何种法治理?——基于深圳南山社区治理创新的考察》,《河北法学》2018年第9期。

进多方协同发力,责任意识清晰。但是,从城市秩序的公共性出发,网格化可能会对公共性的自主生成构成一定的消极影响。具有公共性的自治行动尽管对于公共性的塑造而言意义重大,但从传统的秩序观出发很容易被视为对秩序构成威胁的不当行为,从而导致这些行为会在网格化的管理过程中被及时制止,公共性的自主生长由此遭遇障碍。对于公共性的忽视甚至一定程度的警惕,是我国现行法律体系对基层治理关系的处理存在一些问题和困境的观念原因。

3. 城市秩序的多样性

城市是由有着不同生活方式、不同价值期望的人聚集形成的,如果城市要让生活于其中的市民具有归属感和认同感,城市秩序就应该具有多样性的特质,能够满足不同居住者的不同需求,让其自主性获得充分的发展空间。如果说城市秩序的人本性强调的是要在经济发展和物质需求满足之外,更多关注个体精神上自主发展的需求,公共性则强调要构建社会信任,让个体主动参与到城市秩序的营造过程中,城市秩序的多样性就是要求管理者和居住者在面对城市发展的诸多面相和可能时,秉持一种开放和宽容的态度,充分考虑城市中多元化发展的需求。"千城一面"的现代城市秩序背后常常假设了一个经济发展的标准化的理想模式,但是"生机和多样性产生更多的生机,而沉寂和单调则让生机远离"这个原则不仅仅适用于生活环境的塑造,也适用于经济环境的塑造。城市秩序的多样性意味着城市空间的发展规划需要建立在互相交错、紧密关联的土地利用多样性基础上,城市设施的功能应该具有一定的混合性和多样性,以满足消费者多样化的需求。只有保持城镇土地利用和行为活动的混合性,才可能带来生活的重叠化和复杂化,建筑标准化其实会导致多样性受损。例如,传统规划理论对于高密度社区、短小且功能复杂的充满"烟火味"的街区以及老建筑是持消极否定和排斥态度的,认为这与现代经济发展所需要的整齐划一、秩序井然的城市秩序不符,但是这些建筑特质和秩序在一定程度上恰恰能够促成人口交流的多样性和商业多样性,创造出更多的城市多样性。只有多样化的环境才有现实的魅力,当多样化的城市秩序吸引了源源不断的人流,带来了不同的创造力和需求后,对于经济发展而言,这就产生了自然的生命之流,真正带来经济发展不竭的动力。哥伦比亚建筑学教授尤金·拉斯金(Eugene Raskin)在《论变化的本质》中指出,城市差异不应该仅仅表现为建筑物表面上的变化,建筑上真正的变化不应表现为使用不同的颜色或结构。城市建筑景观中真正的差异能够表明人的不同行为的融合。所谓人的不同行为,指人在做不同的事情,出于不同的理由和不同的目的,而建筑要反映和表达这种差异性——不仅是形式,更主要的是内容。作为人而存在以及人的存在应是我们最感兴趣的。建筑就像文学和戏剧一样,正是人的差异产生的丰富性才给人所处的环境带来活力和色彩。①

城市的秩序应该是一种真正服务生活于其间的、生动的个体之需求的积极秩序。建立在作为一种集体性权利的城市权基础上的城市秩序,由于这种集体性权利不基于同一性,而是基于差异性,不仅仅要满足城市成员的物质需求,更需要对其探寻归属感和认同感的精神需求予以回应,同时要具有能够生产市民之间的相互信任感的资源和能力,从而让市民积极主动地参与到城市秩序、城市建设的塑造中。更为重要的是,城市秩序不仅仅服务于某一类城市的成员,它会让不同的个性和灵魂找到安放的空间,在多样性中创造充满活力的秩序。城市秩序

---

① 参见简·雅各布斯:《美国大城市的死与生》,金衡山译,译林出版社2015年版,第207页。

的人本性、公共性和多样性之间是相互联系、相互成就的,对于人本性的关注会带来对多样性的承认,人本性和多样性的实现会极大地增强城市中个体对城市的归属感和信任感,公共性由此产生。而公共性也是人本性和多样性实现的条件,城市治理过程中对市民参与的邀请不仅是培育其信任感和构建有效社会联结的需要,同时也是释放和满足其多元需求所必备的前提条件。

二、 城市治理中的公共利益与法治模式转型: 主观权利客观法的视角

(一) 公法上的公共利益

对于城市权的概念内涵的还原,使得对城市秩序有了新的解读。依据公法理论,这些对城市秩序的理想化期待只有转化为公法上承认的公共利益,才有可能从中衍生出公法所承认的主观权利。保护公共利益意味着保护了无数的不特定的个人利益,能从公共利益中获益的个体不是孤立的人格人,而是基于国家成员的身份享有相关利益。公法权利在实质上就是个人因其在国家中的成员地位而应享有的权利,法律保护的提供者和法律保护的义务人均为国家,这是公法权利的独有特征之一。公共利益获得客观法的保护,但是,只有承认个人利益也是公共利益的要求,个人意志对利益的主张才能得到公法的承认,主观公法权利才能被客观法创设并被客观法实现。[①] 在一些为公共利益而

---

① 参见格奥尔格·耶里内克:《主观公法权利体系》,曾韬、赵天书译,商务印书馆2022年版,第48—49页。

引起高权行为的情形中,因为无法把这个公共利益与具体个人的权益联系起来,所以是纯粹的反射行为,并不因此产生主观公法权利。是否赋予诉权是一个区分主观权利与客观法的反射作用非常重要的标准,没有获得公法承认的个人利益在客观法运行过程中只是事实上的利益,不是法律上的利益,个人没有通过诉权要求国家行动的请求权。个人只能请求国家关照其事实利益,而且个人必须听任国家机关的决定,由国家机关在个案中权衡照顾个人利益是否为公共利益的要求,是否与公共利益相符。① 基于公法上的公共利益与公法权利之间紧密的关联,我们需要对城市治理中的公共利益进行梳理和讨论。

法律上的公共利益概念是服务于共同体的维系和发展的,共同体是一个介于过去与未来之间的存在,②因此,尽管总是与个人利益交融在一起,但公共利益不能简单等同于个人利益的总和,公共利益可能超越当代人的利益,还涵盖了尚未出生的后辈人的利益,且延伸至遥远的未来。同时,人类构建任何的集体性联合都不仅仅着眼于利益考量,同时有其伦理诉求,共同体的维系需要诸多的物质、精神条件予以成就,这就意味着仅仅从狭义的功利主义视角界定城市治理中的公共利益是不够的。德沃金对政策与法律的区分也呼应了这一理解。政策着眼于功利主义层面的对某些经济、政治或社会问题的改善。而法律则遵循特定的原则,这些原则得到遵守并不是因为它将促进或者保障被认为合乎需要的经济、政治或者社会形势,带来一个符合效率最大化的结果,而是因为它是公平、正义的要求,或者是其他道德层面的要求。

---

① 参见格奥尔格·耶里内克:《主观公法权利体系》,曾韬、赵天书译,商务印书馆2022年版,第118页。
② 参见阿伦特对公共领域的论述,汉娜·阿伦特:《人的境况》,王寅丽译,上海世纪出版集团2014年版。

近代产业革命推动城市建设进入高速发展时期,伴随着城镇化的快速推进,产业空间的不断扩展使得民众居住空间面临诸多公共安全与卫生等问题。城市规划和建设作为一个独立的学科领域得以诞生,其本质就是政府依靠公共权力和立法手段,针对城市中出现的各种社会经济问题,实施应对性的公共政策,城市规划与建设在发展之初就带有明显的公共政策的属性。英国著名城市地理学家、城市规划专家彼得·霍尔爵士(Sir Peter Hall)曾指出:"现代城市规划和区域规划的出现,是为了解决18世纪末产业革命所引起的特定社会和经济问题。"[1]这就使得城市规划和建设关注的核心议题基本停留在政策关注的物质效率层面。在面对日趋严重的城市化问题时,行政权力开始由消极警察规制走向积极建立或促进城市空间秩序的形成,行政官僚以政策为指引,在城市开发和建设中发挥了主导性的影响力,这一权力运行方式的发展和变化对个人权利构成了越来越直接和深入的影响。例如,德国、法国和英国三个国家在土地利用法律制度方面确立了"无规划则无开发"的原则,德国联邦宪法法院在1981年的一份判决中明确判定土地所有权中不包含需要经许可或批准才能行使的水利使用权。公民享有的城市权利越来越多地需要以行政权的行使为前提,基于现代行政体系在政策决定和实施中所享有的优先权,使得"法无明文禁止即可为"的私权保护原则受到了公共权力优先性的冲击。[2]

城市规划和建设的政策化发展趋势使得目前的立法对公共利益的界定主要集中在物质和经济利益层面,以《城乡规划法》为例,依据该法

---

[1] 彼得·霍尔:《城市和区域规划》(原著第四版),邹德慈、李浩、陈熳莎译,中国建筑工业出版社2008年版,第113—118页。

[2] 参见冯玉军、裴洪辉:《城市规划与建设法治化研究》,《学术研究》2017年第11期。

第一条和第四条的规定,①城乡规划过程中需要考虑的公共利益,可以归纳为三个方面:促进资源的合理利用;改善人居环境,确保城乡公共服务供给;发展社会经济。这三方面更多涉及城市在物质利益上的发展。但是,结合上文对城市秩序的讨论,我们需要对公法视角下公共利益的理解有所拓展。公法上的公共利益本质上需要服务于一个超越私人领域的公共领域的构建和维系,这个公共领域首先是城市,进一步延伸至国家。公法的基本矛盾体现为维系特定共同体的要求与个体自主之间的矛盾,公法试图确保个体在守护不被打搅的私人领域的同时,实现个体与他人的联结和合作,构建特定的共同体,从而更好实现个体自由与满足身份归属需求。公法对其试图守护的公共利益的理解必然有其政策性的考量,寻求城市治理效能的最大化是城市维系非常重要的条件,但是作为法律层面追求的公共利益,还需要被放置到更广泛的视野中去理解,需要考虑公平、正义或者其他伦理和道德层面的要求。

(二) 城市治理中的公共利益拓展:城市维系及国家建构

现代治理理论强调,创造性地思考治理,从政策制定到实施和执行都要求法律工作者像工程师和建筑师那样思考,认识到每一项公共治理挑战的解决都要依赖于囊括广泛的参与者(公私双方)、各种工具(管

---

① 《中华人民共和国城乡规划法》第一条规定:"为了加强城乡规划管理,协调城乡空间布局,改善人居环境,促进城乡经济社会全面协调可持续发展,制定本法。"第四条规定:"制定和实施城乡规划,应当遵循城乡统筹、合理布局、节约土地、集约发展和先规划后建设的原则,改善生态环境,促进资源、能源节约和综合利用,保护耕地等自然资源和历史文化遗产,保持地方特色、民族特色和传统风貌,防止污染和其他公害,并符合区域人口发展、国防建设、防灾减灾和公共卫生、公共安全的需要。在规划区内进行建设活动,应当遵守土地管理、自然资源和环境保护等法律、法规的规定。县级以上地方人民政府应当根据当地经济社会发展的实际,在城市总体规划、镇总体规划中合理确定城市、镇的发展规模、步骤和建设标准。"

制和契约)以及多项强化责任性的机制(一些是市场性的,一些是政治性的,还有一些是法律性的)。① 这种多中心的治理思路,从功能主义的视角认识到社会上还有一些其他机构和单位可以负责维持秩序,参与经济和社会调节。政府管理职能无力触及所有的领域,那些需要非正式的惯例和共识支撑的秩序可以依靠非正式、非政府的机制来塑造和维持,构成有效政府管理的合作者和补充者。治理观念之所以被提出,是因为人们认识到,治理体系的运行在维护其成员的安全以及发挥经济功能之外,还发挥着一项至关重要的公民—政治功能,作为社会的基本制度框架,治理结构构筑了意义深远的体系——确定集团及其成员的身份,为日常活动和集体行动提供一种目的性含义。治理体系的参与决策过程和社会仪式不但对公平分配社会财富至关重要,而且因为参与作为一种重要的社会—心理功能,有助于加强个人与集体的身份认同。② 如上文所指出的,一个良善的城市秩序不仅体现为能够满足其成员的安全和物质需求,更体现为让城市中的成员能够对其产生一种归属感和认同感,主动地与他者产生关联,愿意彼此合作,共同营造美好的生活空间,从而使城市最终获得维系下去的力量。毫无疑问,有效满足个体的生存需求是身份归属感得以产生的重要渊源,但是,仅仅倚赖这一路径构建的个体与城市的联结是比较脆弱的,个体会对任何能够满足自身物质需求的城市产生归属感,这一路径并不能创造个体与特定城市之间强有力的联结。因此,真正牢固的归属感和认同感需要城市自身具有显著的个性,从而让寻觅个性安放空间的个体与城市产

---

① 参见朱迪·弗里曼:《合作治理与新行政法》,毕洪海、陈标冲译,商务印书馆 2010 年版。

② 参见詹姆斯·N. 罗西瑙主编:《没有政府的治理》,张胜军、刘小林等译,江西人民出版社 2001 年版,第 6 页。

生某种独特的共鸣。正是在这个意义上,城市权利的研究者区分了公共产品和共享资源的生产与供给。公共产品是能够满足社会成员日常生活和发展需求的、具有消费或使用上的非竞争性和受益上的非排他性的产品,如公共交通、医疗等。不同于公共产品,共享资源并不是一种特定事物或资产,而是一种不稳定的和可以继续发展的社会关系,这种社会关系存在于某一自我定义的社会集团的成员之间,服务于理想生活所需的社会和自然环境的塑造,例如,由一个城市的市民所共同创造的城市氛围和基于城市居民的联系所产生的城市特征。[1]

共享资源的生产以城市中的成员发生社会交往和联系为前提,从根本上影响和决定了城市的独特性及城市发展的可持续性。一方面,共享资源的生产能够借助于城市居民的自治力量,有效地满足城市居民的公共产品需求,这就是奥斯特罗姆(Elinor Ostrom)的多中心理论的基本主张。自主治理的中心问题是,"一群相互依存的人们如何把自己组织起来,进行自主性治理,并通过自主性努力以克服搭便车、回避责任或机会主义诱惑,以取得持久性共同利益的实现"[2]。令人信服的研究显示,在一个规模虽小但自治能力较强的辖区内,由具有强烈参与意识的地方居民组织、推行集体合作行动会更加容易,对公共服务的供应效率会更高。另一方面,共享资源的生产是城市个性得以形成和呈现的条件。正如个体身上不同的特质构成了其独一无二的个性,城市的个性是通过不同的城市符号得以彰显的。所谓城市符号,就是为人们所熟知,具有一定文化内涵,能够代表特定城市的标志物、人物或者事

---

[1] 参见戴维·哈维:《叛逆的城市:从城市权利到城市革命》,叶齐茂、倪晓晖译,商务印书馆 2014 年版,第 74—75 页。
[2] Elinor Ostrom, *Understanding Institutional Diversity*, Princeton University Press, 2005. 相关公法研究参见张晓燕:《公法上的自治》,复旦大学出版社 2014 年版。

件。城市符号的构建会涉及这个城市的集体记忆及纪念性、历史性的力量和政治身份,这些能够彰显一个城市独特的生活方式、价值观念和信仰的符号只能由城市中的人来生产和阐释,因此只有通过定义谁是或谁不是这个城市的成员,谁拥有对这座城市的权利,并借助于这些成员的行动最终来实现。共享资源生产的过程就是市民直接联结并参与到对城市环境的塑造中,逐渐生产城市符号,使城市特质得以呈现的过程。如果没有基于共享资源产生的城市独特性,城市中的个体无法建立与城市强有力的联系,也无法实现城市持续的发展。用现代城市学的理论来看,其实任何一个城市发展的核心都应该是获得垄断性地租,即城市应该具有某种不可替代的空间和区域优势,这种垄断性除由天然的地理环境造就,很大程度上是依靠文化建设而完成的,是建立在通过城市成员的集体行动所呈现的历史叙述、集体记忆以及重要的文化实践等基础上的。[①]

共享资源的独特价值让我们看到,从经济发展的角度来看,城市应该抛弃其封闭性,敞开其怀抱,拥抱所有愿意进入城市的资源和人口,但是,城市发展在具有外在性的同时,更应该关注其内在性。城市作为一个生活共同体得以维系和发展的力量最终还是来自那些对城市有着牢固的归属感和认同感,将自身个性的发展安放在特定城市中的个体。对一个城市化的人来说,不管在街区外面有多少选择,他都关心他所在的街区和地区的氛围。对于城市人的日常行动和生活而言,他们要在很大程度上依赖于他们所在的街区,在这个意义上,城市中确实需要提供一些文明的自治方式,让城市中的成员能够有效参与到城市共享资

---

① 参见戴维·哈维:《叛逆的城市:从城市权利到城市革命》,叶齐茂、倪晓晖译,商务印书馆2014年版,第104页。

源的生产过程中,在确保城市公共产品有效供给的同时,让城市的个性、独特性得以生发、长成。

城市环境的发展不仅影响市民与城市之间的相互关系,同时影响公民对国家的认同,进而影响现代国家的建构。城市是现代公民最为重要的生活空间,地方政府是否能够对自身的角色和职权有着正确的理解,从而在进入中央—地方关系后是否能够正确有效地主张地方权益,守护市民的生活空间,很大程度上取决于其是否能够营造有效的城市秩序,准确把握城市居民的需求。如果没有生动活泼的城市氛围,市民没有表达意愿的自觉、能力及渠道,地方政府必然要面临各种信息收集上的困境,进而影响其对地方权益的理解和主张。城市生活空间对于个体生存境遇直接且重要的影响,使得公民对其公民身份的感知很大程度上会转化为对其市民身份的感知,国家层面上的公民权问题转化为城市层面上的市民权问题,国民待遇问题转化为市民待遇问题。作为市民权的城市权利的实现状况将从根本上影响个体的公民身份认同,这就是上文不断强调不应该因为对平等公民权的关注而忽视作为集体性权利的市民权的原因之一。当然,城市的归属与国家的归属并不是一个完全一致的问题,身份归属的地方化不必然会自然衍生出国家化,甚至如果没有进一步的国家认同塑造的引导,地方化趋势将导致国家身份最终被架空,但这是另外一个命题。这一命题的真实性和严峻性,并无法否认首先要确保城市这个生活共同体的有效维系和市民对城市的归属感的产生,这一身份认同是确保现代国家建构、现代公民塑造实现的基础。

(三) 城市治理中的公共利益拓展的反思:法治模式的转型

从城市的视角出发,除了关注经济发展、城市物质生活条件的改善,城市所主张的公共利益还应该拓展到对精神资源的创造,通过共享资源的生产,在提升公共产品供给有效性的同时,创造城市个性,增强个体对城市的归属感,这不仅是城市秩序真正得以产生的源源不断的动力,同时也构成现代国家建构的重要基础。当回归"城市作为人的集合"的理解时,我们就会看到,城市治理中矛盾的产生与平衡非常关键的环节就是生活于其中的人的诉求和利益是否获得了充分的表达和严肃的对待。从表面上看,城市规划和建设的直接调整对象是都市空间,但都市空间变动的背后事实上是不同的利益诉求。传统的法治模式主要通过事前为行政权力的行使提供明确的法律依据,遵循"法无明文授权即违法"的法治理念对行政权进行约束,依靠一般性立法和大量技术规范指引与支配城市规划和建设,此外还通过事后赋予相关利害关系人诉权的方式来协调其中的公共利益与个人利益的冲突和矛盾。但是,伴随着治理风险的加大以及利益诉求的多元化发展,很显然,多元利益主体以及利益主张中物质诉求与精神诉求的并重,使得城市公共利益的界定越来越复杂,这就使得倚赖事前立法来判定行政机关行为合法性以及当事人诉求正当性的传统法治运行模式遭遇困境。尤其是考虑到城市规划与建设的技术规范是一种从物质和技术层面关注城市秩序、城市空间的标准,城市中市民对自身权益的理解以及对理想生活的期待,在这一规范模式中没有获得充分的考量,因此,在城市治理层面如何运用法律平衡好公共自主和个人自主的关系,需要有新的探索。伯克利学派对现代社会中的法律规范类型与特质的讨论,能够为这样的转型提供一定的理论指导。

美国加利福尼亚大学伯克利分校"法与社会研究中心"的塞尔兹尼克(P. Selznick)和诺内特(P. Nonet)带着极强的改革动机与应用倾向关注和探寻"法是怎样适应社会需求、解决现实问题"的理论,他们在比较了目的、合法性规则、推理、裁量、强制、道德、服从期待、参与等影响和塑造法律规范类型与特征的基本变量及不同对应关系之后,构建了三种理想型的法律规范模型——压制型法、自治型法和回应型法。① 压制型法最重要的特征是可以不受制度约束地动用强制力,主要体现为政法合体、放纵裁量,这是在统治精英可以利用的统治资源极其匮乏的历史背景下存在的法律规范类型,这一类型的法律所呈现的是一种阶级性正义和对特权者的保护,存在不安定性、正当化程度低等弊端,基本已经不存在于现代民主国家的规范体系中。自治型法是现代法治国家的象征,通过设置一套专业化的、相对自治的法律制度,作为整个社会秩序的普遍规则,对国家权力进行引导和规范,其中公正而合理的程序是法的核心,政治和法律、立法和司法之间泾渭分明。这种制度布局不仅能够实现秩序塑造和维系的目标,而且在限制权力、保护权利的同时也使权力获得权威。可以说,这是法治国理念得以形成和实践的规范基础,也是目前公法规范遵循的基本布局范式。但是,自治型法面临的最大挑战和质疑就在于过于强调法制的纯洁性和稳定性,从而牺牲了实现其他目标的可能性,基于外部和事后规范的视角所产生的逻辑和原则的稳定也使其难以回应多元利益格局下的规制挑战。自治型法强调政治与法律相分离,强调规则的准确性与严格性,强调程序正义和法律权威,这些特质在一定程度上会导致法律过于僵化,无法及时回应社会的变化和需求,限制了法律在社会调整中的积极作用。②

---

① 参见 P. 诺内特、P. 塞尔兹尼克:《转变中的法律与社会:迈向回应型法》,张志铭译,中国政法大学出版社 2004 年版,第 2 页。
② 参见 P. 诺内特、P. 塞尔兹尼克:《转变中的法律与社会:迈向回应型法》,张志铭译,中国政法大学出版社 2004 年版,第 62—73 页。

面对自治型法存在的短板,回应型法应运而生。回应型法认为,应该放弃对法的安全感的追求,在把握法律自身完整性的同时考虑所处环境中新的力量,为回应社会需求启用更能动的工具。与自治型法相比,回应型法有以下特征:首先,不同于自治型法关注形式正义、强调目的的重要性,回应型法更关注实体正义,认为法律不应该拘泥于形式主义,而应该在理论和实践的结合中探究法律所应蕴含和体现的社会公认准则(价值)。回应型法不把对制度的服从视为唯一和终极的目标,认为制度必须由(正义)目的来引导,主张目的能够设立批判和发展既存制度的基础,开拓出变革之路。强调实质正义在赋予行政机关更多裁量权的同时,目的的切实落实也可以对行政裁量构成有效的制约。如前文所指出的,城市治理过程中,公权力如果试图干涉私权,就需要对自己的行为进行正当性说明,这个正当性的理由就是城市规划和建设语境下的公共利益,尽管立法为公共利益的界定、落实提供基本的规范框架,但是以城市规划为代表的城市建设行为同时具有行政和立法的特质,面对越来越复杂的多元利益格局以及治理的现实风险的多变性,这就需要法律规范在设定基本框架的同时,为行政机关论证和推进公共利益提供更多的自由裁量权。这种裁量权既包括决策上的裁量,也包括允许行政机关调动更多的参与者(公私双方),使用更多的工具(管制和契约)以及启动多项强化责任性的机制来界定和实现对公共利益。这种裁量服务于对多元利益诉求的倾听和对治理现实的理解与把握。对于行政所应该服务的目的的切实探索和落实的要求也可以对行政裁量构成有效的制约,在给予行政机关更多权限的同时也构成了对其有效的约束。

其次,回应型法对程序有更强的依赖性,但同时变革了"正当程序"的内涵。民主社会的目的设定事实上对程序有一定的依赖性。由于对目的的强调,回应型法放松了形式上对僵硬地服从于实在法规范的要求,而要求实质性地、自觉地认同和落实法的目标。回应型法积极鼓励被规制对象进行义务体系的自我维持,这是以倡导性规范、引导性规范、自治规范、自律规范为核心的软法体系产生的理论前提。回应型法认识到多元利益格局和风险社会背景下,需要在自治的法律逻辑之外纳入更为复杂的伦理乃至政治的视角,法律的目的不是先定产生的,而是需要不断地进行探求,需要基于特定情境展开审慎的价值讨论和选择。这不仅是对法律自洽性的挑战,也是对司法机构本身变革的力量。传统法治国的"正当程序"理念主要借助于程序的完整性构建司法机构的信用和决策的权威性,但是,当下的程序要求转变为对实质价值目的的确立的追求,从一种以历史上自然正义为基础建构的权利保护固定模式,向一种强调目的探索和更加灵活的解释机制转变。后者认为程序规则的设计受特定问题和场合制约,从而着力于在程序保护中识别利益攸关的价值,以及平衡这些价值的原则和方法。这不仅对于目的的确定和实现是重要的,同时也限制了官员隐退于形式规则之后逃避责任的倾向。[1] 这一对"正当程序"内涵的发展,不仅要求法律程序的进一步发展,强调赋予利益相关人乃至公众更多的自治权和参与权,同时也要求相关的官僚组织实施必要的变革,基于不同的情境灵活运用不同的程序性和实体性判断标准,以确保程序目的的实现。这就在一定程度上呼应了回应型法的第一个特质——由于对法律目的的强调,要求赋予行政官僚广泛的裁量权。

区别于自治型法中的官僚组织,与回应型法相伴而生的后官僚组

---

[1] 参见 P. 诺内特、P. 塞尔兹尼克:《转变中的法律与社会:迈向回应型法》,张志铭译,中国政法大学出版社 2004 年版,第 88—92 页。

织需要有能力广泛授权以调动各种资源与手段去确定和实现目标,从而取代传统的"命令式管理"模式,通过创造性使用规划、评估等规制工具,实现"分享决策",动员参谋专业机构和行业在规制过程中分享权威。总之,传统法治国面对的是"一些典型的、重复出现的情况",这使得集中的机构和以服从特定规则为中心的规制是可行且便利有效的。但是,当面对的是"复杂的利益诉求交织之下的或者是从未面对过的、新出现的,而且在将来面对类似的问题时也不会简单重复的规制对象"时,法律必须为官僚组织提供更为广阔的空间,使其能够通过"能动的组织作用"和"公众参与实现规范责任",发挥其在规制目标和手段选择上的首创精神。①

回应型法认识到伴随着规制对象和情景的复杂化与迅速发展,法律的目的——公共善背后的公共利益的定义和条件并非僵死不变的,而是基于时空语境的变化,不断思考、对话从而审慎确定的共识。因此,回应型法在放松对形式规则服从要求的同时,清楚认识到现代治理和监管所需要直面的"法律判断的复杂性"这一现实,通过对程序上解释、共识形成机制的关注以及对于被规制对象自我维系责任的关注,表明了一种更广泛的理想——在多元价值的现实语境下,直面法律判断的复杂性,将把对实质性文明的承诺带入法律界定和运用的方法中,这是回应型法与试图价值中立的自治型法的最大区别。这一法律承诺的实现不仅需要温和、开放和审慎的精神,还需要在公共权威之外,邀请社会各种力量广泛参与。在回应型法中,秩序是建立在透明、协商基础

---

① 参见 P. 诺内特、P. 塞尔兹尼克:《转变中的法律与社会:迈向回应型法》,张志铭译,中国政法大学出版社 2004 年版,第 113 页。

上的,而非通过服从赢得的。①

三、城市治理中的公法权利保护：私权保护与城市自治

伴随着城市治理中公共利益界定和实现的复杂性,传统的法治理论中通过事后的司法救济来化解私人利益之间或者私人利益与公共利益之间的冲突和矛盾的机制已然很难适应大规模城市发展的需求。城市规划和建设中的效率原则既需要考虑事后解决冲突和矛盾所带来的巨大成本(很多建筑已经建成,如果确认侵权或者是行政行为违法,将付出巨大的代价),也要考虑城市中的矛盾解决不仅仅是对个案正义的回应,还需要最终服务于城市维系和发展的持续动力生产,这都是强调合法性审查的事后司法救济很难兼顾的。回应型法治模式的转型强调权力行为应该受到实质性法律目的的约束,因此,要求在自治的法律逻辑之外纳入更为复杂的伦理乃至政治的视角。法律的目的不是先定产生的,而是基于特定情境展开审慎价值讨论和选择而产生的,这就意味着城市治理的制度建构应该围绕将利益协调前置的有效途径的设计和落实展开——事前根据城市发展需求和不同个人权利诉求的权衡确定规划中的公共利益及其实现方式,而不是等到事后再围绕权利救济解决各类利益冲突。结合回应型法对实质目的的强调、对参与性和事前调整的关注,下文对当下城市治理中有关权利保护的两个突出问题——相邻权保护和城市自治——展开相关的讨论。

---

① 参见 P. 诺内特、P. 塞尔兹尼克:《转变中的法律与社会:迈向回应型法》,张志铭译,中国政法大学出版社 2004 年版,第 105 页。

(一) 城市规划中的相邻权:私权的公法保护

1. 技术标准与私权保护

城市治理中最为常见的私权冲突和矛盾就是相邻权纠纷,但是,正如本章开篇案例所呈现的,这一私权纠纷的解决需要以特定行政规划许可行为的合法性判定为前提。当特定行政相对人向行政机关提出建设许可申请时,行政规划机关要依法确认其建筑自由并给他分配空间权益。根据规划许可做出的建筑行为,一旦发生平等主体之间的冲突,相对人就会以建设行为已经获得法定许可作为抗辩,第三人主张自身权益的前提首先就是确认该规划许可行为的合法性,平等主体之间(相对人与第三人)的空间权益冲突事实上就转化为第三人对行政机关处分空间权益的行政行为的不满,导致规划行政机关实体性地介入私法纠纷,规划行政机关因规划许可行为而成为民事纠纷得以解决的前置行政诉讼的被告,规划行为的合法性成为私法相邻权纠纷解决的前提和关键。目前行政许可行为的合法性判定依据主要是规划所遵循的技术标准,司法机关在司法审查的过程中以是否符合城市规划的技术标准为判定规划是否合法的依据。

城市规划与建设的技术标准体系作为统一标准化规定,是由该领域内各方面从业者依据实践做法讨论、协商一致后制定的,是经相关权力部门批准的具有特定形式和特定约束力的行业从业准则。目前,我国的城市建设与规划技术标准体系可以分为基础标准、通用标准和专用标准三类,这些标准都经过了专门行业领域的科学验证,所有行业从业者都必须遵守。[①] 行政机关通过技术标准的反复适用,对不确定的法

---

① 参见冯玉军、裴洪辉:《城市规划与建设法治化研究》,《学术研究》2017年第11期。

律概念予以解释说明,并将其内容予以具体化,保证了"相同情况相同处理",确保了法律的平等适用及对行政裁量权运作的自我约束。① 技术标准具体调整的对象是城市建筑,服务于一种以处理建筑之间相互关系为基础的秩序,确保城市建筑的有序、规范和美观。但是,侵权行为是对特定人权利的侵害,这种侵害在一定程度上与权利主体的客观状况和主观感受都有关联,一种用来构建建筑物之间普遍秩序的技术标准本身,并不足以涵盖特定权利主体之间相邻关系的理解和处理:一方面,作为一种构建物与物之间秩序的标准,其很难对人与人之间的关系做出判断;另一方面,技术标准属于一种从安全和秩序角度考虑的可能的最低限度标准,并不是确保城市空间合理分配的绝对标准。它虽然具有一定的参考和指引意义,能够为政府确定具有外部性的私人市场选择规制的时机和程度提供参考,为在加害人和受害人之间的优势判断提供大致基线,但是无法为是否对特定人权益构成影响提供绝对明确的判断依据。② 技术标准所给予的是一个一般性的控制标准,法院在解决纠纷的过程中所面对的是关于具体的人的主观诉求的理解和平衡,它不可能也无法把握和斟酌每个侵权个案所涉及的个别因素,因此,它只是我们观察和分析侵权案件时所需考虑的一个相关但非决定性的因素。对于符合标准的行为是否会引发侵权责任,只有在对相关的诸因素和利益进行综合的衡量后才能判断。从行政审批的角度来看,如果认为城市中的公共利益不仅是对物与物之间关系的理解,还涉及人的精神需求和城市维系条件,那么遵守技术标准只是行为

---

① 参见宋华琳:《论技术标准的法律性质——从行政法规范体系角度的定位》,《行政法学研究》2008年第3期。

② 参见宋华琳:《论行政规则对司法的规范效应——以技术标准为中心的初步观察》,《中国法学》2006年第6期。

人主张其公法上权利的条件之一,行政机关还需要在考虑对城市公共利益的诸多影响之后决定是否赋予许可资格。对行政机关在行政决策中专业性的尊重,与在纠纷解决中应该考虑哪些因素是两个不同的问题。如果技术标准不足以支撑对公共利益的整体性和实质性判断,法院就不应该将公民对城市空间的主观权利诉求,按客观合法性监督的逻辑来处理,而应该在技术标准之外纳入更多合法性考量标准和因素。

对城市治理中的公共利益的讨论指出,当把公共利益仅仅理解为物质利益时,城市规划的公共利益的判定只需要倚赖大量的技术标准就可以实现,但是,这也导致居住在城市中的人的感受、人的利益诉求无法在公共利益的解读中获得独立的地位,这就是规划中的相邻权变成了一个以规划技术标准为保护依据的"反射利益"的原因。当作为城市居住者的人的主观感受、精神需求和身份归属被解读为城市治理中的公共利益的应有内涵时,公法上的主观权利就有了被承认的可能和空间。与"民主选举的顺利推进"这种纯粹属于客观法的公共利益不同(选举过程出现的诸多问题并不会直接影响公民的权利,还需要以被选举人的特定权力行为为中介,才会对公民构成直接影响,因此围绕选举的客观法秩序,很少承认公民的公法主观权利),"合理地做出城市规划"这一公共利益不仅会直接影响规划范围内的每一个个体的利益,而且在现代城市建设和发展过程中,合理规划和建设离不开每一个市民对其感受及利益的直接且充分的表达,离不开他们积极的关注和监督,在这个意义上,公共利益的实现需要在城市规划的客观法秩序中赋予个体主张主观权利的空间。在许可过程中,如果不考虑城市规划和建设所要服务的实体目的的充分论证和甄别,相关当事人、利害关系人的主观公法权利没有被充分地承认和实现,其利益诉求、意见主张不能在事前被充分地表达和被认真地对待,就会使得城市治理效率和公民权益保护受到不当的影响。本可以借助于事前对话解决的分歧和矛盾,不得不拖延至事后来解决。这同时也加大了第三人权利保护的难度,第三人的相邻权主张必须以否定行政许可的合法性为前提。但是,考虑到建筑已经建成等经济成本,除非出现非常明显且严重的违法行为,司法机关一般都不会推翻行政决定。

2. 连接法与技术:城市规划中的程序性权利

回应型法认识到现代治理和监管所需要直面的"法律判断的复杂性"这一现实,主张通过对程序上解释、共识形成机制的关注,确保权利行为的合法性受到法律实体目标的约束。从上文的分析可以看出,城市规划过程中的公共利益无法仅仅依靠行政机关设定的技术标准来确定,还需要行政机关在遵循技术标准的基础上充分地考虑城市中不同成员物质和精神上的需求。但是,在赋予行政机关运用更为灵活的规制手段和价值衡量方式的同时,如何确保这种权力本身获得有效的引导和约束?程序这个时候似乎成为法治所能启动的最有效工具之一,通过赋予相对人、利害关系人甚至公众一定的程序权利,既可以让市民在事前就介入城市的规划和建设工作,通过意见表达促成城市公共利益的确认和有效实现,私权获得有效保障,也使得司法对行政的监督、对私权的保障有了明确的目的依据,在尊重行政专业性的同时,也有效回应了权利保障的需求。正如德国联邦宪法法院法官西蒙(Simon)所说:"也许只有经由程序法才能防止法与技术之间成为司法之无人之境。"[①]对于一个有效的城市治理而言,需要形成科学、民主和法治的三

---

① 转引自陈春生:《核能利用与法之规制》,月旦出版社股份有限公司1995年版,第427页。

重正当性证成机制,即以科学为依据构建基本的技术基准线,通过民主机制的利益衡量找到利益平衡点,经由法治程序的法院监督和行政的自我约束确立权利义务边界。①

在对公共利益的拓展性理解和法治转型的视野中理解城市规划中的个体的程序性权利,就会有不同的理解和发现。城市规划分为总体规划和详细规划。详细规划分为控制性详细规划和修建性详细规划,如上文论述所指出的,按照目前对于城市规划的性质理解,总体规划是具有一定政治性特质的行为,因此,对于直接对市民权益构成影响的市、县人民政府组织编制的总体规划,在报上一级人民政府审批前,都要求先经本级人民代表大会常务委员会审议,常务委员会组成人员的审议意见交由本级人民政府研究处理。详细规划则被视为总体规划的具体执行,属于行政性的权力,没有强调民主性和参与性,而是更多地依赖行政确立的专业标准展开。在城市规划和建设许可方面,2003年颁布的《行政许可法》明确了相对人及其利害关系人的听证权,2004年建设部《关于印发〈建设行政许可听证工作规定〉的通知》(建法〔2004〕108号)为县级以上人民政府建设主管部门及有关部门或法律法规授权的组织实施行政许可组织听证提供了规范引导。事实上,无论是在详细规划阶段还是在规划许可阶段,具体情境和个案中的公共利益都不是仅仅依靠技术标准和行政机关的决策就可以识别和判定的,而是需要借助于市民、特定相对人的力量才能真正识别,因此,需要准确甄别利益人群并赋予其参与的权利,将其意见和利益诉求纳入事前的协商、对话程序。这不仅为准确界定公共利益所需,也能将有关矛盾前置性

---

① 参见陈越峰:《城市空间利益的正当分配——从规划行政许可侵犯相邻权益案切入》,《法学研究》2015年第1期。

地解决,更重要的是借助于那些真正与市民利益直接相关的具体案例,能够让市民通过参与真正成长为公共人,从而树立对一个城市的归属感。如前文所述,没有人是天然的公共人,一个人可能无法清楚地得知国家命运会对自己产生多大影响,从而没有任何公共参与的热情。但是,如果提议在他自己的屋后修一条马路,他便能马上看到在微小的公共事务和对他来说最大的私人事务之间的关联。他将发现,即使不向他说明,在私人利益和公共利益之间也存在着紧密关联的纽带,并且他可以在这样的事务中锻炼理解公共利益与个人利益的关系、理性主张个人利益的能力。法社会学的研究指出,邻避设施健康风险程度、附近居民经济利益损失大小、民众同邻避设施的距离与公众参与方式的强度呈正相关,即邻避设施健康风险程度越高,附近居民利益损失越大,民众距离邻避设施越近,就越应当选择听证会、论证会这种高强度的参与方式;反之,则应选择问卷调查、征求意见这类低强度的参与方式。①

尽管我国《行政许可法》明确了相对人及利害关系人有听证的权利,但是在实践过程中,由于具体领域立法的不完备,行政机关并没有确保市民充分参与规划过程。以本章开篇所举的案件为例,原告认为许可项目对其相邻权构成了损害,被告在项目规划许可过程中违反了《行政许可法》和《城乡规划法》相关程序规定,未履行其程序义务,未告知其享有听证的权利,未听取作为利害关系人的原告的意见。被告以规划符合技术标准,且被告对规划方案进行了公示为由,进行抗辩。一审和二审法院均认可了这一抗辩理由,判决书指出,"被告所提供的证据可以证明在行政许可审批过程中已经对系争项目规划设计方案进

---

① 参见鄢德奎:《市域邻避治理中空间利益再分配的规范进路》,《行政法学研究》2021年第5期。

行了预公告、公示,对原告等提出的意见进行了反馈",因此该许可程序并无不当。这里行政机关及司法机构混同了公告、公示义务与听证义务所服务的公共利益问题。规划许可机关尽管履行了公告、公示的义务,但并不因此免除其在许可过程中应该承担的听证告知和举行义务,无论从法理还是现行法律规定来看,公告、公示义务与听证告知和举行义务都属于不同性质的、不可相互替代的义务,履行公示、公告义务不等于许可程序合法。

具体而言,公示义务和听证义务属于不同性质的法律义务,对应不同的权利人和不同的权利范畴,二者不可相互替代。首先,公示义务对应的是不特定的公众,希望借助此程序实现对公众的行政公开义务以及促进市民对有关民事行为、行政行为进行有效监督,从而保障公共利益的实现。听证义务则对应的是权利会受到行政行为影响的特定相对人和利害关系人,意在通过事前参与权的保障,聆听多元利益诉求,在促进公共利益的有效呈现和实现的同时,保护特定相对人和利害关系人的权利。因此,二者的权利主体是不同的,意在保护的利益也有公共利益和特殊利益之分。其次,从实际操作的层面上讲,公示义务能够在确保公众知情权和监督权的同时,帮助行政机关了解和识别行政行为可能影响的权利范围,在此基础上采取必要的行政实体和程序措施(如听证程序),确保特定相对人和利害关系人的权利得到充分的保障,二者在功能上具有一定的互补性和衔接性,不可相互涵盖和替代。最后,公示过程中,有关利害关系人会提出意见,行政机关也会给出反馈。但是,和公示需要相关利害关系人主动提出意见,仅仅由行政机关单方给予答复不同,听证由于其程序上的特殊性,能够给予相对人和利害关系人更好的保护,具体体现包括:相对人参与到程序中,提供更多的证据;主持人具有中立性;听证过程中不仅是行政机关听取双方意见的过程,同时也可能是相对人和利害关系人形成有效对话的过程,从而可能将民事矛盾予以提前消解,这也是良好行政所期望达到的理想目标。正是由于二者的不同权利性质、权利功能,二者是不可替代的。前述案例中,被告虽然履行了公示义务,但是并没有采取任何形式专门告知利害关系人有听证的权利,也未履行组织听证的义务,属于程序违法。从目前的法律规定来看,现有立法对公示和听证两项权利进行了区分。《行政许可法》第四十七条专门对听证权进行了规定。此外,《城乡规划法》第六十条专门规定了行政机关的听证义务;该法第二十六条在同一条款中同时将公示和采取听证会听取意见作为行政机关并列的义务提出。基于以上理由,对于依法行政及相对人和利害关系人的权利保障而言,两项权利的属性和功能是完全不一样的,因此公示义务的履行不能免除被上诉人的听证义务。

一个城市有了活力,也就有了战胜困难的武器,而一个拥有活力的城市本身就会拥有理解、交流、发现和创造这种武器的能力。[①] 与自治型法强调公民责任的外在强加不同,回应型法认为,通过有效的程序推进实质性目的的识别,促进被规制对象进行义务体系的自我维持,才是法治理想的状态。如果在很多本地事宜上,市民没有充分参与自治的权利,管理城市的政府权力变得越大,越强调技术理性而忽视城市应该具有的独特的人格特质,那么市民也就会对城市发展越来越不关心,不会在城市发展上承担责任和表现出热情。最为普通的市民,无论其经济状况、受教育程度以及生存境遇如何,当被赋予参与其所生活的城市建设充分的机会时,当谈到他们最为熟悉和关心的生活时,他们总是很

[①] 参见戴维·哈维:《叛逆的城市:从城市权利到城市革命》,叶齐茂、倪晓晖译,商务印书馆2014年版,第411页。

有热情和激情的,言语也总是非常有智慧而且雄辩的,当然会有一些愤世嫉俗、言过其实的地方,但是也并不因此就丧失其真知灼见和坚定信念之处,而这正是最有价值的东西。在城市生活、职责和担忧方面,生活在城市里的人最有发言权。每一个城市的治理者都应该允许市民充分表达意见,同时努力理解、正确评估和对待他们的意见,让市民以其强烈的诚意给城市带来鲜活的生命力,创造生机勃勃的城市景象,从而创造出真正生动的城市及城市中的人。

(二) 城市中的居民自治:一个不断被重申的话题

城市治理中的私权保护无论是对于市民个人还是对于城市的发展都非常重要。现代社区的公共性发育并不以否定和排斥私人利益及权利为前提,私人利益及权利是激发公民为权利而斗争的动力。正如耶林(Rudolph von Jheving)所言,公民为权利而斗争,不仅是权利人对自己的义务,同时还是权利人对社会的义务。哈贝马斯对公共领域的界定也指出,私人自主及权利往往是公民走向公共自主和公共权利的"启动器",公共自主和公共权利也往往成为捍卫私人自主及其权利的"盾牌"。这种公与私的紧密关联,也是奥斯特罗姆多中心理论被提出的伦理基础。对于那些属于"公共池塘"资源的管理,恰恰就是将公民的私人利益与公共管理的责任联系在一起,有效激励了公民自我管理的公共热情,从而取得了比政府管理更好的治理效果。因此,除了关注私权的救济和保护,一个城市如果要有活力,就要通过公与私的连接,充分塑造个体的市民角色,这就必须充分关注市民的自治权利。

上文已经论述过,自治本质上属于伦理学的概念。自主意味着防范任何人以强力妨碍他人进行自我选择,确保每个人在有关良心的事务上都能自由地运用固有的理性,从而克服大自然和人为制造的矛盾、盲点,获得自由,过一种自我决定的本真生活,这个运用自身理性进行自我选择、自我管理的过程被称为"自治"。启蒙运动把灵魂得救的任务从宗教手中夺回,返还给个体,从而彰显个体的主体性,因此,"自治"最初是存在于私人领域当中的。但这种"私人自主"的主张逐渐扩展到公共领域,衍生出了"公共自主"的理念,引发了国家与社会关系模式的变革。自此,公共的治理有了他治和自治之分,自治不再停留在伦理学范畴,而是进入到政治学和法学的视野中。当下,在公共领域探讨"自治",包括了社会自治和地方自治。自治所思考的是如何依靠自身的道德勇气和理性力量创造所欲的良善生活,公共层面的自治主要与公共服务、公共产品的供给相联系。在自治的关系格局中,公民能够被依赖管理他们自己的事务,通过自愿结社构建社会和经济关系,有效供给自身所需的公共产品和服务。伴随着风险社会的到来和技术官僚理性认知的有限性,以及官僚机构臃肿所导致的信息不畅、政令不通、灵活应变性不强、权力缺乏有效制约等问题,公民通过自治的方式参与治理,不仅能够弥补官僚体系的不足,提升公共服务的质量,而且将极大地促进人们对当代政府角色的理解。公民通过参与了解政策发展的复杂性、利益间达成共识的困难性,从而促成政府与民众之间的相互理解和有效对话。政治上自治概念的重点是治理者的性质,其含义为利益相关人自己管理某项公共利益事务。自治的法律属性则蕴含于作为服从者的团体职权与国家职权的关系中。只要团体在国家的监督下依法将国家的统治权力作为自己的权利行使,这种事务就是自治事务。这就是作为国家代理人履行行使统治权力的义务与作为自治团体行使针对统治权力的权利之间的区别。① 鉴于此,从公法上讨论自治,其核心关注是市民的自治组织与国家权力机构之间的关系。

城市的居民自治组织主要是居民委员会。尽管业主委员会也有自治的性质,但是从公共性的角度考虑,业主委员会主要涉及与自身直接相关的私人利益的管理和实现,业主委员会成员的私人性的面相更具主导性。而居民委员会的自治尽管也与居民利益相关,但需要其成员具有一定的超越自身利益、关注社区中的公共利益的公共性,因此一定程度上展现了公共人的面相,与公法关注的自治关系更为紧密。我国现行《宪法》第一百一十一条规定,"城市和农村按居民居住地区设立的居民委员会或者村民委员会是基层群众性自治组织",从而确定了自治的主体。关于自治的事项,《宪法》也进一步做了规定,从该条规定来看,城市的地区自治主要体现在,一方面需要将城市的资源输送到街区需要的地方,在我国的宪法语境之下,这些公共资源主要是与一般性的纠纷解决、治安和公共卫生有关的资源;另一方面则是向人民政府反映社区群众的意见、要求和提出建议,帮助把街区实际需求传达给作为整体的城市,转化为政策和目标需求。《城市居民委员会组织法》的相关规定,进一步细化了宪法的相关规定。②

公法理论中,国家拥有为了公共利益通过法律途径安排、限制或扩展自治权限的职权,任何自治权利都不构成对国家意志的限制,但这绝

---

① 参见格奥尔格·耶里内克:《主观公法权利体系》,曾韬、赵天书译,商务印书馆2022年版,第280页。
② 《中华人民共和国城市居民委员会组织法》第三条规定:"居民委员会的任务:(一)宣传宪法、法律、法规和国家的政策,维护居民的合法权益,教育居民履行依法应尽的义务,爱护公共财产,开展多种形式的社会主义精神文明建设活动;(二)办理本居住地区居民的公共事务和公益事业;(三)调解民间纠纷;(四)协助维护社会治安;(五)协助人民政府或者它的派出机关做好与居民利益有关的公共卫生、计划生育、优抚救济、青少年教育等项工作;(六)向人民政府或者它的派出机关反映居民的意见、要求和提出建议。"

对不是说国家可以恣意地干涉自治权。尽管居民委员会作为居民自我管理、自我服务、自我教育、自我监督的基层群众性自治组织,在行使自身自治权的同时,要协助不设区的市、市辖区的人民政府或者它的派出机关开展工作。但是,为了防止居民委员会变成基层政府的执行机构,其自治性受到不当的损害,我国现行法律明确规定,市、市辖区的人民政府有关部门,需要居民委员会或者它的下属委员会协助进行的工作,应当经市、市辖区的人民政府或者它的派出机关同意并统一安排。

尽管在政府部门要求居民自治组织协助其开展工作时,需要上级政府审批和安排,但是,考虑到当下这些机关与居民委员会之间存在指导关系,同时也掌握了大量影响居民委员会发展的资源,很容易对居民委员会构成隐性的影响,因此,基层政府在一定程度上可以无条件地支配居民委员会的行动,导致很多情况下居民委员会变成了基层政府的执行机构,政府将大量的行政事务下派给社区居民委员会,使得居民委员会过度行政化,其自治功能萎缩。如何划定政府与社区的权力边界,确保居民委员会有效行使其自治权,成为法治政府建设的关键问题之一。近些年来,受到负面清单制度的启发,相关地方政府积极制订基层群众性自治组织依法自治事项清单、依法协助政府工作事项清单和减负工作事项清单,以保障城市居民自治权的行使。如湖南、广东等地均制订了相关自治清单,以明确居民委员会自我管理、自我服务、自我教育和自我监督的自治权利。但是,相关的清单规范表述具有原则性,存在大量需要进一步解释的不确定法律概念,从而导致居民自治权的表述并不清晰。

以湖南省民政厅联合省委组织部等八部门印发的《基层群众性自治组织依法自治事项清单、依法协助政府工作事项清单和减负工作事项清单(试行)》(湘民发〔2020〕41号)为例,其中对"健全和落实村

(居)议事协商决策制度"的自治事项的规定指出:"对涉及城乡社区公共利益的重大决策事项、关乎居民切身利益的实际困难问题和矛盾纠纷,原则上由村(社区)两委牵头,组织居民群众协商解决。"什么是"涉及城乡社区公共利益的重大决策事项、关乎居民切身利益的实际困难问题和矛盾纠纷",有待进一步的解释。相关表述同样会出现在基层政府职权的规定中,这就导致相关事项应该归属居民自治还是政府管理,在规范层面存在诸多争议点。尤其是要求居民委员会协助政府的工作事项清单中也包含政治、经济、社会等方面的与公共利益紧密相关的事项,例如传染病防治工作、社会治安等公共服务事项,这就与《居民委员会组织法》设定的属于居民委员会自治范围的"治安"和"公共卫生"事项之间存在诸多重合之处以及界限不清晰的问题。规范性文件在自治范围与政府职权范围表述上的重合性、原则性和不确定性,导致无法在居民委员会所享有的自治权利的范围与政府职权之间做出清楚的界定,同时又缺乏对相关职权争议进行解决的机制,最终在实践层面就会将与公共服务相关的事项理所当然地视为政府职权,居民委员会因此成为受到政府领导的执行机构,自治性受到不当的损害。即使是在地方性自治立法中很有突破性和创造性的规范性文件,如《南京市城市治理条例》,虽然明确将"公众参与城市治理"放在了其立法原则中,但是该条例除了少部分内容涉及公众参与的具体制度设计,其他内容基本上还是保留了传统的管理规定。在对公众参与进行制度设计时,相关规范表述的倡导性和适用条件的松散性,导致其对政府的现实约束力非常有限,在现实中难以落实。比如,什么样的事项需要城市治理委员会、联席会议开会讨论,以及专家咨询、座谈会、论证会、听证会、网络征询、问卷调查等多种参与城市治理活动的方式的适用条件和现实情境是什么,均未予以明确。因此,这些规定在"是否需要尊重和如何尊重市民的自治权"问题上给政府留下了非常大的裁量空间。

城市治理是大国治理中的重中之重。如上文所指出的,一个真正有魅力的城市,一定是有个性的城市。正如个体只有顺应了自己的自然天性才可能有所作为,城市发展也必须找到城市性格,因地制宜,只有这样城市才可能有效运转,散发其应有的活力。城市的吸引力不在于高楼大厦,而在于它所展现出来的生活的无限可能,通过城市的多样性,赋予生活于其中的个体选择的权利,而不是在千篇一律的城市模样中限制甚至磨损自由。而一个城市自身活力的发掘,一定不是单一的政府决策可以实现的,这种活力来自生活于这个城市中的人们。自治理性的注入事实上是对一个城市性格的认可和尊重,而市民对城市面貌的主动发掘与塑造,是城市性格的根本源头。在一个有活力的城市中,城市里的人塑造了城市,城市成就了城市里的人。[①] 当下城市中实现居民自治的障碍,从操作层面上看主要是制度和体制层面的,但其背后真正的障碍是观念上的,因此,除了制度和体制上的逐步完善,更需要观念的更新和成长。公法以公共利益的实现为旨归,那么就要跳出私人利益保护的藩篱,看到国家建构所需的城市面相和理想公民形象,以特有的公法关怀关注城市中权利的实现和保护。

---

① 参见张晓燕:《行政分权抑或其他?——美国地方自治概念再探析》,《云南社会科学》2016年第5期。

结　语

　　从公法的角度理解现代民族国家,不会停留在领土和人口这些形式特质上,而是更关注"主权"这一实质性要素。主权不仅仅表现为主权行使者权力的有效行使,即权威的出现,更表现为"人民"这一以政治方式存在的实体的形成和出现,即只有特定国家的成员不是仅仅居住在特定的疆域范围内,而是具有了归属于特定政治统一体的意识和自觉,其政治意识(意欲通过自己的集体行动决定自身的命运)已经觉醒并具有了统一的行动能力,此时一个政治民族(nation)才真正得以出现,现代意义上的民族国家才得以形成和维系。在这个意义上,主权同时表现为权力的有效行使和政治体成员的归属感以及政治意识、政治行动力的产生,而这两者之间是互为条件的。当其成员并未对自身的政治归属有明确的意识并与国家建立强有力的联系,或者其社会成员在面对公共领域中诸多公共议题缺乏理性参与和讨论进而缺乏采取公共行动的能力时,这一统一体本质上就是"一盘散沙式"的个体聚居地,随时有可能被解构和崩塌。正是在这个意义上,国家内部每一个社会成员——公民的公共意识的觉醒,以及公共理性的培育,对于现代民族国家的维系而言是根本性的议题。亚里士多德因此区分了好人的品德和好公民的品德。他指出,这两个概念尽管是相关的,但又是不同的。"公民(之于城邦)恰恰好像水手(之于船舶),每一良好水手所应有的品德就应当符合他所司的职份而各不相同。但除了最精确地符合于那些专职品德的个别定义外,显然,还须有适合于全体水手共同品德的普遍定义:各司其职的水手实际上齐心合力于一个共同目的,即航行的安全。"①亚里士多德以此说明一个好公民的品德对于谋求整个共同体的安全的重要意义。马克斯·韦伯一再论及德国社会结构中绝大多数群体的政治不成熟问题,他不断地重申,当一个政治机体和其成员所呈现出来的思想能量极不相称时,这一政治机体的维系和发展将举步维艰。② 贡斯当一边在强调现代人所珍视的私人领域自由的重要性,一边也不忘提示公共自由/公共自主不应该被忘却,从而提醒立法者:当立法者通过立法将和平带给人们之后,并不意味着立法者职责履行的完毕。国家机构应该承担起对公民的道德教育职能,除了尊重公民的个体自由,确保他们的个体独立,划定群己权界以确保他们免受不必要的打搅和干扰,国家机构还应该引导并帮助公民致力于对公共事务的影响,呼吁公民通过自身的决定和选票影响、监督权力的行使,塑造他们参与公共生活的愿望和能力。因此,要确保现代国家的有效存续和发展,公共权力机构应该对自身在公民教育、公民身份塑造中的角色有清楚的自觉和勇敢的担当。这就意味着不仅仅是立法机构,司法机构和行政机构也应该意识到并努力践行这一职责,尤其是作为黑格尔口中连接社会与国家中介的司法机构,由于自身对于公共常识和理性的传播有着天然的优势——对于公平正义这些公共理念和价值的理解不能仅仅依靠立法的宣传,也不能仅仅停留在课堂教育的层面,而是需要从真实生活里每一个生动的个案中获得和感受到——更具有当仁不让的责任。只有当每一位身披法袍、手握法槌的法官对自身这一公共启蒙

---

① 亚里士多德:《政治学》,吴寿鹏译,商务印书馆2013年版,第123页。
② 参见沃尔夫冈·J.蒙森:《马克斯·韦伯与德国政治:1890—1920》,阎克文译,南京大学出版社2023年版。

者的角色有所知觉,并在每一次书写判决书时都努力去践行这样的职责,如何完成过去未完成的启蒙、启蒙如何走向真正的建设等问题才真正有了被回应的可能。①

身披法袍者要承担这一当仁不让的使命,不仅要有精湛的法律技艺,更需要对这份技艺所服务的使命和正义事业有清楚的知觉和通透的理解。因此,回到概念本身,澄清法律规则所试图守护的价值和利益,成为推进这一事业的起点。理性观念的引导和启蒙有赖诸多中介,概念的澄清是其中非常重要的一部分。重视概念是对"人在历史进程中的主体性"进行自我反思的自觉——概念背后是人的观念,因此,概念绝不只是被动地"反映"现实,而是能动地"制造"(make)现实,概念具有明确的"行动维度"和"行动禀赋"。概念研究的批判性要求所有借助于概念展开的对于世界的解释都必须置于理性的审视和评价之下,通过概念研究和澄清,帮助人类意识到自我的观念认知会受到什么样的主观和客观因素的影响,从而在未来有意识地选择和行动。尤其是概念的运用会受到现实语境中某种起着根基作用的精神、文化和价值体系的影响,从而导致在不同的语境中使用相同的术语可能指称的是完全不同的意义。因此,对相关概念展开系统梳理,复原那些在自身语境中遗失了的意义,能使我们避免当下褊狭概念的限制。在这些复原的、释放出的新的观念中,只有赋予旧概念以新的意义,新的社会政治实践才有可能生成。

法律是现代公共理性、公共常识最为常规化和规范化的表达,因此,法律中的概念澄清,尤其是以塑造权利—权力关系为主要使命的公

---

① 相关讨论参见李泽厚:《中国近代思想史论》,生活・读书・新知三联书店 2014 年版。

法概念的梳理和澄清,成为公共启蒙重要的中介。现代法律将"成就自由的人格成长"作为自身的使命,"自由"概念构成了现代法律——无论公法还是私法——的根基性概念,支配了现代法的建构和运行。传统的法治观念认为,法律并不触及思想层面的自由,仅仅涉及对行动的自由选择权的规范和成就。但是,承认并要成就这种行动上的选择自由,事实上是对人的自主性这一特质的肯认——相信人具备理性选择自身生活的能力。因此,法律不可能在对人的自主性没有充分理解的基础上建构那些能够成就自由行动的规范体系。"自主"作为一个哲学层面的概念,从启蒙以来就是构建一切人的理想形象的原点,当这样一个本质上属于哲学层面的概念与法律所调整的个人、社会和国家领域相结合,从而衍生出个体人格、学术尊让和城市自治等相关法律概念时,公法应该如何理解这些概念并在此基础上践行对于自由的承诺,成为每一位法官在开启案件的裁判之旅之前应该主动追问的问题。只有对这些围绕自主形成的法律概念有更为深入和生动的理解,每一份法槌敲动后的司法裁决才会把公平正义的理念准确地传递并播撒到每一个公民的心中,司法所承担的公共责任才有可能获得根本的落实。

黑格尔在《法哲学原理》中指出,"法"的命令是成为一个人,并尊敬他人为人。这里的"法"代表了现代国家所应该追求的国家理性,围绕"人的自主性"展开有关理想的人的形象的想象并努力使这种想象实现,是现代法律建构作为客观秩序的国家责任的基本逻辑。因此,一切围绕自主性的思考和探索对于法律实践而言都是重要且严肃的。对人的自主性的成就很显然不是简单地通过尊重与不打搅就可以实现,正是在这个意义上,法律执业者对于社会的启蒙责任不能被简单地化解为权利意识的唤醒。正如有学者所指出的,如果建构一个志在促成人们合作的计划,却培育了一种不合作品质(尽管并非有意识地这样做),这一计划无外乎两种形态:第一类计划是指在向公民提出的公民美德计划中,需要公民之间践行超出常规的、几乎等同于英雄或者是圣人的自我牺牲和善举;第二类计划是将所有复杂的伦理讨论都简单地还原为权利问题。① 很显然,圣人式的形象与毫不妥协的权利主体形象都不是对人的自主性完整和生动的诠释,自主的个体形象是立体且复杂的,需要包括法律实践在内的每一次公共讨论都足够审慎,同时为这一形象的长成提供充分的养分和支持。启蒙时代对于人的想象既不代表人类社会对自身超越时空限制的全部理想建构,也不代表对人自身理解的终极答案。对于生命形象的想象和生命意义的理解会伴随时代语境的变迁而不断丰富、发展,尽管无法确保当下对"什么样的人生才是自主的人生"的想象的说服力能有效持续下去,但是,当下依旧会坚定且审慎地捍卫这个理想形象,但同时也必须对这一理想形象的想象保持开放且不断探索的心态,不断拓宽人的自主性的边界和可能性,这才是一个成熟的公共讨论所应该秉持的基本态度,也是文明人对自己做出的最基本的承诺。

---

① 参见理查德・C. 西诺波利:《美国公民身份的基础:自由主义、宪法与公民美德》,张晓燕译,复旦大学出版社 2018 年版。

参考文献

一、中文著作

《马克思恩格斯文集》第一卷,人民出版社 2009 年版。
《马克思恩格斯文集》第二卷,人民出版社 2009 年版。
《马克思恩格斯文集》第四卷,人民出版社 2009 年版。
《马克思恩格斯文集》第七卷,人民出版社 2009 年版。
中共中央文献研究室编:《习近平关于社会主义政治建设论述摘编》,中央文献出版社 2017 年版。
阿伦特,汉娜:《黑暗时代的人们》,王凌云译,江苏教育出版社 2006 年版。
阿伦特,汉娜:《人的境况》,王寅丽译,上海世纪出版集团 2014 年版。
奥斯特罗姆,文森特:《美国联邦主义》,王建勋译,上海三联书店 2003 年版。
博登海默,E.:《法理学:法律哲学与法律方法》,邓正来译,中国政法大学出版社 2004 年版。
博兰尼,迈克尔:《自由的逻辑》,冯银江、李雪茹译,吉林人民出版社 2002 年版。
伯林,以赛亚:《自由论》,胡传胜译,译林出版社 2003 年版。
伯林,以赛亚:《自由及其背叛》,赵国新译,译林出版社 2019 年版。
波斯特,罗伯特:《民主、专业知识与学术自由——现代国家的第一修正案理论》,左亦鲁译,中国政法大学出版社 2014 年版。
布雷耶,斯蒂芬:《法官能为民主做什么》,何帆译,法律出版社 2012 年版。
陈洪捷:《德国古典大学观及其对中国大学的影响》,北京大学出版社 2006 年版。

陈映芳:《城市中国的逻辑》,生活·读书·新知三联书店 2012 年版。

道森,克里斯托弗:《宗教与西方文化的兴起》,长川某译,四川人民出版社 1989 年版。

德沃金,罗纳德:《认真对待权利》,信春鹰、吴玉章译,中国大百科全书出版社 2002 年版。

德沃金,罗纳德:《身披法袍的正义》,周林刚、翟志勇译,北京大学出版社 2014 年版。

德沃金,罗纳德·M.:《生命的自主权——堕胎、安乐死与个人自由的论辩》,郭贞伶、陈雅汝译,中国政法大学出版社 2013 年版。

费希特:《论学者的使命 人的使命》,梁志学、沈真译,商务印书馆 1984 年版。

费孝通:《乡土中国 生育制度》,北京大学出版社 2007 年版。

富勒:《法律的道德性》,郑戈译,商务印书馆 2005 年版。

弗里曼,朱迪:《合作治理与新行政法》,毕洪海、陈标冲译,商务印书馆 2010 年版。

弗利特纳,安德烈亚斯编著:《洪堡人类学和教育理论论文集》,胡嘉荔、崔延强译,重庆大学出版社 2013 年版。

佛罗斯特,S.E.:《西方教育的历史和哲学基础》,吴元训等译,华夏出版社 1987 年版。

戈尔迪,马克、罗伯特·沃克勒主编:《剑桥十八世纪政治思想史》,刘北成、马万利、刘耀辉、唐科译,商务印书馆 2017 年版。

戈尔斯基,菲利普·S.:《规训革命》,李钧鹏、李腾译,北京师范大学出版社 2021 年版。

贡斯当,邦雅曼:《古代人的自由与现代人的自由》,阎克文、刘满贵译,上海世纪出版集团 2005 年版。

哈贝马斯:《公共领域的结构转型》,曹卫东等译,学林出版社 1999 年版。

哈贝马斯,尤尔根:《交往行为理论》,曹卫东译,上海人民出版社 2018 年版。

哈特:《法律的概念》,张文显等译,中国大百科全书出版社1996年版。

哈维,戴维:《叛逆的城市:从城市权利到城市革命》,叶齐茂、倪晓晖译,商务印书馆2014年版。

哈耶克,弗里德利希·冯:《法律、立法与自由》,邓正来、张守东、李静冰译,中国大百科全书出版社2000年版。

赫费,奥特弗里德:《康德:生平、著作与影响》,郑伊倩译,人民出版社2007年版。

黑格尔:《法哲学原理》,范扬、张企泰译,商务印书馆2013年版。

霍尔,彼得:《城市和区域规划》(原著第四版),邹德慈、李浩、陈嫚莎译,中国建筑工业出版社2008年版。

吉登斯,安东尼:《资本主义与现代社会理论:对马克思、涂尔干和韦伯著作的分析》,郭忠华、潘华凌译,上海译文出版社2013年版。

基尔克,奥托:《私法的社会任务:基尔克法学文选》,刘志阳、张小丹译,中国法制出版社2017年版。

卡尔维诺,伊塔洛:《看不见的城市》,张密译,译林出版社2012年版。

康德:《纯粹理性批判》,蓝公武译,商务印书馆1960年版。

康德:《实践理性批判》,邓晓芒译,杨祖陶校,人民出版社2003年版。

康德:《历史理性批判文集》,何兆武译,商务印书馆2020年版。

克尼佩尔,罗尔夫:《法律与历史——论〈德国民法典〉的形成与变迁》,朱岩译,法律出版社2003年版。

李泽厚:《中国近代思想史论》,生活·读书·新知三联书店2014年版。

梁启超:《新民说》,商务印书馆2021年版。

梁治平编:《法律的文化解释》,生活·读书·新知三联书店1994年版。

卢克斯,史蒂文:《道德相对主义》,陈锐译,中国法制出版社2013年版。

卢梭:《社会契约论》,何兆武译,商务印书馆2005年版。

洛克:《政府论》(下篇),叶启芳、瞿菊农译,商务印书馆2005年版。

洛克林,马丁:《公法的基础》,张晓燕译,复旦大学出版社2023年版。

罗西瑙,詹姆斯·N.主编:《没有政府的治理》,张胜军、刘小林等译,江西人民出版社2001年版。

美浓部达吉:《宪法学原理》,欧宗祐、何作霖译,中国政法大学出版社2003年版。

孟德斯鸠:《论法的精神》(上册),张雁深译,商务印书馆2005年版。

密尔:《论自由》,顾肃译,译林出版社2010年版。

默顿,R.K.:《科学社会学》,鲁旭东、林聚任译,商务印书馆2003年版。

努斯鲍姆,玛莎·C.:《女性与人类发展:能力进路的研究》,左稀译,中国人民大学出版社2020年版。

诺内特,P.、P.塞尔兹尼克:《转变中的法律与社会:迈向回应型法》,张志铭译,中国政法大学出版社2004年版。

欧克肖特,迈克尔:《政治中的理性主义》,张汝伦译,上海译文出版社2004年版。

佩迪特,菲利普:《共和主义:一种关于自由与政府的理论》,刘训练译,凤凰出版传媒集团、江苏人民出版社2006年版。

萨伯,彼得:《洞穴奇案》,陈福勇、张世泰译,生活·读书·新知三联书店2012年版,第12页。

桑内特,理查德:《再会,公共人》,李继宏译,上海译文出版社2022年版。

施米特,卡尔:《宪法学说》(修订译本),刘锋译,上海人民出版社2016年版。

施特劳斯,列奥:《自然权利与历史》,彭刚译,生活·读书·新知三联书店2021年版。

斯蒂芬,詹姆斯:《自由·平等·博爱》,冯克利、杨日鹏译,江西人民出版社2016年版。

斯门德,鲁道夫:《宪法与实在宪法》,曾韬译,商务印书馆2019年版。

斯奇巴尼,桑德罗选编:《民法大全选译:正义和法》,黄风译,中国政法大学出版社1992年版。

穗积重远:《法理学大纲》,李鹤鸣译,魏琼勘校,中国政法大学出版社2005年版。

王名扬:《法国行政法》,北京大学出版社2016年版。

王泽鉴:《人格权法:法释义学、比较法、案例研究》,北京大学出版社 2013 年版。

孙向晨:《论家:个体与亲亲》,华东师范大学出版社 2019 年版。

谭安奎编:《公共理性》,浙江大学出版社 2011 年版。

滕尼斯,斐迪南:《共同体与社会》,张巍卓译,商务印书馆 2020 年版。

韦伯,马克斯:《学术与政治》,冯克利译,生活·读书·新知三联书店 2005 年版。

韦伯,马克斯:《经济与社会》(第二卷·上册),阎克文译,上海世纪出版集团 2010 年版。

沃尔夫,克里斯托弗:《司法能动主义——自由的保障还是安全的威胁?》,黄金荣译,中国政法大学出版社 2004 年版。

西诺波利,理查德·C.:《美国公民身份的基础:自由主义、宪法与公民美德》,张晓燕译,复旦大学出版社 2019 年版。

谢立斌、仁恺主编:《权利救济与人格权的宪法保障——中德比较》,中国政法大学出版社 2018 年版。

雅各布斯,简:《美国大城市的死与生》,金衡山译,译林出版社 2015 年版。

雅斯贝尔斯,卡尔:《大学之理念》,邱立波译,上海世纪出版集团 2007 年版。

耶里内克,格奥尔格:《主观公法权利体系》,曾韬、赵天书译,商务印书馆 2022 年版。

叶礼庭:《伯林传》,罗妍莉译,译林出版社 2019 年版。

于安编著:《德国行政法》,清华大学出版社 1999 年版。

张俊浩主编:《民法学原理》,中国政法大学出版社 2000 年版。

张翔主编:《德国宪法案例选释(第 1 辑):基本权利总论》,法律出版社 2012 年版。

张晓燕:《公法视野中的自治理性》,复旦大学出版社 2015 年版。

周云涛:《论宪法人格权与民法人格权——以德国法为中心的考察》,中国人民大学出版社 2010 年版。

周志宏:《学术自由与大学法》,蔚理法律出版社 1988 年版。

二、中文论文

别敦荣、李连梅:《柏林大学的发展历程、教育理念及其启示》,《复旦教育论坛》2010年第6期。

蔡小雪:《因公民起名引起立法解释之判案解析》,《中国法律评论》2015年第4期。

陈国栋:《公法权利视角下的城市空间利益争端及其解决》,《行政法学研究》2018年第2期。

陈越峰:《城市空间利益的正当分配——从规划行政许可侵犯相邻权益案切入》,《法学研究》2015年第1期。

董保城:《大学校长之家宅权与秩序权》,《军法专刊》1991年第6期。

杜健荣:《自创生视域中的法律与社会——卢曼法律自创生理论研究》,《中山大学法律评论》2011年第2期。

冯玉军、裴洪辉:《城市规划与建设法治化研究》,《学术研究》2017年第11期。

伏创宇:《高校校规合法性审查的逻辑与路径——以最高人民法院的两则指导案例为切入点》,《法学家》2015年第6期。

高露、王云龙:《行会视角下西欧中世纪大学起源——以巴黎大学为例》,《外国问题研究》2021年第2期。

哈贝马斯,J.:《关于公共领域问题的答问》,梁光严译,《社会学研究》1999年第3期。

哈贝马斯:《公共空间与政治公共领域——我的两个思想主题的生活历史根源》,符佳佳、曹卫东译,《哲学动态》2009年第6期。

哈腾鲍尔,汉斯:《民法上的人》,孙宪忠译,《环球法律评论》2001年第4期。

计海庆:《人类增强伦理中的伦理自然主义批判》,《学术月刊》2020年第9期。

康宁:《中世纪行会视域下的英格兰法律会馆》,《世界历史》2021年第6期。

雷磊:《法教义学的方法》,《中国法律评论》2022年第5期。

雷勇:《西欧中世纪的城市自治——西方法治传统形成因素的社会学分析》,《现代法学》2006年第1期。

黎桦:《从宪法人格权到公法人格权》,《社会科学》2018年第1期。

李蔚:《公共性:概念辨析、理论演进与研究进展》,《上海行政学院学报》2023年第2期。

李文倩:《公共说理为什么重要?》,《政治思想史》2015年第4期。

林来梵、骆正言:《宪法上的人格权》,《法学家》2008年第5期。

马俊驹:《从身份人格到伦理人格——论个人法律人格基础的历史演变》,《湖南社会科学》2005年第6期。

倪洪涛:《论法律保留对"校规"的适用边界——从发表论文等与学位"挂钩"谈起》,《现代法学》2008年第9期。

舒国滢:《从司法的广场化到司法的剧场化——一个符号学的视角》,《政法论坛》1999年第3期。

宋华琳:《论行政规则对司法的规范效应——以技术标准为中心的初步观察》,《中国法学》2006年第6期。

宋华琳:《论技术标准的法律性质——从行政法规范体系角度的定位》,《行政法学研究》2008年第3期。

孙国东:《基于合道德性的合法性——从康德到哈贝马斯》,《法学评论》2010年第4期。

童世骏:《理性、合理与讲理——兼评陈嘉映的〈说理〉》,《哲学分析》2012年第6期。

王锴:《论宪法上的一般人格权及其对民法的影响》,《中国法学》2017年第3期。

鄢德奎:《市域邻避治理中空间利益再分配的规范进路》,《行政法学研究》2021年第5期。

杨代雄:《主体意义上的人格与客体意义上的人格》,《环球法律评论》2008年第4期。

姚荣:《德国大学自治公法规制的经典内涵与现代诠释》,《高等教育研究》2017年第10期。

易继民:《人格权立法之历史评析》,《法学研究》2013年第1期。

尹田:《论人格权的本质——兼评我国民法草案关于人格权的规定》,《法学研究》2003年第4期。

余军:《论宪法中的"人的形象"》,《浙江学刊》2011年第6期。

张文显:《战后西方法哲学的发展和一般特征》,《法学研究》1987年第3期。

张斌贤、孙益:《西欧中世纪大学的特权》,《北京师范大学学报(社会科学版)》2004年第4期。

张文龙:《城市社区治理模式选择:谁的治理,何种法治化?——基于深圳南山社区治理创新的考察》,《河北法学》2018年第9期。

张翔:《民法人格权规范的宪法意涵》,《法制与社会发展》2020年第4期。

张晓燕:《行政分权抑或其他?——美国地方自治概念再探析》,《云南社会科学》2016年第5期。

周云涛:《论德国宪法人格权——以一般行为自由为参照》,《法学家》2010年第6期。

三、外文文献

Areen, J., "Government as Educator: A New Understanding of First Amendment Protection of Academic Freedom and Governance", *Georgetown Law Journal*, Vol. 97, No. 1, 2009.

Barendt, E. M., *Academic Freedom and the Law: A Comparative Study*, Portland, 2010.

Berdahl, R. O., *British Universities and the State*, Cambridge University Press, 1959.

Carmi, Guy E., "Dignity versus Liberty: The Two Western Cultures of Free

Speech", *Boston University International Law Journal*, Vol. 26, 2008.

Hegel, G. W. F., *Philosophy of Right*, T. M. Knox (trans.), Oxford University Press, 1952.

Kant, Immanuel, *The Metaphysics of Morals*, Mary Gregor (ed.), Cambridge University Press, 1996.

Luhmann, Niklas, *The Differenciation of Society*, Columbia University Press, 1982.

Luhmann, Niklas, *Social System*, Standford University Press, 1995.

Mackenzie, C., "Autonomy", in J. D. Arras, E. Fenton, R. Kukla (eds.), *Companion to Bioethics*, Routledge, 2014.

Mackenzie, C., "Three Dimensions of Autonomy: A Relational Analysis", in A. Veltman, M. Piper(eds.), *Autonomy, Oppression, and Gender*, Oxford University Press, 2014.

Menand, L. (ed.), *The Future of Academic Freedom*, University of Chicago Press, 1996.

Metzger, W. P., "The 1940 Statement of Principles on Academic Freedom and Tenure", *Law and Contemporary Problems*, Vol. 53, No. 1, 1990.

Mill, John Stuard, *On Liberty*, The Floating Press, 2009.

Ostrom, Elinor, *Understanding Institutional Diversity*, Princeton University Press, 2005.

Rawls, John, "Justice as Fairness, Political not Metaphysical", *Philosophy and Public Affairs*, Vol. 14, No. 3, 1985.

Rawls, John, "The Idea of an Overlapping Consensus", *Oxford Journal of Legal Studies*, Vol. 7, No. 1, 1987.

Rawls, John, "The Domain of the Political and Overlapping Consensus", *New York University Law Review*, Vol. 64, No. 2, 1989.

Rawls, John, *Political Liberalism*, Columbia University Press, 1993.

Reid, Thomas, "Inquiry into the Human Mind", in Sir William Hamilton(ed.), *The Works of Thomas Reid*, D. D., Vol. 1, Longmans, Green, 1895.

Rousseau, Jean-Jacques, "Discourse on Political Economy", § 1, in *Jean-Jacques Rousseau, The Basic Political Writings*, Donald A. Cress (trans.), Hackett Publishing Co, Inc, 1987.

Sunstein, Cass R., *Legal Reasoning and Political Conflict*, Oxford University Press, 1996.

Taylor, C., *Sources of the Self: The Making of the Modern Identity*, Harvard University Press, 1989.

Thorens, J., "Liberties, Freedom and Autonomy: A Few Reflections on Academia's Estate", *Higher Education Policy*, Vol. 19, No. 1, 2006.

后 记

　　海涅曾经说过:"教授的静谧书房中培育出来的哲学概念可能毁掉一种文明。"任何一位认真对待人类文明并努力守护人类自由的行动者,在致力于改善人类生存的物质条件的同时,也不曾低估观念的力量。政治国家需要在意义世界获得其公民的观念共鸣与认同,自由需要获得法律和文化的共同支持,一切与善相关的事业都建立在以观念作为引擎的人类行动基础之上。在理性主导的现代社会,通过对认知和思维进行系统化加工所形成的概念,构成了公共观念最为核心的载体和表达,也是塑造和规范公众观念最具主导性的力量之一。尤其是法治逐渐成为各国普遍认可的主导性的治理方式之后,以法律概念为基础建构的法律理念、法律语言和法律气质弥漫到了国家与社会的日常运行中,法律语言在一定程度上就变成了大众语言,法庭上产生的法律理念最终超越了司法的剧场范围,逐渐影响并塑造了社会的正义观念,成为常识、公共理性得以形成和发展所依托的核心实践渊源所在。司法,作为法律所代表的正义的最生动的诠释方式,"司法权作为连接市民社会与国家的枢纽",每一份判决书传递出的理念不仅会对个案正义产生影响,同时也在影响着公民的观念,塑造着共同体的面相。因此,对于司法裁判中核心概念的探讨,以及在此基础上衍生出的对相关法律理念的澄清,不仅是服务于法律共同体的专业技艺所在,更是关切一个良善的共同体建构的公共探索。概念探讨本身就是一个哲学范畴,同时,司法这一公共功能的发挥显然不能仅仅停留在法律规范和法教义学的解释规则内部,法律所承载的正义理念的探讨是一个必然要溢出狭义的法学,更多从哲学层面进行探索的内容。法律远离激情的理性简洁的语言背后所承载的正义理念,需要哲学的支撑才能够获得清晰准确的诠释并最终产生撼动心灵的观念力量。因此,以法律为桥梁的公共理性的培育必然要开启一场围绕概念的法学与哲学的对话。

法律能够发挥塑造公共理性的功能,首先需要敦促法律对权利的认可,在此基础上确保在个案诉讼中守护这些获得承认的权利,最终以个案的裁决为桥梁将权利保护的理念播种到社会成员的观念体系中,创造守护自由的文化,任何一个环节的缺位都无法守护不受支配的自由,也无法建构一个将彼此视为平等自由主体的良善共同体。《柏拉图对话集》显然不是简单地对苏格拉底审判的辩护,而是构建了一个超越世俗法庭的哲学法庭,对那些未经省察的观念、常识进行反思,以探索和传播一个智慧、正直和善良的公民应该遵循的理性和美德,这一依托司法以建构公共理性的公共智慧在今天这样一个因为多元而充满了分歧,因为过度商业和自我而充满了疏离与对抗的时代,重拾其时代意义和价值。每一位当下和未来的裁判者是否自觉到自身超越个案影响的公共角色,是否能够审慎地行使敲响六寸法槌的权力,以捍卫、矫正和传播那些与本能、迷信、偏见、狭隘、狂热相对抗的正义观念,是一个理性的政治民族能否长成和延续的关键。希望能够唤起同时支持裁判者的这种公共自觉构成了写作本书最直接的动机,希望这本书能够帮助深夜从堆叠的卷宗中抽身的法官建立起内心的力量,看到法袍之下所承载的超越个案卷宗的公共责任与正义。

"自主"不是一个法律概念,法律上与之相关的概念是"自由""自治"等。之所以将"自主"概念作为这场公共对话的核心概念,既是对博士阶段就开启的研究兴趣的延续,也是对过去十余年自身职业意义的探索。我的博士学位论文聚焦当时语境下突出的中央—地方关系,对作为组织法核心概念的"自治"进行了系统的梳理。在刚入职复旦大学的学术报告会上介绍自己的研究时,深耕医学伦理学的朱伟老师问我,法律上的"自治"与哲学上的"自主"是什么关系。这一跨学科视野的提问从此敦促我超越具体的法律问题,探究制度背后的概念和观念基础。尤其是自身所承担的法律理念启蒙的教育职责使得我对法律的志趣与探索不仅要关注具体的法律技术,更需要探索法律背后的理念和精神,并将这种理念和精神与个体的生活生动地联系起来,让作为受教育者的普通公民能够理解法律所代表的正义并努力去践行这种正义。这种学术志趣的延续和对职业使命的关注,都使得作为构成现代人类社会伦理根基的"自主"概念进入了我的视野。

透过现代法律发展的复杂历程,无论是公法还是私法的具体规范的发展事实上都与"自主"概念紧密相关。现代法律被视为自由的守护神,"自由"的外在表现不受干涉的行动,但是,之所以自由获得承认,个体行动被尊重,要求不受干涉,根本上是因为对人所具有的理性反思能力和能动性的自觉意识的承认,即对人的自主性的承认。建立在理性基础上的自主性是个体的自由选择被承认、尊重和获得保护的根本原因。自主关注的是什么力量在决定行动、依据什么行动的问题,只有在不是受到自我意志之外的其他动机和力量的影响,而是受到真实的、展现高级本性的自我意志的支配时,我才是自主的,这样的自由也才会获得他人的尊重、法律的保护。在这个意义上,"自主"是法律所承认的"自由"概念的基础,是法律体系的核心价值和基本原则,构成了法律体系中多个核心概念和原则的基石与核心内涵。事实上,一切法律制度都试图通过具体化的概念和制度来体现、保障和规范"自主"。不仅"自主"是强调"意思自治、责任自负"的私法所承认的众多具体权利的精神内核和实质内容,公法的基本矛盾也是如何处理好(以维系共同体为目标的)公共自主与(确保个人自由得以实现的)个人自主之间的矛盾。没有对"自主"概念的理解,就无法对法律背后所设定的理想的人的形象有通透的理解,也就无法正确适用法律,更无法将这种理想人格的塑造通过司法传递给公众。

距离自己的第一本专著《公法视野中的自治理性》的出版已有十年,在那个时候回溯自己过去的学习和生活,感慨自己非常幸运,一路走来总是有家人、师长和朋友陪伴左右,给予支持。十年过去了,这份幸运依旧伴随着我,我似乎还是在世事的变迁中经历着始终不变的最友善的环境。我的家人依旧用行动向我传递"爱不是相互凝视,而是朝着同一个方向的憧憬与努力"的无尽包容和支持。"小张老师"是很多师长对我的称呼,其中蕴含了他们对我源自师门情谊的深厚支持和期待,当出版需要帮助时,高秦伟老师用一句"没问题,小张老师"没有任何迟疑地回复了我的不情之请,我想他看到书稿时一定有对我的失望,但是,老师离开之后他仍一如既往地支持着师门中的我们,正如当年老师对我们的包容和成就。高国希老师所营造的学科环境给予了我最大的职业包容与支持,让我始终能够"任性"且自主地进行学术探索和教育探索,这种自主性也让我从课堂中收获了复旦孩子们诸多的鼓励与肯定,这些包容、支持和鼓励成了我知识探索和承担当仁不让的教育使命的不竭动力。本书由商务印书馆出版,更是让我感受到了这份幸运的延续。在书籍的编辑过程中,商务印书馆的编辑们不仅包容了我诸多的不足和拖延,他们的专业素养和敬业精神更是让我感佩!

当法袍下捍卫的正义具有越来越深厚的观念根基时,这种正义观念将超越个案的边界,蔓延到公共空间中,那个时候对于正义的捍卫和守护就不仅仅是身着法袍者的职责和使命,也会成为整个社会的使命与自觉。基于这种美好期待,我写作了本书,希望通过司法裁判中对司法概念的讨论,将法官面对经验世界时的观念作为常识传递给社会,奠定公共理性形成的基础。由于"自主"概念的哲学特质以及自身学艺不精,这场讨论必然有诸多的分歧和观念盲区需要进一步地对话、释放和补充,甚至在对话开始之前,就不乏对"自主"所预设的理性人形象提出的诸多质疑(理性人假设是否足以代表不同境遇下丰富的人类形象,从而支持法律建构一个正义的规范体系)。但是,要以司法作为桥梁,通过法律概念的探讨引导公共讨论,塑造公共理性,围绕"自主"及其在法律上相关概念的讨论就应该也必须成为这一伟大且漫长事业的第一步。希望这个带着极强的伦理信念的起点能够守护一些已经被点燃但是略显微弱的火光,有一天能够收获金斯伯格在把"弗吉尼亚军事学院案"的判决书寄给九十高龄的布坎南大法官时的喜悦——金斯伯格在附上的信中写道:"亲爱的比尔,你曾经点燃的星星之火已经燎原!"